JN017988

マシュー・ウォーリー、クリス・グゼリアン 著

EY弁護士法人 訳

リーガル・リスク・マネジメント・ハンドブック

ビジネスを法的損失から守るための国際的ガイド

LEGAL RISK
MANAGEMENT
HANDBOOK

日経BP

CONTENTS

第 **0** 章
（日本語版のためのまえがき）

リーガル・リスク・マネジメントの導入が日本企業に喫緊の課題である理由

EY弁護士法人

第 **1** 部

リーガル・リスクの管理と報告に関する総論

第 **1** 章
リーガル・リスクとビジネスの関わり
ビジネスに対してリーガル・リスクを明確に表現する方法

第 **2** 章
リーガル・リスク・マネジメントの全体像
コーポレート・ガバナンス、企業理念およびポリシー

第 **3** 章
リスクを適切に統制している証拠
リーガル・リスクを特定、定量化し、報告する方法

第 **8** 章 | **契約に基づかない権利のリスク**
知 的 財 産 ―― 顧 客 へ の ゲ ー ト ウ ェ イ

日本語版発行に寄せて

　クリスと私が2014年に「リーガル・リスク・マネジメント・ハンドブック」を初めて構想したとき、英国と米国では、リーガル・リスクはまだ生まれたばかりのテーマだった。規制当局はリーガル・リスクを定義することを始めていたが、異なるコンテクストにおける、それぞれ異なる意味合いとなっていた。

　ISOが2009年に発行したISO31000では、リーガル・リスクを認識し遵守することの重要性を強調され、社内弁護士の役割と企業行動との関連性が議論されていた。また、金融業界のリーディング・カンパニーの中には、「3つの防御線」などの既存のモデルを活用し、企業のオペレーショナル・リスク・マネジメントに最適化したアプローチをとって、フレームワークを確立したところもあった。

　しかし、このような初期の発展は、リスク・マネジメントの原則と実務に対する法律家の理解不足によって妨げられていた。これらは、ロースクールで教えられていなかった（今も教えられていない）。その結果、リーガル・リスク・マネジメントの導入と運用に対するアプローチは非常に限られたものとなっていた。

　2021年の日本市場は、よく似た状況にあるようだ。政府は企業の競争力を強化するうえでの法務部の役割を訴え、ISOは最新の基準（ISO31022）を発表し、リーガル・リスクについて研修を受けたことがない新人弁護士たちが職に就いている。だからこそ、EY弁護士法人が日本語版『リーガル・リスク・マネジメント・ハンドブック』を発行することに、期待が高まるとともに、謙虚に受け止めている。

　私たちは、この本が皆様のお役に立てることを願っている。そして、読者の皆様が、強固なリーガル・リスク・マネジメントを組織全体に導入するための旅を始めるにあたり、最高の幸運を祈りたい。この旅をしているのはあなた1人ではない。

マシュー・ウォーリー

はじめに

　本書は、企業が管理しなければならないリーガル・リスクについて解説したものだ。企業にとって、法律の文言とその精神に従うことは、業務遂行のための基本だが、事業規模が大きくなればなるほど、法に従った業務遂行は、より複雑になる。また、企業がより多くの人々を雇用し、より多くの国で（そして、より多くの国と）ビジネスを行い、より幅広い製品を設計して新しい顧客層に販売するようになると、誰かがどこかで法律違反を犯す機会が増える。本書が解説する原則と実務は、法的紛争や規制当局の調査で不利な立場に立たされやすい場面を特定するとともに、その可能性を最小限に抑えるために、企業のポリシー、実務、諸手続きに必要な変更を加えるうえで役立つものだ。

　本書は、読者として実務家を念頭に置いており、効果的なリーガル・リスク・マネジメントの方法についてできるだけ多くの実務的な知見と事例を加えた。経営トップは、企業戦略がどのように現場で実行されているかを理解するだけでなく、それが企業文化や実務に及ぼす影響を監視できるようにする必要がある。本書の読者は、弁護士である必要はなく、本書は法律の教科書でもない。どうしても必要な場合に限り法律理論に言及するものの、その際は弁護士ではない読者を念頭に置いている。私たち著者の強みは実務的かつ実用的なリーガル・リスク・マネジメント・ソリューションの設計と導入にあり、本書ではその分野における私たちの洞察に重点を置いている。私たち2人の法曹界での経験は合計28年に及ぶ。私たちは、リーガル・オペレーション業務に従事し、リーガル・リスクを専門とする法律事務所をいち早く設立し、法律について教鞭を執った経験もある。さらに、破産弁護士と州の検察官の経験に加え、軍事諜報部での勤務経験、契約業務のDX（デジタル・トランスフォーメーション）の構築、グローバルなリーガル・ナレッジ・マネジメントとテクノロジーのシステムの導入など幅広い経験の蓄積があり、本書の執筆にもそれらが生かされている。現在、私たちは米サンディエゴとロンドンに住んでおり、それぞれが英国シティの法律事務所、米国法曹協会（ABA）公認のロースクール、国際的な大手金融機関や一流の世界的プ

ロフェッショナル・サービス・ファームなどで法律業務に従事してきた。

　リーガル・リスクの対象となる法分野は広範囲に及ぶため、ほかの専門家の指導や貢献なくして本書は実現しなかった。法分野については第1章で概観し、主に、法規制、契約に基づかない義務（注意義務／国民の義務）、契約、紛争管理、知的財産（契約に基づかない権利）がリーガル・リスクの対象となることを説明する。私たちはまた、豊かな経験と知識に富む専門家に詳細なインタビューを行う機会に恵まれ、寄稿もしていただいた。巻末の「寄稿者の紹介」（249ページ）もご一読のうえ、各章が（著者の見解とともに）どの専門家の見解を記したものか、ぜひご確認いただきたい。

本書について

　本書は、2部構成で全8章となっている。第1章から第3章は、管理職・経営陣レベルにおけるリーガル・リスクの生ずるビジネス・ケース（実務上リーガル・リスクとは何かの解説を含む）、「トップダウン型」（または「全体像的視点」）のリーガル・リスク・マネジメントの概要、そして効果的な「ボトムアップ型」のリーガル・リスク・マネジメント・フレームワークの導入方法について概説する。

　第1章　リーガル・リスクとビジネスの関わり──リーガル・リスクのコスト、ビジネスに脅威となるリーガル・リスクを明確化する方法、堅牢なリーガル・リスクの定義を開発する方法。
　第2章　リーガル・リスク・マネジメントの全体像──コーポレート・ガバナンス、組織内の実務に影響を及ぼす方法、取締役会レベルのリーガル・リスク・マネジメント、カンパニー・セクレタリー（秘書役）の進化する役割、優れたポリシーについて。
　第3章　リスク・マネジメントを適切に実施している証拠──リーガル・リスクを特定し、定量化し、報告する方法。リーガル・リスクを適切に管理していることを証明するため、リーガル・リスク・マネジメントの5段階の枠組みを活用する方法。

第4章から第8章では、トップレベルの5つのリーガル・リスクの各カテゴリーに含まれる主要な問題について詳細に考察する。

第4章　法規制リスク──ホライズン・スキャニング（将来予測）、法規制リスク評価、法規制のコンプライアンス、法務部とコンプライアンス部の異なる役割の詳細、リーガル・リスクを管理するために法務部とコンプライアンス部をどのように構成すべきか。

第5章　契約に基づかない義務に関するリスク──行動の倫理的解釈、注意義務の履行を怠った場合のリスク。規制当局の方針の方向性、そして予測と規制に先手を打つための取り組み。

第6章　契約リスク──戦略的な契約ライフサイクル・マネジメント、契約をめぐる主要リスクの測定方法、組織における契約の役割とその価値を最大化する方法。

第7章　紛争リスク──紛争戦略の重要なヒント、勝訴の見込みを評価するツール、紛争のための資金調達とコスト回収の選択肢に関する議論。

第8章　契約に基づかない権利に関するリスク──デジタル化、ディスラプション（創造的破壊）とディスインターミディエーション（仲介者の排除）が様々な業界に及ぼす影響、知的財産（IP）管理に対する新しいアプローチがどのように顧客戦略の中心にIPを据えているか。

　これらの章では、リスクがどこから発生し、どのように表面化するのか、そしてビジネスにおいてそうしたリスクが発生する可能性を低減させるための実践的な手順を解説する。私たちは、本書が特定の業界に縛られないように努めた。本書で語られる苦労話（または恐ろしい体験談）に表れているように、リーガル・リスクは、幅広い業界でビジネスに莫大な損失をもたらすものだ。

　金融業界におけるリーガル・リスクの性質、それらが報告される頻度、そして私たちが金融業界に従事してきた経験から、本書では金融業界の例を多く取り上げている。ただし、倫理とポリシーについて扱う部分では、医療業界から基礎的な資料と成功・失敗事例を取り上げた。もっとも、契約リスクの章（第6章）の寄稿者は、製造、石油・ガス、テクノロジー、電子商取引

の業界において特に豊かな経験を有するので、私たちが危惧するほど本書で取り上げる業界に偏りはないかもしれない。こうした点を考慮して本書を読んでいただきたい。法的損失からビジネスを守るために役立つ重要なヒントが少しでも見つかることを、心より願っている。

（注）本文中の「ドル」はすべて「米ドル」を指す。

リーガル・リスク・マネジメントの導入が日本企業に喫緊の課題である理由

EY弁護士法人

はじめに

　日本企業の法務部門は、独特な発展を遂げてきたと言えるだろう。それは、巨額の訴訟や制裁のリスクが欧米に比べて少なかったという日本のかつての経営環境や、独特な法曹インフラを背景としている。しかし、リーガル・リスクが国際化・複雑化し、さらには対応のスピードや一貫性も求められるようになった今、法務部門にも変革が求められている。

　そんな問題意識から私たちが日本企業をめぐるリーガル・リスク・マネジメントのあり方を研究し始めたころに出会ったのが、本書の原書（The Legal Risk Management Handbook, KoganPage, 2016）だ。法律家よりもビジネスパーソン向けに書かれていて記述も平易なので、日本語版を出せば日本企業にも参考になると考え、版元と連絡を取ろうとしたところ、なんと著者のマシュー・ウォーリーが私たちの所属するEY（国際的な総合プロフェッショナルファーム）のロンドン事務所に移籍していることがわかり、とんとん拍子で話が進んだ。不思議な縁から生まれた本書が日本企業の経営に役立てば幸いだ。

　さて、本書の原書はそのマシュー・ウォーリーとクリス・グゼリアンの共著として2016年に出版された。2000年代に入ってから、企業のリスク管理

において「エンタープライズ・リスク・マネジメント」という概念が発展してきたが、その重要な要素の1つとして、リーガル・リスクを管理する必要性が大きく認識されてきたことが出版の背景にあった。

2008年の国際金融危機の後、世界中の金融機関は、各国の金融当局からの監督の強化と巨額の罰金などの処分を受け、当局との和解や改善計画の策定にあたっては、コーポレート・ガバナンスと内部管理体制の改善・強化が急務となった。その流れは他業界にも広がり、今では業種を問わず様々な企業が巨額の罰金や大型訴訟に苦しめられるだけでなく、行政罰・刑事罰や訴訟以外にも様々なリーガル・リスクが経営上の重大な課題として認識されている（なお、どのような類型のリスクを「リーガル・リスク」として捕捉・管理すべきかは本文で述べられている）。

世界の法令や法の域外適用が複雑化する中、海外市場や海外のサプライチェーンを重視するようになった日本企業も、国内市場に注力していた時代の法務感覚のままでは、経営を揺るがすようなリスクに直面しかねない。逆に、適切なリスク管理体制を敷けば他社との競争において優位に立つこともできる。これが本書を手に取る読者の問題意識と想像するが、日本語版の出版にあたり、日本の読者のために、原書の出版以降の様々な変化（一部は本文中のアップデートでも紹介している）と日本のリーガル・リスク・マネジメントをめぐる状況について最初に述べておきたい。

日本の法曹インフラと日本企業の法務部門の特徴

日本企業における法務部門のポジションは、海外と比べて独特な面がある。今でこそ多くの企業が「法務部」を抱えているが、もともとは「総務部」の中の1つの小さなセクションだった例が珍しくない。他方で、外部の弁護士の企業法務への関与も、欧米と比べると限定的だった。日本における外部弁護士の伝統的な役割は訴訟代理であり、訴訟以外に依頼するのは、複雑で社内では手に負えないとみなされた国際取引や大規模なM&A、高度な専門性が要求される独占禁止法や知的財産権に関する案件などに限られる、という時代が長かった。

例えば、欧米では株式や債券などの証券発行を弁護士が主導するのが当た

り前だが、日本でそれらに弁護士が関与するようになったのは、それほど昔のことではない（現在でも国内での通常の証券発行の多くは、（社内外の）弁護士の関与なしに行われている）。国内企業間で行われる一般的な契約の交渉や作成の多くは、もっぱら企業内で、しかも場合によっては法務部門の関与なしに行われていた。その意味で、日本の「企業法務」の多くは、外部弁護士が積極的に関与することなく企業自身によって担われてきたと言える。

そのような日本企業の法務部門のユニークさとして挙げられるのが、法務部のメンバーの大多数が、大学での法学教育は受けていても、日本の弁護士資格を持たない人たちであることだ。日本企業の法務担当役員の中で法曹資格を持つ人は極めて少数であるばかりか、法務を経験したことのない人が就任する例も決して珍しくはない。法務部員を米国のロースクールに留学させて、ニューヨーク州などの弁護士資格を取得させ、その後、海外の法律事務所で短期間研修させるといった人材育成は40年以上前からあったが、法務部員全体から見れば少数にすぎない。こうした状況を生み出した要因として、諸外国に比べて日本の法曹人口が圧倒的に少ないことや、司法試験の極端な難しさがあったことは明らかだ。

その点で1999年に始まった司法制度改革が日本の企業法務に与えた影響は重要だ。とりわけ2006年以降の新規登録弁護士数の増加が企業内弁護士の増加に大きく寄与したことは間違いない。日本の弁護士数は、2001年6月の1万8243名から2021年6月には4万3152名へと増加した（図0-1）。

このうち企業内弁護士の数は、2001年9月にはわずか66名だったが2021年6月には2820名と、この20年間で約43倍になり、弁護士を採用している企業の数も2001年の39社から2021年の1324社へ急増している（図0-2）。

図0-1　日本の弁護士数（2001〜2021年）

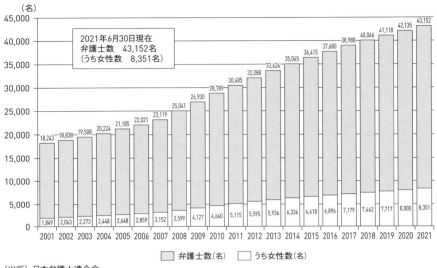

（名）

2021年6月30日現在
弁護士数　43,152名
（うち女性数　8,351名）

弁護士数（名）　　うち女性数（名）

（出所）日本弁護士連合会

図0-2　日本の企業内弁護士数と採用企業数の推移（2001〜2021年）

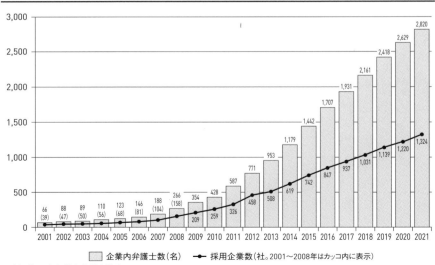

企業内弁護士数（名）　　採用企業数（社。2001〜2008年はカッコ内に表示）

（出所）日本組織内弁護士協会

表0-1　企業内弁護士を多く抱える企業上位20社（2001年と2021年の比較）

2001年（9月）
採用企業数39社、採用人数66人

順位	企業名	人数
1	メリルリンチ日本証券	8
2	ゴールドマン・サックス証券	6
2	日本アイ・ビー・エム	6
2	モルガン・スタンレー証券	6
5	USBウォーバーグ証券	3
6	アルプス電気	2
6	マイクロソフト	2
6	日興ソロモン・スミス・バーニー証券	2
9	アメリカンファミリー生命保険	1
9	オートデスク	1
9	関西電力	1
9	クインタイルズ・トランスナショナル・ジャパン	1
9	クレディ・スイス・ファースト・ボストン証券	1
9	KDDI	1
9	GEエジソン生命保険	1
9	GEコンシューマークレジット	1
9	GEフリートサービス	1
9	GE横河メディカルシステム	1
9	シティバンク・エヌ・エー	1
9	住友海上火災保険 ほか19社	1

2021年（6月）
採用企業数1,324社、採用人数2,820人

順位	企業名	人数
1	ヤフー	42
2	三井住友信託銀行	26
3	野村證券	25
4	三菱商事	24
4	アマゾンジャパン	24
4	LINE	24
7	三井住友銀行	23
8	双日	22
8	三菱UFJ銀行	22
8	三井物産	22
8	三菱UFJ信託銀行	22
12	丸紅	21
13	住友電気工業	19
13	パナソニック	19
15	第一生命保険	16
15	KDDI	16
17	みずほ証券	15
18	豊田通商	14
19	住友商事	13
19	NTTドコモ　ほか2社	13

（出所）日本組織内弁護士協会

　さらに詳しく見ると、2001年には、日本の企業内弁護士が所属する企業のほとんどは外資系企業だったが、2021年には、企業内弁護士を多く抱える企業上位20社のほとんどを日本企業が占めている（表0-1）。

　このように、最近10年間で日本の企業内弁護士の人数が急激に増えた。とはいえ、諸外国に比べるとまだまだその数は少なく、弁護士全体に対する

企業内弁護士の割合は6.5％にすぎない（2021年6月現在）。

　絶対的な人数の少なさとともに重要なのは、日本では取締役・執行役員レベルのジェネラル・カウンセル（GC）やチーフ・リーガル・オフィサー（CLO）といった高い地位の法務責任者を置く企業が圧倒的に少ないことだ。しかも、日本企業におけるGCやCLOという肩書きを持つ人たちは、経営陣の一員というよりも、バックオフィス部門の一部長であることが少なくない。本書では第4章で、GCやCLOのあるべきレポーティング・ライン（指揮命令系統）について触れているが、欧米企業のGCやCLOの多くがCEOの直属の部下であり、上級副社長などの職階を持った社内ナンバー2のポジションであることを考えると、日本企業の大多数のGCやCLOの役割や権限の実態は、欧米とは大きく異なっている。

法科大学院における企業法務と リーガル・リスク・マネジメントに関する教育

　ところで、リーガル・リスク・マネジメントに関する欧米のロースクール教育に関して、本書に興味深い記述がある。欧米においてもロースクールにおけるリーガル・リスク・マネジメントの教育は十分とは言えない、という指摘だ。

　　「例えば、法律をそのコンテクストから解釈し、規制当局の重要性や影響について学ぶ授業はあるが、本書で定義するような、ビジネスで適用される積極的なリーガル・リスク・マネジメントに焦点を当てた授業はほとんどない（39ページ）」
　　「法曹教育が、リーガル・リスクをビジネス上の大局的な視点で取り扱えるようになるまで、まだ長い道のりが待っている（40ページ）」

　この点、現在の日本のロースクール（法科大学院）では、企業のリーガル・リスク・マネジメントについてどのように取り扱われているのだろうか。
　文部科学省の令和2年度法科大学院関係状況調査や、私たち独自の聞き取り調査・シラバスなどの調査によると、2021年現在、新規学生を募集している法科大学院35校のうち28校で企業法務に関する講座があり、そのうち

21校で企業のリーガル・リスクについて取り上げているとみられる講座が設けられている。ただし、すべてのコースの詳細まで確認できたわけではない。弁護士が実務家教員を務める講座は多いが、企業内弁護士がリーガル・リスク・マネジメントの実務や課題を議論するものがどの程度あるかは明らかではない。

日本企業の法務部門の課題
—— パートナー＋ガーディアン＝トラステッド・アドバイザー

　こういった土壌のもとで独特の発展を遂げてきた日本企業の法務機能に関し、経済産業省の「国際競争力強化に向けた日本企業の法務機能の在り方研究会」は、2018年と2019年に2回の報告書を発表した[1]。これらの報告書は、法務部門の「パートナー機能」と「ガーディアン機能」の重要性を説くと同時に、「経営者が法務機能を使いこなすための7つの行動指針」を提示し、経営者に企業における法務機能の改革を促している。報告書は、ビジネス側と法務部門側の両サイドから、法務機能強化に向けた課題をまとめており、日本企業の法務部門の課題整理に役立つので簡単に紹介したい。

　まず、ビジネス側の課題は「経営者の意識改革」にあるとしている。経営層が法務部門の有用性に気づいておらず、法務部を単なるチェック役と考えがちである。また、法務部門の評価が事業への貢献度とリンクしていない点や、（法務部門に限った問題ではないが）経営層にリスクテイクやリスク・マネジメントの発想が乏しいこと、経営層は「リスクがない」ことの証明を要求し、「リスクをとる」判断をしたがらないこと、それにつられて事業部門もリスクのある提案をしにくいことも指摘している。さらに、現在では複合的なリスクに対して総合的な判断をすることが重要になっているが、会社組織が縦割りであるため、守備範囲（法務、経営企画、財務、人事、広報など）から漏れる分野や、複数にまたがる分野を担う部署・人材がいないことや、経営層と法務部門が直結しておらず法務部門に経営全般の情報が共有されていない、といった課題も示している。

1　「国際競争力強化に向けた日本企業の法務機能の在り方研究会報告書」（2018年4月）20180418002-2.pdf (meti.go.jp)、「国際競争力強化に向けた日本企業の法務機能の在り方研究会報告書　〜令和時代に必要な法務機能・法務人材とは〜」（2019年11月）20191119002-1.pdf (meti.go.jp)

一方、法務部門側の課題は「法務人材の育成」にあるとしている。事業部門とのコミュニケーション不足が原因で、「リスクを乗り越えるために知恵を結集する議論に至らず、新規事業の芽が育たない」「事業部門との対話を通じて実行可能な代替案を探求できるだけの知識・経験を備えていない」という指摘があった。また、法務部の「受け身の姿勢」も問題視され、「ルーティンで仕事が持ち込まれるため、率先して事業部に協力（サービス）する気持ちがない」「会社の置かれた状況がわからず、仮に事業が成功しても評価されず、新たなアイデアを生み出すインセンティブも危機感もない」という指摘があった。

「法務機能とは何か」という問題に関して報告書は、「ビジネスのパートナー」としての機能と「企業のガーディアン」としての機能を挙げる。前者は、企業価値の増加に貢献する観点から、法的支援を経営や他部門に提供することによって、会社の事業や業務執行を適正、円滑、戦略的かつ効率的に実施できるようにする機能だ。後者は、企業価値の減少を防止する観点から、法的リスク管理のために経営や他部門の意思決定に関与して、事業や業務執行の内容に変更を加え、場合によっては意思決定の中止・延期などによって、会社の権利や財産、評判などを守る機能だ。

　この「パートナー」と「ガーディアン」という概念を最初に明確に打ち出したのはGEの元ジェネラル・カウンセル（GC）のベン・ハイネマンだ[2]。日本企業の法務部門がパートナー・ガーディアンの両機能をまっとうするには、リーガル・リスク・マネジメントを法務部門だけの問題とはせずに、経営陣の一員としてのGCやCLOの選任も含めた経営層からの全面的な支持が欠かせない。それによって、法務部門が両機能をまっとうすることができれば、欧米企業が法務部門のあるべき姿としてよく使う「トラステッド・アドバイザー」として社内の法務部門の地位が確立されていくだろう。

2　Ben W. Heineman, Jr. "The Inside Counsel Revolution – Resolving the Partner-Guardian Tension"（Ankerwyck, 2016）。日本語訳は、ベン・W・ハイネマン Jr.『企業法務革命——ジェネラル・カウンセルの挑戦』（商事法務　2018）。

ＩＳＯ３１０２２：２０２０とＣＯＳＯ

　本書では、リーガル・リスク・マネジメントの枠組みとして国際団体から提唱されている国際規格ISO31000とCOSO（トレッドウェイ委員会組織委員会（Committee of Sponsoring Organizations of the Treadway Commission））に言及している（85ページ）。ISO31000は、あらゆる種類のリスク管理を行うための共通の枠組みを提供するものであって、リーガル・リスクに特化したものではなかったが、2020年5月に、それを補完する形で、リーガル・リスク・マネジメントのガイドラインを提供するISO31022:2020が発表された[3]。2020年11月には、その日本語訳も発表されている[4]。

　ISO31022制定の背景としては、①複雑な環境と不確実性の中で多国籍に事業を営む企業が直面するリーガル・リスクの増加、②リーガル・リスクを効果的・効率的に管理することにより、業績を改善し、多様なステークホルダーの期待に応え、企業価値の保護・増加を図ってゆく必要性、③業界にかかわらずリーガル・リスク・マネジメントのガイドラインを提供すること、が挙げられている。

　本書の原書が出版されたのはISO31022が発表される前だが、その内容を先取りし、より具体的に記述している箇所も多く見られるので、ISO31022の実践に取り組む企業にも大いに参考になるだろう[5]。

　COSOは2017年に2004年版からアップデートが行われた。その目的は、進化するビジネス環境への対応だ。すなわち、リスクの複雑化、新たなリスクの出現、取締役会のリスク管理に対する認識と監視の強化やリスク報告の改善の要請、といった状況を踏まえ、ビジネス戦略の設定と実行におけるエンタープライズ・リスク・マネジメント（ERM）の役割についての洞察を深

3　https://www.iso.org/standard/69295.html
4　「リスクマネジメントーリーガルリスクマネジメントのためのガイドライン」一般社団法人日本規格協会
5　特集「リーガルリスクマネジメント実践の教科書」（『ビジネス法務』2021年6月号）は、企業内弁護士とその経験者を中心とした論稿であり、実務的な考察を知ることができる。
6　https://www.coso.org/Documents/COSO-ERM-FAQ-September-2017.pdf, Enterprise Risk Management Integrating with Strategy and Performance Frequently Asked Questions, p3, (Project Background, Why update the 2004 Enterprise Risk Management–Integrated Framework?)

め、組織のパフォーマンスとERMの連携を強化することを目的としている[6]。このアップデートでは、基準の構造が大きく変わり、旧基準が4つのカテゴリーと8つのリスク・マネジメント・プロセスの構成要素との関連性を立方体で表現していたところを、新基準では、組織のライフサイクルを通じて現在の5つのカテゴリーを絡めたリボン型の図を使用している[7]。なお、このアップデートについては、肯定的な見方もあるものの否定的な見方もあり、リーガル・リスク・マネジメントが単純ではないことを示している。

法務ＤＸ＝リーガル・テックとリーガル・オペレーションズ

　2020年からのコロナ禍の影響もあって、ようやく日本でも法務DX（デジタル・トランスフォーメーション）＝リーガル・テックを導入する動きが活発になってきた。例えば、多くの日本企業が旧来の印鑑に代わる電子署名の導入に関心を持つようになったが、それはリーガル・テック全体から見れば、極めて初期的なものと言える。

　海外ではすでにコントラクト・ライフサイクル・マネジメント（CLM）などの契約書管理システム、人工知能（AI）を使った契約書のレビュー・ツール、外部弁護士からの法律意見書やアドバイスを含む様々な情報を法務部内外で共有するためのナレッジ・マネジメント・システムを導入している企業が多い。

　日本企業でも、本社では導入していないがすでに海外拠点では導入されているという逆転現象が生じている例も珍しくない。米国、欧州、（日本を除く）アジア・パシフィックでそれぞれ独自のシステムを導入済みだが、さらに日本でも異なるシステムの導入を検討している、という状況も見られる。一般論としては、海外で使われているリーガル・テックのほうがノウハウの蓄積もあって一日の長があるものの、それをそのまま日本に導入しようとしても日本語対応の問題を筆頭に様々な障壁で悩む企業も多い。

　外部弁護士の管理についても十分に手を付けられていない企業が多い。海

7　2004年版https://www.coso.org/Documents/COSO-ERM-Executive-Summary.pdf, 2017年版 https://www.coso.org/Documents/2017-COSO-ERM-Integrating-with-Strategy-and-Performance-Executive-Summary.pdf

外企業では、法務部門が選定した法律事務所からなる「パネル」をつくることが標準的な実務になっているが（36ページ）、国内で「パネル」を採用している日本企業はまだ少ない。そもそも国内に限ってみても、外部弁護士の選任に関して法務部が主体的に承認・管理をしている企業は多数とは言えず、事業部門が自由に弁護士を選任しているところも珍しくない。ましてや、海外子会社が用いる法律事務所も含めてグローバルに一元的な管理を行っている日本企業は極めて少ない。

外部弁護士の質と報酬の管理や、利益相反の管理（情報を集約していないために、グループ会社の訴訟の相手方についている法律事務所に別件で依頼してしまうことが実際にある）などの観点から、本社法務部による一元的な外部弁護士の管理が必要なことは誰も否定しないだろう。ナレッジ・マネジメント・システムを導入し、外部弁護士からのアドバイスを集約することによる弁護士費用の削減効果も期待できる。弁護士費用の管理・削減のツールとして多くの海外企業が導入している弁護士費用のeビリング・システム（133ページ）を導入している日本企業も少ない。

上記のような課題について私たちが企業と議論していると浮かび上がってくる根本的な問題は、日本の本社法務部やGC・CLOが、各国の法務機能に関するマネジメント・インフォメーション（MI）を把握する体制ができていないことだ。海外法務の大部分が現地任せになっており、タイムリーな管理はほぼ不可能で、事後的な追認が常態化している企業が非常に多い。法務部長やGC・CLOが、世界のどの国のことであっても、法務のMIを迅速に取得し、判断を下せる体制を整えていなければ、パートナー機能もガーディアン機能も発揮するのは困難であるし、管理体制が不十分なのに法務部長らに責任を負わせるのはフェアでない。

法務責任者の職務執行を支える職域として「リーガル・オペレーションズ」という概念が発達し、最近ようやく日本でも議論されるようになってきた。法務部門の中に、法務アドバイスを提供するスタッフのほかに法務機能の業務運営（オペレーション）を専門とするスタッフを置くものだ。リーガル・オペレーションズは、法務MIの集約・活用、リーガル・テックやALSPs（オルタナティブ・リーガル・サービス・プロバイダー（外部弁護士に代替する法務関連サービス業者））の活用による業務効率化、法務人材の育成などに

より、法務機能の向上を支える役割を担う。

　リーガル・オペレーションズに関しては、CLOC（コーポレート・リーガル・オペレーションズ・コンソーシアム）[8]という団体が役割や体制構築について提唱しており参考になる。もちろん、海外のやり方を日本にそのまま導入することが最適とは限らないので、「日本版リーガル・オペレーションズ」が提唱されている[9]。

　リーガル・テックは、あくまで1つの道具にすぎない。その企業にとって最も適したリーガル・テックを見極め、適切に導入し、ユーザーの教育を含め効果的に運営していく体制がなければ、せっかくの投資も失敗に終わってしまう。その意味で、多くの日本企業の法務部に欠けているグローバルなリーガル・オペレーションズの体制づくりが、リーガル・リスク・マネジメントの第一歩と言えるだろう。

世界の企業法務部門の課題 —— 2021 EY Law Survey

　2021年4月、私たちEY弁護士法人がメンバー・ファームとして所属するEY Lawは、米国ハーバード大学法科大学院（センター・オン・ザ・リーガル・プロフェッション）と共同で日本を含む22カ国、17業種の2000名のGC・CLO（最高法務責任者）を含む様々な分野のリーダーに調査を行った[10]。本書で扱っている様々なリーガル・リスク・マネジメントに関して、世界で現在何が問題となっているかを理解するうえで有益な情報であるので簡単に紹介したい。

　第一に、多くのグローバル企業の法務部が、外部弁護士への委託と社内弁護士の活用という2つの従来型の業務手法に依拠しており、自動化や「コ・ソーシング」「CoE（センター・オブ・エクセレンス）」といった新しい手法を活

8　https://cloc.org
9　NBL1191号4—6ページ（2021年4月1日）「日本版リーガルオペレーションズの八つのコア」
10　「ジェネラルカウンセル（最高法務責任者）が直面する喫緊の課題：障壁をビジネスの土台に変える方法とは」（https://www.ey.com/ja_jp/law/general-counsel-imperative-barriers-building-blocks）、「複雑な契約実務の背後で損なわれるビジネスの利益とは」（https://www.ey.com/ja_jp/law/the-general-counsel-imperative-how-does-contracting-complexity-hide-clear-profitability）、「子会社管理を効果的なガバナンスに進化させる方法とは」（https://www.ey.com/ja_jp/law/the-general-counsel-imperative-how-can-you-evolve-entity-management-into-effective-governance）

用できていない。他方で、先進的な法務部は、新たな業務提供方法を取り入れている。そうした法務部は、「リスク管理、コスト低減、ビジネス推進」というビジネス側からのニーズに透明性の高い形で応えるという部門戦略と一体のものとして変革を推進している。

第二に、「複雑なリスクを特定し、定量化し、対応する能力」を自社の法務部が備えているかという重要な問題につき、法務責任者の多くが自信を持てていない。より具体的には、65％のGCが、自社の法務部はデータ漏えいに対応するための情報と技術を持ち合わせていないと回答した。また、78％が自社の法務部は契約上の義務の履行状況をシステマティックに把握していないと回答し、68％がグループ会社の正確な法人情報へのアクセスがないと回答している。

第三に、予算に対する圧力はコロナ禍の影響もあり一層高まっており、GCに課されたコスト削減目標が急上昇している。GCの大多数（88％）が、主にCEOや取締役会からの要請で、法務部門のコストを今後3年間は削減していく計画だと回答した。年間売上高が200億ドル以上の大企業が目標とするコスト削減率は平均で18％であり、2019年度版調査における削減目標の11％からの大幅な上昇となった。

第四に、GCの半数以上（59％）が、コスト削減のためにテクノロジーを活用する必要があると回答した。その半面、過去1年間に法務部のテクノロジーの活用が増えたと回答したのは50％にすぎず、必要なテクノロジーが整備されているとの回答は30％にとどまった。83％が業務の自動化に必要なスキルに欠けていると回答し、41％が法務テクノロジーへの投資を促すために必要となるデータや専門知識に欠けていると回答している。ほぼすべて（99％）のGCが、契約の作成・締結・保管を最適化するために必要なデータやテクノロジーが整っていないと回答している。さらに、97％のGCが、ITへの投資予算を確保するのは困難であるとし、その最大の要因として経営層の支持を得ることの難しさを挙げている。

第五に、業務量の増加が、変革を不可避にすると同時に変革を困難にしている。GCは、法務部門の業務量が今後3年間で25％増加すると見込む一方で、同じ期間に増やせる人員はわずか3％にすぎないと見込んでいる。さらに、75％が業務増加のスピードに見合った予算確保は困難だと考えてお

り、87％が価値の低い定型業務に費やされる時間が多すぎると回答している。GCのほぼ半数（47％）が、価値の低い仕事が増えたために部員の士気が低下している、と回答している。

第六に、ビジネスへの貢献度の向上についても大きな課題になっている。法務部のオペレーションが全社的な戦略と合致していると回答したGCは約半数（52％）にとどまり、例えば取引先との契約に要する手続きが非効率的であることにより売り上げに悪影響が出ていると回答したビジネス部門長が57％にのぼっている。

最後に、各種ソリューションの中で期待が大きいのは、ALSPsを活用したコ・ソーシング戦略であることが判明した。GCの85％がこうしたサービスをすでに活用していると回答しており、2019年度の調査の72％から増加している。

日本企業の法務部が目指すべき方向性

私たちは、日本企業が抱える様々な問題を解決するためには、以下のような方向性が必要と考えている。

まず、法務部員の日常業務を効率化して人員・予算を付加価値の高い業務に振り向ける「リソースの最適化」だ。そのためには、契約管理、海外子会社の管理や海外法令調査などについて、ALSPsへのアウトソーシングとリーガル・テックを上手に活用する必要がある。

次に、法務部の「業績」についてのアカウンタビリティと計測可能性を確立しなければならない。そのためには、法務のMIの集積・活用と、業務の効率化・コスト管理の中核を担う「リーガル・オペレーションズ」チームを組成するのが有効だ。このチームは、案件処理に携わる社内・社外のリソースを管理するための、法務部用に特化したワークフロー管理システムや契約管理システムといった、リーガル・テックの導入・活用も担う。

そして、これらの努力によってつくり出した法務部員の時間を、より一層事業部に寄り添う時間に振り向ける。そうすれば、「ビジネスの信頼を獲得することでプロジェクトの初期からの関与を要請され、さらに信頼の度合いを深める」という好循環が生まれ、現代の法務部に求められる「パートナー

機能・ガーディアン機能」の向上にもつながり、法務部が真の「トラステッド・アドバイザー」となるだろう。

まとめ —— 実効的なリーガル・リスク・マネジメントの 構築のために

　日本企業の法務部門は、様々な課題を抱える中で、ここで紹介した2021 EY Law Surveyへの回答企業と同様に社内でコスト削減の大きな圧力にさらされている。

　根底には、前記の経産省研究会の報告書で指摘されているように「受け身」になりがちでビジネスに寄り添うための体制が十分とは言えないという問題がある。海外子会社・サプライチェーンのガバナンス管理も十分とは言えない。今や日本の大企業では、海外売上高のほうが国内売上高を上回る企業は、数多くある。また、海外で大きな買収を行い、買収先の会社には日本の本社を上回る人数の法務部があることも珍しくない。たとえ海外のプレゼンスがそれほど大きくなくてもグループ全体に影響を及ぼす可能性のあるリーガル・リスクの存在を的確に把握して、対処するのは決して容易なことではないだろう。

　残念なことに、最近でも日本企業をめぐる不祥事の報道が相次いでいる。不正会計、不正検査・報告、株主総会、サプライチェーンの問題などコーポレート・ガバナンスをめぐる不祥事は直ちにリーガル・リスクの顕在化につながる。また、不祥事に至る前の課題として、様々なSDG s（持続可能な開発目標）をめぐる問題に対する迅速な対応は、将来の潜在的なリーガル・リスクを低減させるために欠かせないものだ。

　日本国内だけを見ていると、訴訟リスク（想定される訴額の大きさ）や法規制リスク（制裁金額を含む制裁の重さ）、レピュテーショナル・リスク（マスメディア、SNS、一般市民の反応の大きさ）をそれほど強く実感しないかもしれない。ただ忘れてならないのは、たとえそれが日本国内における不祥事だったとしても、現在の日本の上場企業の株式の保有者が誰かという問題だ。2020年度の全国4証券取引所上場会社（調査対象会社数3823社）の投資部門別株式保有状況では、外国人投資家は30.2％、金融機関などの機関投資家は29.9％にのぼっている[11]。さらに、海外で株式を上場したり、ADR（米国預

託証券）などが流通していれば訴訟リスクは一層高まる。海外の個人投資家によるクラス・アクションだけでなく、株式を保有する機関投資家からの訴訟のリスクも忘れてはならない。

　原書の筆者が述べているように、本書は決して法務部門の人たちのみに向けて書かれたものではない。むしろ企業の様々なリスクの管理に関係する人たち（当然経営陣も含まれる）にリーガル・リスク・マネジメントがどうあるべきかを理解してもらうためのガイドブックだ。

　私たちは、高度なリーガル・リスク・マネジメントを実践しつつ、事業部門に寄り添ってビジネスに貢献するような法務体制を築くことが、日本企業の国際競争力強化において極めて重要と考えている。具体的には、GC・CLOを経営陣の一角をなす者として置き、その強固な指揮権限のもとで、法務部門のグローバルなガバナンス体制を構築したうえで、ビジネスに迅速・的確な法的アドバイスを行うとともに、リーガル・リスク・マネジメントを確実に実践することが強く期待される。本書がその一助となれば望外の幸せである。なお、本書で触れられている様々な論点の中には、弁護士秘匿特権、ディスカバリー、訴訟ポートフォリオ・ファイナンスなど、これらに関する知識はグローバルなリーガル・リスク・マネジメントのために必要ではあるものの、現在の日本の法制ではそのまま適用にならないものも含まれていることにご留意いただきたい。

2021年9月

木内潤三郎（代表弁護士、マネージング・パートナー）
マイケル・ブロック（英国弁護士、外国法事務弁護士、
アソシエイト・パートナー）
室伏康志（弁護士、シニア・カウンセル）

---

11 https://www.jpx.co.jp/markets/statistics-equities/examination/nlsgeu000005nt0v-att/j-bunpu2020.pdf

忍耐強く我慢してくれたヘレン、エヴァ、シルヴィのために。
素晴らしいひらめきをくれたヘンノのために。
———マシュー・ウォーリー

人々の安全を守るために努力するすべての人へ。
———クリス・グゼリアン

リーガル・リスクの
管理と報告に関する総論

第 1 章

リーガル・リスクと
ビジネスの関わり

ビジネスに対してリーガル・リスクを明確に表現する方法

リーガル・リスクとは、「事業、製品・サービス、各種ステークホルダーとの関係及び事業運営上の各種プロセスに対する法令その他の規制の適用についての認識不足、誤解、重大な無関心又は曖昧さに起因して、財務上の損失又は風評被害が発生するリスク」をいう。

はじめに

　リーガル・リスクは、定義が不明瞭で、ビジネスの世界では十分に理解されていない。国際的な法律事務所バーウィン・レイトン・ペイズナーの2013年の調査と、世界的なプロフェッショナル・サービス・ファームであるアーンスト・アンド・ヤング（EY）が2016年に実施した調査によれば、企業のリーガル・リスクに対する理解は不十分で、法的損失を予防する自信もないことが浮き彫りとなった。リーガル・リスクが法的損失につながることは多く、法的損失が訴訟費用や規制当局による罰金によって発生するケースもよくある。これらも考慮すると、法的損失のコストは、金融業界だけでも年間1000億ドル以上にのぼると推定される。金融業界以外でも、英国、米国、ブラジル、ドイツ、スイス、オーストラリアのエネルギー業界、製造業、銀行業、保険業の企業は、リーガル・リスクにより、数十億ドル規模の損失を被っている。しかも多くの場合、風評被害のほうが直接の財務上の損失よりもはるかに深刻だ。リーガル・リスクの理解を誤ることによるコストは非常に高いため、あらゆる業界の企業がリーガル・リスクに対する理解を

深め、損失が発生する前にリーガル・リスクを特定し、積極的に管理するための体制に投資する必要がある。

　リーガル・リスクを積極的に管理するための秘訣と法的損失から企業を守るための秘訣は、リーガル・リスクの発生源を理解することである。本書（特に本章）では、リーガル・リスクがいかにして望ましくないニュースや巨額の財務上の損失につながるのかに関して、多くの事例やストーリーを用いて解説したうえで、こうした損失の根本原因を特定し、定量化し、軽減するためのシステム体系を考察している。本書におけるシステム体系は、上述のリーガル・リスクの単純明快な定義に基づいており、それについては本章の終盤にかけて詳しく説明する。この定義により、ビジネスにおけるリーガル・リスク・マネジメントの範囲が明確になり、実務におけるリーガル・リスク・マネジメントの根拠とすることができる。したがって、本書では意識的に実務に焦点を当てている。法律自体は変わる可能性があり、本書の後半では、一部の業界で規制当局の姿勢が一般的な実務に先行している事例を解説するが、企業がさらされるリーガル・リスクは、ビジネスが現在と将来の法規制とどのように関わるかによって決まる。

　本章では、リーガル・リスクの理解を誤ることによるコストについて説明する。さらに重要なこととして、ビジネスと法規制が関係し合う5つの重要な領域について解説する。さらに、18の事例を取り上げて詳しく考察することで、ビジネス上のリーガル・リスクを特定し、その影響を軽減するための第一歩を踏み出すことができるようにする。

　リーガル・リスクの定義は、積極的なリーガル・リスク・マネジメントにおいて重要な役割を果たす。リーガル・リスクを明確に定義すれば、ビジネス部門と議論すべき範囲が明らかになる。

リーガル・リスクがどのように財務上の損失や風評被害をもたらすか

ペトロブラス、フォルクスワーゲン、金融業界の事例

リーガル・リスクがもたらす財務上のコストについては議論の余地がない。銀行業界では、世界の大手銀行のうち10行が、過去5年間で年間400億ドル相当の法的損失を被った（CCP研究財団、2016年）。規制当局から科された罰金の一例として、2014年のロンドン銀行間取引金利（LIBOR）の不正操作問題にかかる罰金の累計額は、30億ドルを上回った。LIBORとは、金融市場で銀行間貸出金利を設定するための指標として使用される翌日物金利のことだ。トレーダーが事前の知識により将来の金利を知りながら自社にとって有利なポジションを取った場合、それは潜在的な犯罪行為であり、関与した企業は、市場に対する注意義務を明らかに怠ったことになる。英国と米国の規制当局は、LIBORの不正操作に関与した銀行に巨額の罰金を科した。加えて、この事件にかかった調査費用、収益の機会損失、弁護士費用は、合計でさらに数十億ドルにのぼった。

しかし、懸念すべきは財務上のコストだけではない。金融危機後、LIBORをはじめとする従業員の不祥事が引き起こした風評被害は、銀行に対する世論の変化や規制体制の大幅な厳格化につながった。その結果、すべての銀行が打撃を受け、銀行は業務の遂行方法を変革し、新たな体制に多額の投資をすることや、顧客に提供する利益の透明性を確保することが求められるようになった。こうした変化により銀行業界が被った総コストは、容易に数兆ドル規模に達する可能性がある。

銀行業界以外でも、法規制への重大な無関心（これはリーガル・リスクの核心的要素だ）が引き起こす損失は、さらに厳しいものとなる可能性がある。次のセクションでは、汚職スキャンダルをきっかけに時価総額が62％も激減したペトロブラスの事例や、2015年にいわゆる「不正装置」の不祥事で約50億ドルのコストを被ったフォルクスワーゲンの事例について詳しく解

説する。これらの2社は、リーガル・リスクがいかに企業のブランドと長期的なビジネスの健全性に打撃を与えるかを明確に示した事例でもある。2社の例は、リーガル・リスクによる風評被害が企業や業界全体、ひいては国家に及ぼす影響を定量化するのに役立つデータも提供している。

リーガル・リスクがペトロブラスと
ブラジルというブランドに与えた影響

　ペトロブラスは、ブラジル国営の巨大エネルギー企業で、おそらく同国最大規模の汚職スキャンダルの中心となった。2014年3月、汚職疑惑の捜査に関連してペトロブラス元取締役のパウロ・ロベルト・コスタが逮捕された。当時のブラジルのジルマ・ルセーフ大統領がペトロブラスを声高に擁護したにもかかわらず、同年9月にコスタは汚職に関与した官僚の情報を提供した。2015年に詳細が明らかになると、ペトロブラスは引き続き国際的なニュースの見出しを飾った。検察は、同社幹部が共謀して契約価格をつり上げると同時に、議員や官僚に対して選挙のための資金を提供していたと主張した。このスキャンダルによる企業価値への直接的な影響は大きく、同社の時価総額は62%も急減した。ペトロブラスは経営陣を刷新し、それまで存在した「最高国際部門責任者」を廃止する代わりに、「チーフ・ガバナンス・リスク・コンプライアンス・オフィサー」という新しい役職を設けた。水増しされた複数のプロジェクトを踏まえた当時の見積もりによると、ペトロブラスが汚職で被ったコストは20億ドルにものぼった。

　これらの数字には、公正な競争を妨げる行為の多くが考慮されていないが、それを加味しても、「ブラジル」という国のブランドが受けた深刻な打撃に比べれば、20億ドルは微々たるものだ。ペトロブラスがブラジルの国内総生産（GDP）に及ぼした直接的な経済損失は、271億ドル（GDPの1%に相当）と推定される（インターナショナル・ファイナンス・マガジン、2015年）。これは、ブラジルという国家のブランド価値を17%（2300億ドル相当）も急落させた2015年に起きた数々の汚職スキャンダルの1つにすぎない。しかも、当時は2014年のサッカーワールドカップと2016年のオリンピックという、国家のブランド価値を最も押し上げる世界的な2大イベントの開催と開催準備の時期が重なっていた。

フォルクスワーゲンとドイツというブランド

　フォルクスワーゲンは、世界で最も信頼されている自動車メーカーの1つ
だ。同社のブランドは、信頼性が高く革新的で環境に優しい車をつくるとい
う評判に基づいている。だが、2015年、ディーゼルエンジンが不正に機能
する装置をフォルクスワーゲンの技術者が設計したという情報が、米国で明
らかになった。この装置は、排出ガスの試験時に発覚した。試験に合格する
ために一時的に排出ガスを減らすようにエンジンの性能を調整していたの
だ。ひとたび自動車が試験場を出ると、特定のガス排出量が最大40%増加
したという。この装置は、世界で約1100万台のフォルクスワーゲン車に装
備されていた。

　米国環境法に違反したことで、フォルクスワーゲンは、2015年の年次財
務諸表において「リーガル・リスク」に関して67億ユーロの引当金を、さ
らには「サービス措置とリコール」に関して75億ユーロの引当金を計上し
た。製品の信頼性と性能を基盤とするブランドにとって、その評判に対する
影響と、ドイツのエンジニアリングへの信頼感に対する波及的効果は、壊滅
的なものだった。2016年には、世界最大規模のノルウェーのソブリン・ウ
ェルス・ファンドが、誤った排ガスデータの提供に関して、フォルクスワー
ゲンを提訴する方針を発表し、今後も訴訟が相次ぐことは間違いない。

　このスキャンダル発覚前のフォルクスワーゲンのブランド価値は310億ド
ルにのぼったが、発覚後の半年間で、ブランド価値は210億ドルまで低下し
た（ブランドファイナンス、2015年）。フォルクスワーゲンのスキャンダル発覚
直後、「ドイツ」の国としてのブランド価値は、ドイツ銀行（12億ユーロ相当
の法的損失）と2008年のシーメンスの汚職スキャンダルも足かせとなり、国
家レベルで3000億ドル相当も低下した。

金融業界における法的損失

　金融業界において行動がもたらす法的損失の平均的なコストについては、
すでに説明した。金融業界は、リーガル・リスクに関するデータの豊富な情

報源であり、いくつかの数値をより詳細に考察する価値がある。表1-1は、2008年から2014年までの間の3つの連続する5年間における、世界の大手銀行10行のリーガル・リスクに起因する損失を詳細に示したものだ。これを見ると、2010年から2014年の間において、リーガル・リスク関連のコストが年間約400億ポンドに達したことがわかる。

表1-1　行動がもたらしたコスト（5年間）

2008～2012年	1580億ポンド
2009～2013年	1730億ポンド
2010～2014年	2060億ポンド

（出所）CCP研究財団

　訴訟費用と法務費用に関する別のデータのソースは、米国の銀行持株会社が連邦準備制度理事会（FRB）に対して提出を義務づけられている四半期ごとの財務概要（Form Y-9C）だ。「訴訟費用」とは訴訟関連費用であり、外部弁護士の費用、引当金、報奨などを含む。FRBは「法務費用」に何を含めるべきかの指針を示していないが、訴訟以外の事項にかかる外部弁護士の費用とみなし、法務部にかかる内部費用を含む場合もあると考える。

　私たちは、銀行4行が提出したForm Y-9C（2010年～2018年）のレビューを行った。図1-1は各銀行の「訴訟費用」と「法務費用」を示している。分析の結果、各銀行の2010年から2015年の法務費用は、訴訟費用を除いた場合、安定していた。しかし、訴訟費用も考慮すると、この5年間の法務費用の平均増加率は260％だった。その後は、2017年をピークに、訴訟費用と法務費用はともに減少傾向にある。

　訴訟の大部分は（正当か否かは別として）、企業がビジネスの一環として行ったことの結果だ。これらの数字は、企業が訴訟につながる可能性のあるビジネス上の実務を特定するために積極的にリーガル・リスク・マネジメントに投資すべきことを示している。業務の改善に集中して取り組み、訴訟や規制当局による調査の量とコストを削減すれば、莫大な資金を節約できる可能性がある。

図1-1 訴訟費用と法務費用

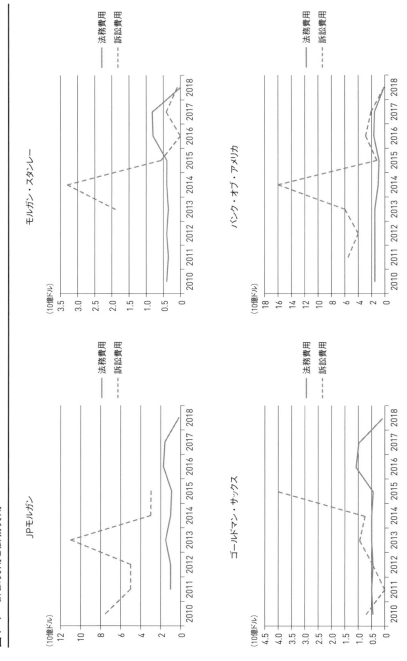

金融業界への規制当局の制裁措置は、
当局の姿勢の文化的な転換を反映

　金融業界のデータは、規制当局による制裁の厳格化により企業が行動を変えざるを得なくなった様子も示している。図1-2は、英米の4つの規制当局が科した罰金を示している。このデータは、2012年以降の当局の規制の執行に対する姿勢の転換を明確に表している。

　銀行は、金融制度全体に関する自行のリスクを積極的に検討するのではなく、規制当局の注目度が高まっている問題に注力しているように見える。（英国金融サービス機構（FSA）、2012：74）

図1-2 金融業界に対する規制当局の姿勢の転換

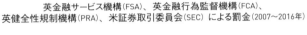
英金融サービス機構(FSA)、英金融行為監督機構(FCA)、
英健全性規制機構(PRA)、米証券取引委員会(SEC) による罰金(2007～2016年)

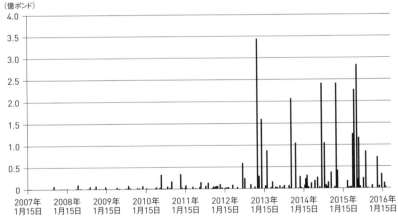

　このグラフは、説得力があるが（本書の後半で再び登場する）、規制当局による説明は独自のストーリーを物語っている。米国では、「記録破りの年」だったことをSECが強調した。SEC法執行局長のアンドリュー・クレズニーは、次のようにコメントした。

法執行局の懸命な努力と多大な労力と有能な働きが奏功し、昨年度（訳注 ＊ 2015年）は重大な不正行為が明らかになり、大きな影響力を持つ業界初の措置が数多く施行された。法執行の素晴らしい実績を誇りに思うとともに、すでに我々は新年度に向けて新境地の開拓を続けている。

　当然ながら、これらの規制当局の姿勢は2008年の国際金融危機の直後に始まった社会の変化に呼応したもので、そうした変化はほかの業界でも顕著に表れている。これらの罰金は、大企業に対する世論の変化を反映しており、本書の第5章で詳細に論じている。

リーガル・リスクをオペレーショナル・リスクの一部として扱うべき理由

　リーガル・リスクを管理するには、様々な方法がある。例えば、契約交渉のために優秀な弁護士を雇ったり、訴訟を提起された場合や第三者に対して訴訟を提起したい場合に、承認された法律事務所の一団（パネル）を擁することで、リーガル・リスクを管理していると主張する組織もあるだろう。リーガル・リスクは、しばしば規制当局による制裁や訴訟を引き起こすが、それは、企業の実務とそれに適用される法規制が業務における多様な場面で関わり合うため発生する。特に銀行監督当局は、実務とリーガル・リスクの関係を重視しており、リーガル・リスクが発生する業務上のコンテクストと範囲を定義するのに役立つ次の3つの重要な見解を示している。

1　バーゼル委員会は、リーガル・リスクを、オペレーショナル・リスクの範囲に含め、弁護士が、新たな視点により自らの職務がビジネスに与える影響を捉えられるようにした。
2　国際法曹協会（IBA）の銀行グループ作業部会は、長年用いられてきたリーガル・リスクの定義を策定し（43ページのリーガル・リスクの定義に関するコラム1-2を参照）、これは、多くのリーガル・リスクの特定とマネジメントの取り組みの出発点とされてきた。
3　欧州銀行監督機構（EBA）は、倫理的行動をリーガル・リスクの範囲に

含み、リーガル・リスクによる損失は、オペレーショナル・ロスとして記録すべきだとした。

1 │ バーゼル委員会

バーゼル銀行監督委員会（BCBS）は、銀行の健全性をめぐる規制の主要な国際統一基準を設定する機関だ。BCBSは、銀行監督に関する問題について協力するためのフォーラムを提供している。また、その使命は、金融の安定性を高めることを目的に、世界中の銀行への規制、監督、実務を強化することにある。BCBSは、金融安定化の促進に取り組むほかの機関と銀行部門におけるリスクと監督上の問題についての情報を共有するとともに、銀行規制・監督の国際標準を設定、推進、監視し、その使命を達成することを目指している。

2003年のバーゼルⅡ合意に盛り込まれた第2の柱には、以下の記載がある（傍点は著者追加）：「オペレーショナル・リスクとは、内部プロセス、従業員の行動、またはシステムの不備もしくは欠陥または外部の事象により損失が発生するリスクを指す。オペレーショナル・リスクには、リーガル・リスクは含まれるが、風評リスクや戦略にかかるリスクは含まれない」。オペレーショナル・リスクから風評リスクを除外することは理にかなっており、我々の観点にも合致している。風評被害は、財務上の損失と同様、様々な形態のリスクからもたらされる。事業戦略の不備から生じる戦略リスクも、オペレーショナル・リスクとは性質が異なる。バーゼルⅡは、また脚注でリーガル・リスクを定義している（コラム1-2参照）。

2 │ 国際法曹協会（IBA）

バーゼルⅡがリーガル・リスクをオペレーショナル・リスクの範囲内に含めたのとほぼ同時期に、国際法曹協会（IBA）が設置した銀行グループ作業部会もリーガル・リスクの定義について取り組んだ。「コンダクト・コスト・プロジェクト」の責任者を務めたロジャー・マコーミックが議長となった作業部会は、今日最もよく認知され、広く受け入れられている定義を起草し

た。

　基本的にオペレーショナル・リスクの性質を有するこの定義は、コラム
1-2で紹介している。

3 ┃ 欧 州 銀 行 監 督 機 構 （ E B A ）

　最近の進展で、おそらく最も重要なものは、欧州大陸にある欧州銀行監督
機構（EBA）によるものだ。EBAは、欧州の銀行業界全体で効果的かつ一貫
性のある健全な規制や監督の確保を目的に活動する、欧州連合（EU）の独
立機関である。EBAの全体的な目的は、EUにおける金融の安定性を維持
し、銀行業界の健全性、効率性、秩序ある機能を守ることだ。

　EBAは、2015年6月にどのような種類のオペレーショナル・リスクによ
る損失をリーガル・リスクとして計上すべきかに関する最終的な指針を公表
した。特に、「（非）倫理的行動」にかかる損失に関してはリーガル・リスク
の範囲に含める一方、「訴訟を起こされるリスク」に関してはリスクの結果
であるとして除外している。どの損失をリーガル・リスクによる損失として
計上すべきかに関するEBAの指針は（コラム1-1参照）、企業がリーガル・リ
スクをほかの形態のオペレーショナル・リスクと同様に報告できるようにな
ることを意味する。しかしながら、事象が発生した後に損失を計上するの
は、適切なリーガル・リスク・マネジメントとは言えず、法務部によるリー
ガル・リスクの早期の特定に代わるものではない。

COLUMN

1-1 ┃ 計上すべき3種類の損失

　EBAは、リーガル・リスクの結果として計上すべき3種類のオペレーショ
ナル・ロスを挙げている。
1　仲裁や示談を含む法廷内外の法的解決
2　将来のリーガル・リスクに対応するため、またはそれを回避するため
に、自発的に顧客に提供される返金や将来のサービスに対する割引（同じオ
ペレーショナル・リスクの事象により顧客に提供されるものを含む）

リーガル・リスク・マネジメントがいまだにニッチな分野である3つの理由

　多くの企業がリーガル・リスクの特定と管理を弁護士に任せているが、弁護士にとって、リーガル・リスク・マネジメントは、自然に身につくものではないようだ。弁護士が受ける教育で身につくのはリスク事象が生じた後に受動的に対処する方法だ。法律事務所には、巨額の報酬をもたらすことになるだろう顧客企業の問題を、事前に回避できるようにサポートするインセンティブがほとんどない。また、法務部も法律事務所と経営陣に対し、「良い」法的費用と「悪い」法的費用の相違を説明することを怠ってきた。「悪い」法的費用とは、問題が起きた後に発生する法的な危機管理にかかる費用を指す。一方、「良い」法的費用とは、そもそもその問題が発生するのを防ぐための費用のことだ。ビジネスが今直面している最も大きなリスク上の課題の1つを解決するために法律のプロが寄与するためには、法曹教育者、法律事務所、社内弁護士が、ビジネスにおけるリーガル・リスクの捉え方を見直す必要がある。

1 ｜ 法曹教育は、「いかに訴訟に勝つか」を重視している

　一般化しすぎかもしれないが、伝統的な法曹教育は、リスク管理についてまったく教えないわけではないものの、法廷紛争の可能性や法律自体の曖昧さに起因するリスクの管理に重点を置いている。例えば、法律をそのコンテクストから解釈し、規制当局の重要性や影響について学ぶ授業はあるが、本書で定義するような、ビジネスで適用される積極的なリーガル・リスク・マネジメントに焦点を当てた授業はほとんどない。この状況を変える試みの一例として、1950年代の米国の弁護士ルイ・ブラウンの取り組みを教えるというものがある。ブラウンは、予防法学について論考し、彼の同僚に対して、顧客に法的な「ヘルス・チェック」を実施するよう促していた。ブラウ

ンは、法学教育にいくつかの重要な改善をもたらしたが、いかに訴訟を回避するかという予防法務よりも、いかに訴訟に勝つかを重視する法曹界の中では、残念ながら亜流と言える。法曹教育が、リーガル・リスクをビジネス上の大局的な視点で取り扱えるようになるまで、まだ長い道のりが待っている。

　法曹教育とビジネス実務との間には、こうしたギャップが数多く存在する。国際契約・商業管理連盟（IACCM）は、サプライヤーと顧客との関係において、最も多く時間を費やして交渉された契約条項と最も重要な契約条項とを比較する年次調査を実施している。2020年の調査では、最も多く交渉された条項の上位10項目のうち、最も重要な条項と一致したのは6項目だけだった（www2.iaccm.com、2020年参照）。調査報告では、過去と比べるとこの結果は改善した、と楽観的な見解を示している。過去の調査では、回答者の80％が交渉の焦点になった事項は、当事者双方にとって最善の結果をもたらすものではなかったことを認めていた。しかしながら、弁護士が契約交渉において注力するように教育されたこととビジネスにとって重要なこととの間には、依然として明らかなギャップが存在するのである。

2 ｜ 法律事務所の関心事は、取引のみである

　法律事務所は、危機的状況に陥った顧客から多額の報酬を得ている。弁護士は、企業が苦境に立たされているときやビジネス上の取引を完結するための法律構成が必要なときに、間違いなく価値あるサービスを提供してくれる。だが、法律事務所は、将来の問題発生の予防に役立つ積極的なアドバイスを顧客に提供することに価値があるとはまだ考えていない。彼らの関心は、次の訴訟にいかに勝つかであって、それをいかに未然に防ぐかではない。

　もちろん例外はあり、そうした法律事務所が増えていくことを期待している。だが、訴訟専門の大手法律事務所は、企業がリーガル・リスクを予防する最善の方法を知っている（数多くの企業が失敗するのを見てきた）ものの、顧客にリスクの予防方法をアドバイスするよりも危機的状況に陥った顧客にアドバイスすることではるかに大きな利益を得ている。また、そのようなアド

バイスを提供したいと考える法律事務所でさえも、実行に移すのは驚くほど難しい。法律事務所のシニア・パートナーたちは、顧客に対して商事訴訟の弁護に200万ドルを支払うよう説得するよりも、紛争を予防するために契約の修正に2万ドルを支払うよう説得するほうが難しいとはっきり認めている。「悪い法的費用」は、「良い法的費用」に常に勝るようだ。

3 ┃ 法務部は最悪の事態に直面している

　ビジネスにおいてリーガル・リスクの最前線に立つ社内弁護士にとって、世界は2006年以降、根本的に変化している。あなたがジェネラル・カウンセル（GC）だったとしたら、（おそらく初めて）年間予算を管理するよう迫られ、社外の法律関連費用の管理についても新たな責任を負うことになったかもしれない。さらに、取引業務や規制業務の増加により、これまで以上に多くの法的問題に対処する必要が生じた。また、法的な問題を回避するための的確な意思決定を経営陣が行えるようにするため、部門を変革してリーガル・リスクに関する知見を積極的に会社に提供できなければ、コンプライアンスや規制関連チームが支持される一方で、あなたは疎外されてしまうリスクが現れた。

　法的損失は、規制当局の制裁措置によりもたらされることが多いため、規制当局との連携に精通したチームは今日のビジネスにおいて重要性が増している。こうしたチームは、企業が規制の文言を遵守するのを支援する専門家であり、リーガル・リスク・マネジメントにおいて重要な役割を担う。だが、法規制の新設・改正を把握し、規制対応を促すスキルは必ずしも持ち合わせていない。契約不履行や注意義務違反など、法的損失をもたらす可能性のあるリーガル・リスクを特定して管理するスキルや知的財産やデジタル化の影響など、時代の一歩先を行くことでビジネス上の優位性を獲得できる分野について助言するスキルも、おそらく持ち合わせていない。

　社内弁護士には、ビジネスがより良い結果を生み出すためにやれることが多くあり、そこには潜在的に大きなチャンスも存在する。法務部がオペレーショナル・リスクの手法を導入してリーガル・リスクを管理すれば、潜在的なリスクに関して法律とビジネスがどのような相互関係を有するかを評価す

ることが可能になり、リスク管理における大きな成果とビジネス・メリットを提供できる。本書の後半では、オペレーショナル・リスクの管理手法に基づく優れたリーガル・リスク・マネジメントの枠組みがどのようなものか、また、それを社内業務にどのように適用するかについて解説する。リスク管理の枠組みの基本は、予防しようとするリスクを明確に表現することから始まる。

2000年以降リーガル・リスクはどのように定義されたか

社内弁護士やオペレーショナル・リスクの管理担当者がまず行うべきことは、リスクの根源となる法規制と自社のビジネスとの関係を特定して、リーガル・リスクを明確に表現する方法を見つけることである。多くのリスクの結果は、規制当局による制裁や訴訟など「法的」なものとして現れることが多いため、リーガル・リスクの「発生源」と法的な「結果」とを峻別することが重要だ。

リーガル・リスクの範囲と内容を明確に表現するうえで利用できる2つの基本原則がある。1つ目は、法律自体はリスクではないという原則だ。法律は、そのステークホルダーを守るために存在するものである。法律は変化する可能性があり、企業はそれに適応できなければならない。しかしながら定義の範囲は、ビジネスが法律や規制とどのように相互に関係し合うのか、特に、個人の決定や行動が、法律の文言や精神から外れる可能性のある部分に焦点を当てる必要がある。2つ目は、リーガル・リスクを定義するためには、法律用語を用いるという原則だ。弁護士にリーガル・リスクを特定する責任を負わせるならば、リーガル・リスクは、法的な文言で定義されるべきだ。それは、わかりにくくて句読点のない文言という意味ではない！　実務と法律とを結びつける文言を意味する。私たちの実務経験では、リーガル・リスク・マネジメントの責任の所在に対して異議が唱えられる場合、法的でない用語が用いられていることが多い。

コラム1-2では、2000年以降にリーガル・リスクが様々な方法で定義されてきたことを詳述している。これは、ほかの人々がリーガル・リスクをどの

ように捉えてきたのかを知るうえで有益な背景だが、本章の最終セクションでは、前述の2つの基本原則を適用して企業のためにリーガル・リスクを明確に定義づけるにはどうしたらよいか、そして私たちがどのように独自の定義にたどり着いたかを説明する。

COLUMN

1-2 リーガル・リスクの定義の歴史

■ 2000年──イングランド銀行（決済システムの監督）

　2000年、イングランド銀行は、英国の決済システムの監督を担っていた。決済システムの1日当たりの送金額は、英国の国内総生産（GDP）の約半分に相当した。当時、イングランド銀行の決済システムは、世界中の金融システムにとって重要であり、それは現在も変わらない。

　イングランド銀行は、2000年の監督文書において、英国の決済システムとそれに伴うリスクに関していくつかの背景を説明した。特に注目すべきは第42項で、イングランド銀行が「予期せぬ法律の解釈や法律の不透明性が決済システムやメンバーに予想外の財政上のエクスポージャーや損失の可能性もたらすリスク」について報告するよう提案したことが記載されている点だ。イングランド銀行のアプローチは、法律自体の不透明性という概念を導入しており、回避すべき結果として財務上の損失を明確に定めている。

■ 2001年──金融法パネル

　2001年に金融法パネルは、これまでとは異なったより詳細なアプローチを採用し、リーガル・リスクがいかに現実化するのかを想定した有益な例を示した。企業に影響を及ぼすリーガル・リスクを、次の3項目に分類している。

1　組織上のリーガル・リスク──企業が保有する資産と財産の維持と企業の内部の事情に関するリスク。
（例）
　・企業がその知的財産・資産を適切に保護できないリスク、またはこれら

の資産の所有権および／または価値をめぐり第三者から正当な異議を唱えられるリスク。

- 株主に対する責任または株主が経営陣の意向に反する行動を強要するリスク。
- 経営陣が労働法または従業員もしくは労働組合の権利を適切に考慮しない行動をとるリスク。
- a）適切な法的アドバイスの欠落、b）法務部によるアドバイスの不足もしくは不備、c）法的アドバイスが必要な場面を特定する内部プロセスの不備により企業が自らの作為または不作為による結果を認識できない可能性。

2　法的方法論のリスク──他者からの請求に対し企業の資産を保護するために、または他者への損害賠償もしくは補償の責任に対し、企業の資産を保護するために採用した方法や措置が不十分であるリスク。

（例）

- 企業は、取引相手からの保証の代わりにデュー・デリジェンスに依存した場合に、デュー・デリジェンスで欠陥を明らかにできなかったときは、法的手段を失うことになる。
- 海外の法域における法規制の内容に関する標準的または「一般的」な法律意見書を取得しても、その一般性により、特定の取引において生じる問題を明らかにできない場合がある。
- 唯一利用可能な予防手段が完全には効果を発揮できないリスク。例えば、無記名株式を保有する「タックスヘイブン」企業に関する所有権と法的能力に関する意見書では、不正行為の可能性を回避することはできない。

3　業務遂行上のリーガル・リスク──企業が業務を遂行するうえで予見されなかった、もしくは予見された以上の義務や債務が発生するリスク、または企業の権利や債権が予想されていたよりも少なくなる、もしくは価値が低くなるリスク。

(例)

- 契約上の権利が違法、技術的不備、またはいずれかの当事者の無能力のために無効または執行不能となる可能性。
- 裁判所が契約の規定または法律の条文に関して企業と異なる解釈をする可能性。
- 裁判所が技術的な点に関して企業が依拠したものとは異なる見解を示す可能性。
- 法的手続が予想以上に不利な結果をもたらす可能性（または好ましい結果が予想を下回る可能性）。例えば、企業が訴訟または規制手続の結果に関してより楽観的な見解を示している場合。
- 企業の業務が第三者に対して予期せぬ責任を発生させる可能性。
- 企業の業務が第三者の法的権利を侵害する可能性。
- 勝訴しても債務者の支払不能など企業の請求権が実際には充足されないリスク。
- 企業があまり精通していない法域で法的権利を執行できないリスク。

■ 2003年—— 国際法曹協会（IBA）銀行法委員会ワーキンググループ

IBAの定義は、過去10年間に発表されたあらゆる定義の中で、おそらく最も広く認知されている。その定義は、性質上、業務への適用性が際立っている。リーガル・リスクを、主に以下の原因により金融機関に損失が生じるリスクと定義する。

a 欠陥のある取引。

b 金融機関に責任を負わせる、あるいはその他の損失をもたらす請求や事象が発生すること（例えば契約解除）。

c 金融機関が所有する資産（例えば知的財産）を保護するために適切な措置を取らないこと。

d 法律の改正。

IBAの定義には、解釈に関する広範な注意事項が含まれるが、ここでは引用しない。

■ 2003年 —— 金融サービス機構（FSA）

　金融サービス機構（FSA）は、2013年までの10年間、英国の唯一の金融規制機関だった。FSAは、設立当初、保険会社、銀行、そのほかの金融サービスを提供する企業に適用される健全性要件に関する従前の規制資料を取りまとめた。最終的には、全業界の健全性基準を1つの健全性ソースブックに統合することを目指し、主要な金融業界ごとにそれぞれ暫定版健全性ソースブックを作成した。IPRU(INS) と呼ばれる保険会社向けの暫定版健全性ソースブックでは、リーガル・リスクの定義について以下の記載があったが、現在では削除されている。

　　次のいずれかの場合において、法律が保険会社の利益や目的にとって不利に働くリスク。
・保険会社が法律の影響を考慮しなかった場合。
・保険会社が法律の異なる影響を想定していた場合。
・保険会社が法律の影響に関して不確実な状態で業務を行った場合。

　これは、イングランド銀行が2000年に採用したアプローチと類似している。当時、イングランド銀行は、法律の理解に関する不確実性によって生じ得る悪影響という概念を導入した。

■ 2004年 —— バーゼル委員会

　バーゼル委員会は、銀行の健全性規制の主要な国際基準を設定する機関であり、銀行監督に関する問題について協力するためのフォーラムを提供している。また、金融の安定性を高めることを目的に、世界中の銀行の規制、監督と実務の強化を使命とする。バーゼル合意では、オペレーショナル・リスクの定義の脚注において、リーガル・リスクを以下のように定義している。「リーガル・リスクは、監督上の措置に起因する罰金、制裁、懲罰的損害賠償および私的和解などにさらされるリスクを含むが、これらに限定されない」。この定義は、意図的に包括的なものではあるが、含まれるべき損失の種類（罰金、罰則または懲罰的損害賠償）についてより詳細に説明しており、商取引上や規制上の紛争もその範囲としている。

■ 2004年——保険監督者国際機構（IAIS）

　1994年に設立されたIAISは、世界の保険料の97％を占める約140カ国における200以上の法域の保険規制当局と監督機関を代表する。その目的は、保険契約者の利益と保護のために公正で安全かつ安定した保険市場の発展・維持に取り組み、世界的な金融の安定性に貢献するため、保険業界に対する効果的かつ国際的に一貫した監督を推進することだ。

　2004年にIAISは、マネー・ロンダリングおよびテロ資金供与対策に関するガイダンス・ペーパーを発表した。その脚注には、リーガル・リスクについて以下の定義が含まれている。「リーガル・リスク：訴訟、不利な判決または執行力のないことが判明した契約が保険会社の業務または経営状況を阻害しまたは悪影響を及ぼす可能性」（http://iaisweb.org/index.cfm?event=getPage&nodeId=25237を参照）。

■ 2004年——私法統一国際協会（UNIDROIT）

　ガイ・モートンは、リーガル・リスクおよび市場の効率性に関する論文の中で、法的不確実性の観点からリーガル・リスクを以下のように定義している。「法律が予測可能かつ現実的な結果をもたらさないリスク」（http://www.unidroit.org/english/documents/2004/study78/s-78-012-e.pdfを参照）。

　この種のリスクは、多くの形で発生する可能性がある。法律が不透明だったり、広く誤解されていたり、明確に定義されていなかったりする場合があり、法律が非常に明確で十分に理解されていても、単にその役割を果たしていない場合もある。法律に欠陥があり、不完全であり、人々が望む取引を阻害するギャップや負担が生じるかもしれない。こうしたケースでは、時代遅れで過度に手の込んだ手続き要件を課していて、運用にコストや手間がかかる場合がある。

■ 2015年——欧州銀行監督機構（EBA）

　次の「公式」な定義は、2014年にEBAが資本モデルに用いる先進的計測手法（AMA）の技術基準に関するコンサルテーション・ペーパーを発表した際に、初めて登場したものだ。このペーパーの草案には、リーガル・リスクの定義が盛り込まれていたが、2015年に発表された最終版では、リーガル・

リスクの公式定義は示されなかった。これは重要で比較的新しい論文であるため、法的損失の結果と原因に言及している部分から2015年の最終版が前提としている定義を導き出すと、以下のようになる。

　　リーガル・リスクとは、「国内外の法令や法律上の規定もしくは契約上の取り決めまたは国内外の規範と実務に由来する内部規則および倫理的行動に依拠する義務に組織が違反することによりもたらされるオペレーショナル・リスクの事象および損失」と定義することができる（業務リスクのAMA評価に関するEBAの最終ドラフト規制技術基準＝RTSより、https://www.eba.europa.eu/-/eba-publishes-final-draft-standards-on-assessment-methodologies-to-use-advanced-measurement-approaches-for-operational-risk）。

　　故意または過失による違反、不正行為と偶発的違反の両方、さらには「倫理的行動」が「リーガル・リスクの範囲内にある」とされていることは注目に値する。

▪ 2015年── 英国政府法務局

　2015年7月、英国政府法務局は「リーガル・リスクに関するガイダンス・ノート」を発表し、「リスクには、被害や損失が生ずる脅威と可能性が含まれる。『リーガル・リスク』とは、国内、欧州、またはインターナショナルであることを問わず裁判となるリスクや、法の不遵守により生じる制裁のリスクを意味する。裁判で敗訴すると、業務ポリシーの目的が損なわれ、財務上または評判上の損失につながる可能性がある」と述べた。

▪ 欧州中央銀行

　欧州中央銀行は、リーガル・リスクについて2つの定義を発表している。用語集では、リーガル・リスクを「法律や規制が予期しない形で適用されることにより、または契約が履行できないことにより、損失が発生するリスク」と定義している。

　また、「システム上重要な決済システムの監督要件に関する2014年7月3日欧州中央銀行（EU）第795／2014規則（ECB／2014／28）」の第2条第7項では、リーガル・リスクを「法律や規制の適用によって生じるリスクで、通

常、損失が発生するもの」と定義している。

■ 米国連邦準備制度

　米国連邦準備制度（US Federal Reserve）は、ウェブサイトの「監督指針及び指導事項」において、リーガル・リスクとレピュテーショナル・リスクを「リーガル・リスクは、法的強制力のない契約、訴訟、または不利な判決が銀行組織の業務や状態を混乱させ、そのほかの形で悪影響を及ぼす可能性から生じる。レピュテーショナル・リスクとは、事実か否かにかかわらず、金融機関のビジネス慣行に関する否定的な評判が、顧客基盤の減少、コストのかかる訴訟、収益の減少などを引き起こす可能性のこと」と定義している。

■ 学術関係者

　ユニバーシティ・カレッジ・ロンドンの法と倫理センターのリチャード・ムーアヘッドとスティーヴ・ヴォーンは、「リーガル・リスク——定義、マネジメント及び倫理」と題したエグゼクティブ・レポートの中で、「リーガル・リスクに関する企業の理解は、ビジネス・リスクの法的な結果と、法的な起源を持つビジネス・リスク（不確実な法律や不満足な法的成果物など）の両方を包含すべき」と主張している。彼らは、定義によっては、リーガル・リスクを厳密な意味での法的結果（起訴、法的制裁、民事訴訟、契約上の権利や知的財産権の喪失など）を超えて拡張し、評判上の懸念（特に、法的義務に対する企業のアプローチが、法律専門家でない一般人によってどのように解釈されるか）や、組織内の文化（例えば、法律の文言を遵守するだけでなく、法律の精神を遵守することも、リーガル・リスクの定義に含むべきか）をも含めようとしていることを指摘する。

　このエグゼクティブ・レポートは、関連文献のレビューと、金融機関を含む幅広い分野の大企業のシニア・インハウス・カウンセルおよびシニア・コンプライアンス・スタッフ34名へのインタビューに基づいて作成された。主な調査結果は以下の通りだ。

　・リスクの定義は大雑把で、重大な法的結果をもたらす可能性のある行為　　はすべて法的リスクであるという見解に傾いていた。

- 法的リスクを考える際、クレームや規制当局の対応が前面に出てくることが多く、このような幅広いアプローチは、リスクの予測や管理において、能動的ではなく受動的なスタンスに傾いている可能性があることを示している。
- リーガル・リスクの定義に対する広範なアプローチは、狭義のアプローチほどはよく考えられておらず、体系化されているようには見えなかった。このアプローチの賛同者は、リーガル・リスクが発生する前に理解して捉えるという役割を法務部が担うことを提唱していた。
- リスク・システムが発達した組織（特に金融機関）では、リーガル・リスクの狭義の定義が一般的だった。
- 法的リスクの計画と管理を伴う、将来を見据えたリスクの見方は、より広範な（リーガル・リスク以外の）リスク・フレームワークとプロセスを持つ組織に多く見られた。
- 広範なリスク管理体制の中で狭義の定義を採用している組織では、ケース・バイ・ケースでリスクに対応することよりも、ビジネスにもたらされるリスクを法務機能の中で理解するために、テーマ別またはグローバルなアプローチをとる傾向があった。
- また、狭義のリーガル・リスクに対応するプロセスは、リーダーシップ、メッセージング、行動管理、モニタリングなど、様々な組織的対応を求めているという点で、より包括的であるように見えた。
- 逆に、狭い定義を運用している企業は、法的な要素を持つほかのビジネス・リスクにあまり積極的に関与していないかもしれない。これは、リスクに最も近い事業部門が確実にそのリスクに責任を持つようにするためであるとも考えられる。しかし、そうすると、法務担当者の目の届かないところで、リスクの理解と管理が縦割りになってしまう可能性がある。
- 回答者のリスク定義の中には、より広範なリーガル・リスクの概念（法律の精神や評判上の懸念）を含むものもあったが、概してまれだった。
- 評判上の懸念や、法律の文言だけでなく法律の精神の遵守を奨励する必要性を強調した回答者は、リスク管理における組織の文化の意義を認識していた。

- コンプライアンスの確保に加え、倫理、リスク、コンプライアンスを体系的に捉えることは、法律の精神の遵守を奨励し、企業の成功に必要な無数の社会的関係をより適切に管理できることを示唆していた。

本書におけるリーガル・リスクの定義と略式分類

リーガル・リスクは、定義を明らかにすれば、主旨が判然とする。コラム1-2は、過去にリーガル・リスクがどのように定義されてきたかを示している。従来はリーガル・リスクの発生原因の例（例えば「義務違反」）を、いくつかの法的結果の例（例えば「訴訟リスク」）と一緒にグループ化し、それらをまとめて「リーガル・リスク」と呼んできた。一方、本書の定義と分類法によれば、発生原因と結果を区別することが可能であり、それにより予防措置を明確かつ有効に実施することができる。本書では、以下の5つのステップに従って独自の定義と分類法を作成し、その双方を複数の業界における実際のプロジェクトに適用した。

業務上の視点からは、リーガル・リスクの特定に関する責任とリーガル・リスクのオーナーシップに関する責任とは混同されがちだ。しかし、ある行為の法的な結果を特定する責任とその行為自体に対する責任との間には、明確な違いが存在する。

ステップ1 ┃ 回避したい損失の形態を明確に表現する

リーガル・リスク・マネジメントの取り組みが予防すべき損失には、直接的な財務上の損失（例えば、多額の罰金や通常の契約の漏れ）と間接的な風評被害（例えば、ブランド価値に影響を与えたり、事業の長期的な持続可能性に潜在的に影響を与えたりするもの）の2つの形態がある。

ステップ2 | 損失事象につながる可能性のある行為を抽象的に説明する

　定義を生きたものにし、実際の業務において活用できるようにするには、損失につながる人間の行動を明確に表現する必要がある。企業の従業員が法令と関わり合う際、損失につながる可能性のある行動として次の3つが挙げられる。法律の適用方法の誤解、法律の曖昧さ、法律が適用される可能性に対する不適切かつ「危険を顧みない無関心」だ。

ステップ3 | リーガル・リスク・マネジメント体制の守備範囲を明確にする

　対象範囲を明確にすることは、リーガル・リスク・マネジメントのための行動領域の境界線を定めるのに役立つ。ビジネスのリーガル・リスクを検討する場合、例えば、対象範囲を「事業、製品・サービス、各種ステークホルダーとの関係、および事業運営上の各種プロセス」に指定する。これは「ISO31000」のリスク・マネジメント・プロセスの最初のステップでもあり、本書におけるリーガル・リスク・マネジメントの枠組みでも基盤の一部となっている。

　ステップ1、2、3を組み合わせることにより、リーガル・リスクとは何か、いかに発生するかを簡潔に説明する優れたポリシー・レベルの定義ができる。

　　リーガル・リスクとは、事業、製品・サービス、各種ステークホルダーとの関係及び事業運営上の各種プロセスに対する法令その他の規制の適用についての認識不足、誤解、重大な無関心又は曖昧さに起因して、財務上の損失または風評被害が発生するリスクをいう。

ステップ4 | 法律とビジネスの相互関係についてハイ・レベルな分類を行う

　企業ポリシー・レベルでリーガル・リスクを簡潔に定義するのは良い出発

点だが、実際の業務レベルに定義を落とし込み、実務からボトムアップの活動で捉えるには、その範囲をさらに絞り込む必要がある。リーガル・リスク・マネジメントでは、法規制がビジネスとどのように関係し合うかに焦点を当て、リーガル・リスクの類型や分類を作成していく。その分類がリーガル・リスクを特定するための効果的なツールとなるには、全体として網羅的であり、ビジネスで発生するリーガル・リスクをすべて含めると同時に、相互に排他的であり、それぞれのリーガル・リスクを単一のカテゴリーにまとめなくてはならない。「そうでないなら、有用な事例の集合体にすぎない」（マーラー、2007年）。

　本書では、リーガル・リスクに関する過去の定義と、過去10年にわたり顧客のためにリーガル・リスクを特定してきた独自の取り組みから、発生原因に基づいた5つの主要なカテゴリーを確立した。

　1　法規制リスク──法規制を適切に適用・遵守できないリスク。すべてのリーガル・リスクをこのカテゴリーに含めることができるという議論があるが、それは間違っている。法規制を遵守しないこと自体がリスクであり、そのリスクを管理するためだけに多くの従業員がコンプライアンス部に雇用されている。しかし、リーガル・リスクが法規制の枠組みの外で財務上の損失や風評被害を招く可能性も大きい。

　2　契約に基づかない義務のリスク──企業が顧客、環境、ステークホルダー、市場に対する注意義務を果たせないリスク。この種の注意義務や不法行為責任は定義が曖昧であり、裁判所の判断に委ねられているため、このカテゴリーは最も流動的だと言える。また、このカテゴリーは裁判所や規制当局の執行措置において優先度が高く、企業内の責任ある役職の個人が犯罪に問われるリスクを生じさせる可能性がある。大陸法の法域では、これらのリスクは「公民の義務」という概念でカバーされている。

　3　契約リスク──現在と将来の契約がもたらすリスク。通常は、これが平時における法的損失の最大の原因となっている。リスク・マネジメントとしては、契約条件が公正で法的強制力があること、契約が商業的に実行可能なこと、企業が契約を適切な方法で適切な時期に利用できること、の3つに分けてそれぞれのリスクを確実になくしていくように取り組むべき

だ。

4　紛争リスク──本書では、紛争リスクの範囲を、紛争解決に向けて企業がとる行動にあえて限定している。紛争の発生原因自体は、ほかの種類のリスクの不適切な管理（例えば、契約上の紛争）か第三者からの投機的な請求のいずれかだからだ。したがって、このカテゴリーの中で管理できるリスクと損失額に影響を与えるリスクは、紛争の可能性を認識した時点から企業が行う業務上または戦略上の意思決定に関連している。

5　契約に基づかない権利のリスク──実務的な観点からは、契約に基づかない権利は、知的財産（IP）関連のリスク、すなわち、自社の知的財産権を登録できず、他社の侵害に対して権利行使できない可能性などと同義だ。企業が直面する最大のビジネス・リスクのいくつかは、知的財産の特定、保護、活用に失敗し、本来その企業が享受できたはずのデジタル化の恩恵を逃してしまうことにある。

**ステップ5 ｜ 分類を作成し、包括的な具体例を用いて
各リスク・カテゴリーを明確化する**

　最終ステップでは、トップレベルのリーガル・リスクのカテゴリーに、より詳細な第2レベルのカテゴリーを追加する。それにより、データに適切な精度をもたらすことができ、どの特定の業務活動がリーガル・リスクにつながる可能性があるかを浮き彫りにする有用なレポートを作成できる。

　第2レベルのカテゴリーを作成するには、ビジネス・プロセスの最初から最後までの全体図を描き、そのプロセスが法規制とどのように関わっているかを検討し、法規制に対する誤解、知識不足や思慮不足、不注意や重大な無関心につながる可能性のあるリスクを書き出す必要がある。このプロセスを簡略化するため、私たちは上記の5つのカテゴリーのそれぞれについて、具体例を用いて漏れや重複がないグループにまとめて明確化した。リストに目を通し、特定のビジネス上のリスク事例が契約に関するものか、法規制に関するものかについて疑問が生じた場合は、どちらがリスクの発生原因かを熟考してそれを選択する。表1-2は、あらゆるビジネスに適用できる堅固な2段階のリーガル・リスクの分類法を示している。

　本書では、ビジネスにおけるリーガル・リスクを特定・管理するため、こ

のツールを標準的なオペレーショナル・リスクの管理手法と組み合わせて使用する方法を解説している。

表1-2　リーガル・リスクの略式分類

法規制リスク	適切な遵守の失敗、評価の失敗および改正のモニターの失敗
契約に基づかない義務のリスク	意図しない注意義務の引き受け、顧客、市場、環境または従業員に対する注意義務の不履行
契約リスク	拘束力のある契約締結をし損なうこと、意図しない契約の放棄または修正、契約の修正または放棄による意図しない結果、標準的な条項の不使用、不適切または不明瞭な条項、不公正な条項または実行不可能な条項および条項についての認識の欠如
紛争リスク	秘匿特権保護の失敗、紛争解決の手段・戦略の失敗、紛争解決の遅延
契約に基づかない権利のリスク	侵害に対する保護および権利行使の失敗

まとめ

　本章を読み、リーガル・リスクがビジネスにどのような影響を与えるかを明確に理解していただけたと思う。直接的な財務上の損失の例は、すべての業界に当てはまる。金融業界がほかの業界よりも大きな損失を被っているように思われるかもしれないが、その痛みは特別なものではない。フォルクスワーゲンやペトロブラスのような国を代表するようなブランドが被った直接的な損失と風評被害は、そのほかの国内企業やひいては国家ブランドの価値にまで波及効果を及ぼした。シーメンス、ドイツ銀行、フォルクスワーゲンの複合的な効果により、ドイツという国家のブランドは推定3000億ドルの価値を失ったのだ！

　リーガル・リスク・マネジメントのためのビジネス・ケースをまとめるには、人々を不安にさせたり、目を覆いたくなるような損失の話を伝えたり、今後のキャリアを脅かすようなニュースの見出し以上のものが必要だ。ほかのリスク領域、特にオペレーショナル・リスクとの重複を理解し、リーガ

ル・リスクの特定と管理において法務部が果たすべき役割を認識する必要がある。本章で解説したように、詳細なカテゴリーに基づいてリーガル・リスクを定義することにより、業務上の活動を潜在的な法的損失にマッピングすることができ、これによりビジネス上のリーガル・リスクを的確に特定し、それを管理するためにオペレーショナル・リスクの管理手法を適用した枠組みを構築できる。法規制をめぐる環境が非常に複雑で、法規制の執行が一段と厳しくなる世界では、このような法的状況をコスト効率よく切り抜ける方法を習得した企業こそが、真の競争優位性を獲得できるのだ。

リーガル・リスク・マネジメントの全体像

コーポレート・ガバナンス、企業理念およびポリシー

品質改善のシステムであるガバナンスの検証を始めたところ、ポリシーに示される理念とそれがどのように業務プロセスで実践されるかとの間には、対立があることが判明した。

——グラハム・コプネル

はじめに

　第1章で述べたリーガル・リスクの定義と分類は、本書の第2章以降の基礎となるものだ。本書では、リーガル・リスクを定量化し、明確に報告するために、リーガル・リスクの定義を実務に適用する方法を解説する。さらに、ビジネスと法規制とが関係し合う5つの重要な領域をどのように管理すれば企業を法的損失から守れるかについても詳しく論じる。

　リーガル・リスク・マネジメントの枠組みと手法の詳細な説明に取り掛かる前に、一歩下がって、これまで取締役会がリーガル・リスクをどのように管理していたかについて考察していこう。どのリーガル・リスクを管理するかは、取締役会レベルの意思決定で決まる。良識あるCEOなら、多額の損失や刑事上の制裁を招きかねない事業戦略を打ち出すことはなく、思慮分別のある取締役会なら、事業の破綻につながる軽率な意思決定はしないだろう。マクロレベルでは、企業は法規制の範囲内で事業運営を行うために、コーポレート・ガバナンス体制、企業理念、ポリシーを設けてきた。しかし、取締役会が決定事項の実施を徹底するために設けるコーポレート・ガバナン

ス体制に対しては、金融危機の発生後、厳しい監視の目が向けられている。さらに、企業の説明責任を強化する規制改革の動きも一部で高まっており、企業には、現状のコーポレート・ガバナンス体制の有効性を再評価することが求められている。取締役会レベルにとどまらず、全社を通じて、経営判断をする場面においてコーポレート・ガバナンスのポリシーがどのように適用されているかを証明する要請が高まっている。

　世界金融危機後、英国政府は、コーポレート・ガバナンスの機能不全が金融危機にどのような影響を与えた可能性があるかを検討した。伝統的な「トップダウン式」のコーポレート・ガバナンスの手法は、危機にある銀行を保護する点においては普遍性がないことが判明した。取締役会が効果的に運営され、コーポレート・ガバナンスが十分に機能していた銀行は比較的無傷で乗り切れたが、外見上はコーポレート・ガバナンスの枠組み、賃借対照表や事業分野がそれらの銀行と似ていても、公的資金による救済（ベイルアウト）、強制的な組織再編や継続的な規制当局による監視という屈辱を味わった銀行もあった。英国政府の検討結果は、他国による同様の検討とともに、大西洋両岸諸国の規制当局の施策に重大な影響を与えた。具体的には、金融機関の経営陣に対して個人の説明責任を浸透させ、企業活動におけるショート・ターミズム（短期主義）の影響を和らげることに貢献した。こうした変化の目的は、企業活動に新たな倫理的視点を取り入れ、長期的かつ持続可能な成長を歩む動機づけをすることだ。

　もっとも、このような変化は、一朝一夕で実現できるものではない。組織内で変化を管理し、その達成度を測定する必要がある。企業で働く従業員が、倫理的なこととそうでないことの境界線を明確に把握していなければ、いつかは法規制の違反が起きる。取締役会と経営陣が、企業文化や社員の行動を監督する責任を軽視すれば、ほぼ確実に企業は法的損失を被る。本章では、リーガル・リスク・マネジメントのツールとしてのコーポレート・ガバナンスと企業理念について論じる。優れた企業は、前線で働く従業員の行動に真の影響をもたらす優れたコーポレート・ガバナンスを実践している。英国が金融危機後に実施した業界別の検討結果から得た教訓や英国の医療政策における改善は、企業のコーポレート・ガバナンスの枠組みと実務に対する影響を考える際に、大いに参考になる。

コーポレート・ガバナンスにおける新たなベスト・プラクティス

　2008年の金融危機を契機に、金融業界のコーポレート・ガバナンスの実務は、劇的に変わった。コーポレート・ガバナンスに関する規則は、国によって異なる。例えば、英国における「遵守せよ、さもなければ説明せよ（Comply or Explain）」というアプローチは、法令でサーベンス・オクスリー法（SOX）の要件（下記を参照）を義務づける米国の厳格な法令遵守制度とは大きく異なる。金融危機以前には、英国と米国の制度は、同じ目的を掲げていた。市場を不正行為から守り、投資家を破天荒な経営から保護するための構造的要件を義務づけていた。金融危機の後、意思決定が実際どのように行われるか、取締役会や企業文化が取締役会で発言力を持つ個人に対して牽制機能をどれだけ有するか、企業文化や全社的な行動にどれくらい影響を及ぼしているか、といった点に大きな変化があった。

サーベンス・オクスリー法（SOX法）

　サーベンス・オクスリー法（SOX法）は、エンロンやワールドコムなどの数多くの重大な企業不祥事や不正会計問題を受けて、米国で制定された。同法は、監査の独立性、取締役会の機能不全、銀行業務、役員報酬などを網羅した全11章で構成される。同法は、米国証券取引委員会（SEC）に対して、公開会社がどのように法令を遵守するかを定める規則の策定を求めた。

　SOX法が制定された結果、経営陣は、個人的に財務情報の正確性を保証することが義務づけられた。また、不正な財務活動に対する罰則は厳格化された。SOX法は、取締役会の監督機能と企業の財務諸表の正確性を検証する外部監査人の独立性を強化したといえる。

　こうしたコーポレート・ガバナンスにおける新たな取り組みは、他国にも

広がっていった。例えば、コーポレート・ガバナンスの実務が発展途上にある新興成長市場に拠点を持つグループ企業の親会社は、独自のコーポレート・ガバナンスの枠組みを形成する際の基準として英国の仕組みを参考にしている。英国法人ではない親会社が、英国（および現地）の実務に精通するにつれ、内部監査部門によるコーポレート・ガバナンスの監査に加えて、独立監査を実施する例も増えてきた。これらの独立監査は、グループ全体のコーポレート・ガバナンスを強化するのみならず、経営陣がコーポレート・ガバナンスを重視することを継続し、その適用と実証の最善の方法を検討する動機づけにもなる。また、コーポレート・ガバナンスに対する国際的な理解が深まり、国際的な原則やアプローチの統合・強化が進む可能性もある。

　コーポレート・ガバナンスにおける新たなベスト・プラクティスのエッセンスを次の3つレッスンにまとめた。それぞれの詳細については後述する。

1　バリュー・ベースのコーポレート・ガバナンスを実施する　個人の行動が企業に及ぼす影響を組織の全スタッフが認識するためには、事業上のバリュー（価値）、特に顧客への価値の提供、強固な財務実績、市場との良好な関係維持のバランスを保つ方針を明確に示さなければならない。

2　取締役会で基本事項を定める　あらゆる規模の企業が守らなければならないコーポレート・ガバナンスの基準を定める動きが世界で広がっている。企業は最低限この基準を遵守し、次のことを実現しなければならない。取締役会が健全な疑問の投げかけと議論が奨励される場であること、規制当局の監視が強化されても、取締役が法規制の精神に応えながら企業の目標達成を図ること。

3　コーポレート・ガバナンスの影響を測定する　優れた企業理念や明確な企業ポリシーがあるからといって、その文言通りに事業が運営されると短絡的にみなすことはできない。取締役会の構成、企業理念、企業が日常的に行う無数の判断に対して企業ポリシーが与える影響を測定・評価し、実務が企業理念に合致していないと判断した場合には仕事のやり方を変更する必要がある。

バリュー・ベースのコーポレート・ガバナンスへの移行

　企業が引き受けるリスクは、通常は取締役会レベルで把握・検討されるため、コーポレート・ガバナンスの大部分は、取締役会が能力を最大限に発揮して意思決定できるように設計される。その意思決定が業務の遂行にどのように反映されているかは、現在、規制当局の関心を集めており、業務遂行が法の文言や精神に違反するおそれがある分野はリーガル・リスクの原因となっている。金融危機の後、コーポレート・ガバナンスは、規制当局のガイドラインの遵守にとどまらず、企業文化や業務遂行への取締役会の影響力を測定することに移行してきた。顧客や市場、ステークホルダー(スタッフ、投資家など)、環境に対する道徳的責任としての義務に注目が集まったことで、「企業倫理」に新たな焦点が当てられ、企業理念が組織全体で適切に実践されていることを確認するための手法の整備が求められるようになった。

短期的思考から距離を置く動き

　バリュー・ベースのガバナンス・システムへの広範な移行は、金融危機の直後に始まった。2008年以前に市場に蔓延していた短期主義は、市場の暴落を招いた主要因と見られている。主な大手企業、特に大手金融機関では、会社法制が長期的にもたらした個人の説明責任の欠如によって、企業が顧客や社会に提供する価値よりも、企業や経営者にとって何が良いかを重視する企業文化が形成されていた。そのためコーポレート・ガバナンスは、衝撃的な結果とともに崩壊した。

　英国政府が実施した2つの検証(2009年のウォーカー・レビュー、2012年のケイ・レビュー)は、それがどのように引き起こされたかを調査したものだ。これらは、銀行や市場全体のガバナンスの改善を目的とした提言を示した。提言の根幹は、経営陣のメッセージが宣言されるだけにとどまらず、組織の末端に至るまで実践される必要があるという考え方だ。宣言したことが、実際に起きることに確実にリンクする必要がある。

■ ウォーカー・レビュー

　コーポレート・ガバナンスを改善するには、数多くの隣接領域における行動の変容が必要だが、そこには十分に役割を果たしていない基準やプロセスが存在する（ウォーカー、2009年）。

　2009年2月、英国政府は、金融危機の発生を受けて、英国の銀行におけるコーポレート・ガバナンスの検証を委託し、同委員会は、銀行や大手金融機関の取締役会の機能に大幅な変更を加えることを勧告した。この報告書では、銀行のコーポレート・ガバナンスの改善に向けて、リスクのガバナンスに関する5つの勧告を含む、合計43の勧告を行った。ウォーカー・レビューは、企業内のガバナンスだけでなく機関投資家の行動規範となるスチュワードシップ・コードの導入も勧告した。スチュワードシップ・コードは、英国の株式市場における短期主義の影響を調査した2012年のケイ・レビューでも言及されている。

2009年ウォーカー・レビューの諮問事項

　英国の銀行業界におけるコーポレート・ガバナンスを検証し、以下の分野を含む勧告を行うこと。
- 取締役会レベルでのリスク管理の有効性（リスクを効果的に管理するためのインセンティブ報酬の方針を含む）
- 英国の金融機関の取締役会に求められる専門性、経験、独立性のバランス
- 取締役会の実務の効率性と、監査委員会、リスク委員会、報酬委員会、指名委員会の実績
- 企業との効果的なエンゲージメントや取締役会の監視における機関投資家の役割
- 英国のアプローチが国際的な実務と整合しているか、国内外のベスト・プラクティスをどうやって普及させることができるか

■ ケイ・レビュー

　ウォーカー・レビューが発表された2年後の2011年、英国政府は、英国市場の短期主義を調査するため、さらなる検証を諮問した（国際決済銀行（BIS）、2011年）。ケイ・レビューによれば、効率的でない株式市場は、英国の事業やイノベーションの成長を阻害するほか、業績指標に株主価値が用いられる市場では短期的な業績が重視されるようになり、非現実的な成長への期待が膨らむ。さらに、企業が年間10〜15%成長するという期待が、企業文化の崩壊とそれに伴う信頼性の低下、株式のインベストメント・チェーン（訳注＊投資対象企業の価値向上による配当や賃金の上昇が最終的に家計に還元される一連の流れ）全体における投資インセンティブの不整合をもたらす主な原因だとした。

2012年ケイ・レビューの諮問事項

　英国の株式市場が提供する企業統制、説明責任の仕組み、および英国企業の長期的な競争力に対するそれらの影響を調査し、勧告すること。

　　短期主義は、英国の株式市場における問題であり、株式のインベストメント・チェーン全体における信頼の低下と投資におけるインセンティブの不整合性をもたらす主な原因となっている。（ケイ、2012年）

　ケイ・レビューとウォーカー・レビューは、短期的な思考を防止し、「適切な」企業文化を根づかせるための2つの重要なステップの実施を金融機関に義務づけることに寄与した。役員報酬と長期的な企業目標を関連づけ、その目標が長期的な業績に悪影響を及ぼすことが判明した場合には、それにリンクしていた高額の賞与が返還されるようにした。また、短期主義を克服する一環として、高品質のサービス、顧客の公正な取り扱いや市場全体における健全な関係性の構築など、財務上の業績とほかの目標とのバランスを維持する企業文化を推奨している。特に、これらのレビューでは、企業文化や企

業理念の設定における取締役会の役割が強調された。

取締役会におけるコーポレート・ガバナンス

　取締役会は、企業の主導的な会議体として、戦略の構築、事業規模、業績の検証、企業の価値や基準の設定などを行う。優れたコーポレート・ガバナンスにおいては、組織の価値観やそれが目標達成にどんな影響を与えるかについて、取締役会が明確に理解していることが不可欠だ。コーポレート・ガバナンスの機能不全は、訴訟に直接つながる可能性がある。ノルウェー政府系ファンド（SWF）がフォルクスワーゲンに対する集団訴訟に参加することを決めたのは、フォルクスワーゲンにガバナンスを改善させるための措置と考えられる。広報担当のマーサ・スカーは、この決断について次のように述べている。

　我々は、不正開示の事実を知ってからフォルクスワーゲンの経営陣と会合を数回行った。しかし、現時点でガバナンスが改革された事実は、ほとんどない。完全に独立した取締役を十分に配置し、株主を公平に扱うよう取り組むなど、フォルクスワーゲンのコーポレート・ガバナンスの基準が我々の求めるレベルになることを期待している（スカイニュース、2016年）。

取締役会と取締役の役割

　取締役会レベルでの基礎を整備するには、人材配置の適正なバランスを図り、メンバー間で責務を明確に割り当てる必要がある。

■ 取締役会議長、筆頭独立社外取締役
　取締役会の議長は、取締役会を主導する役割とは別に、取締役会が効果的なワーキング・グループとして企業戦略に責任を持つようにしたり、取締役会で株主を代表したりする役割を果たさなければならない。歴史的に見て

も、議長は独立しているべきであり、その役割に関連する業界経験を持つ者が就くべきだ。英国の金融危機では、公的救済を必要とした銀行の取締役会の議長は、いずれも銀行業界での経験がなかった。

　筆頭独立社外取締役は、議長の腹心、相談役となり、議長の意思決定を支え、その実績を評価する役割を担う。議長と筆頭独立社外取締役には、株主との対話や取締役会内のコミュニケーションを図るという重要な役割がある。株主、役員および議長の関係が万一破綻した場合には、紛争を解決し、安定を取り戻すために筆頭独立社外取締役が介入する。危機の際には、規制当局、株主、一般市民との間で、明瞭かつ効果的なコミュニケーションを図ることが、ダメージを素早く抑え、評判を回復することにつながる。事実の正確な把握、真実の伝達、一貫性の保持が危機管理の3大原則だ。

危機におけるコミュニケーションの3大原則

1　**事実の正確な把握**：できる限り迅速かつ確実に実行する。必要な情報を確認できない場合には、情報の要請に応じようとして虚偽の事実をつくり上げたりせず、調査中であることを認める。

2　**真実の伝達**：虚偽の事実を述べてあとで訂正するようなことがあると、信頼を失墜させるので、決してあってはならない。規制当局は、何が起こったのか知りたいと思っており、多くの場合、一般市民も同様だ。

3　**一貫性の保持**：経営陣は、規制当局や一般市民とコミュニケーションを図らなければならない。規制当局は、一般市民よりもはるかに多くの情報を入手しなければならないが、どんな場合でも、規制当局に提供する情報と一般市民に送るメッセージとの間に整合性を欠いてはならない。

社内取締役とほかの取締役との間の適切なバランスを図る

　英国において取締役会は、適切な専門性を有する約半分の社外取締役と、企業目的の達成と日常的な経営業務の責任を担う残り半分の社内取締役とで構成すべきだ。社内取締役は、全社的な視点から取締役会の戦略や自らの執行業務に特化した目的を遂行する責任を負う。CEOは最上位の取締役であり、戦略の提案・遂行に対する執行責任を担う。複数の銀行の破綻は、取締役会の中でCEOが完全に優位な立場にあり、疑問が投げかけられることなく自由に事業を運営していたことに起因していた。

　社外取締役は、取締役会の意思決定の健全性や倫理面に配慮する責任を負う。取締役会と組織全体に適切な文化、価値、行動を根づかせるために、取締役会議長と社内取締役を支援することが社外取締役の責務だ。社外取締役の最も重要な役割は、経営陣の判断に疑問を投げかけ、その意思決定を現代の倫理観を通して検証して、契約に基づかない義務（第5章）のリスク・マネジメントを助けることだ。こうした理由から、私たちは、独立社外取締役がリーガル・リスク・マネジメントに関する活動に対する意見を述べ、それを監督することを望んでいる。第5章では、行動の倫理的な解釈がどのように変化してきたか、また、裁判所や規制当局の執行チームの双方にとって、注意義務の違反が優先事項となっているかについて述べている。取締役会が倫理や法規制の変化をしっかりと把握するためには、執行グループの外にいるジェネラル・カウンセルや最高法務責任者と定期的に連絡を取り、経営陣に疑問を投げかけるという、自らの役割に資する高品質で関連性の高い経営情報を入手しなければならない。

取締役会の意思決定には効果的な疑問の投げかけが不可欠

　最も必要なのは、取締役会において、重大なリスクや戦略的問題に関して意思決定がなされる前に、経営陣への効果的な疑問の投げかけが期待でき、達成される環境だ（ウォーカー、2009年）。

金融危機の後、取締役会の意思決定の方法が厳しく調査された。一部の銀行では、力のあるCEOが強権をふるい、取締役会のメンバーをコントロールしていた。そうしたケースでは、CEOは組織内からの疑問や批判を恐れることなく事業を遂行できた。一方、ほかの銀行では、疑問の投げかけや議論が頻繁に行われ、耳の痛い話も多いという、異なる企業文化が浸透していた。声高な議論を好まない取締役会もあるだろうが、取締役は互いの立場に疑問を投げかけ、反論を恐れることなく、集団的な決定を導き出すことができなければならない。図2-1に示す重要な「疑問の投げかけ」のステップは、取締役会において明確に認識され、採用される必要がある。

図2-1　適切な意思決定には、効果的な疑問の投げかけが重要

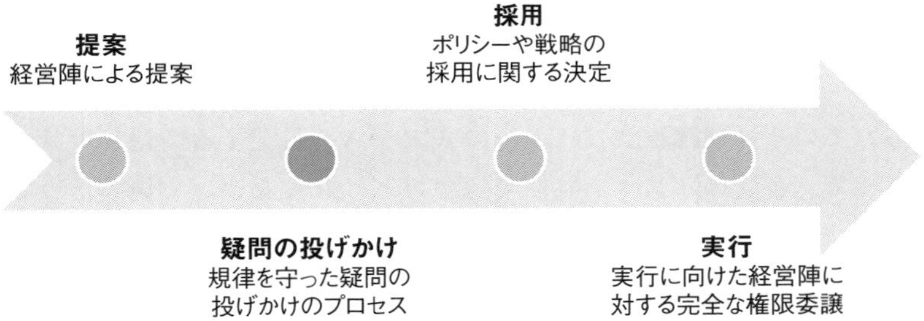

提案
経営陣による提案

採用
ポリシーや戦略の
採用に関する決定

疑問の投げかけ
規律を守った疑問の
投げかけのプロセス

実行
実行に向けた経営陣に
対する完全な権限委譲

取締役会とリーガル・リスク

　取締役会は、戦略的意思決定機関としての役割を果たすため、企業が引き受けるリスクに対して真正面から責任を負う。企業に悪影響を与える災害や危機は予測可能なものが多い。それらは事前に取締役会に知らされ、相応な対処が講じられるべきものだ。例えば、医薬品や食品業界で最大のリスクとなるのは、製品が不適切な温度で保管され、それを口にした消費者の健康が損なわれることだ。仮に、取締役会のレベルで製品の冷蔵やモニタリングが最優先されずに、業務マネジメント戦略の中心に据えられていなければ、それらに関連した不祥事があったとき、取締役会のメンバーは個人的に制裁を

受けるリスクがある。金融業界においてITは、金融サービスを提供するための不可欠な基盤だが、従来の取締役会においては深くは議論されていなかったテーマだ。しかし、今日、銀行が使用するITシステムに重大な障害が生じた場合には、顧客に対する注意義務を怠ったとして規制当局から制裁が科せられる。

　そのほかの多くの業界においても、規制のコンプライアンスは同様のリスクをはらんでおり、取締役会はバランスの取れたアプローチを採用しなければならない。多くの企業は、事業の潜在的な収益性にかかわらず、ロシアで事業を行わない。それは、規制違反のリスクが単純に高すぎるためだ。ロシアは、小規模の贈収賄や大規模な汚職を伴う文化があるため、効率的な事業運営を行うことがほぼ不可能な国の1つとなっている。対照的に、同じ企業が中国との取引に積極的になり得るのは、贈収賄や汚職のリスクは高いものの、中国政府がこのような慣行の根絶に取り組んでいるためだ。コンプライアンス違反のリスクは存在し、認識されているが、より低く、制御しやすいと見られている。取締役会は、リーガル・リスクに関する情報を十分に入手したうえで、各国のリスクを判断できなければならない。大規模かつ複雑な事業の場合、リスク・マネジメントの監督（と適切なマネジメント情報）が、均衡の取れた適切なアプローチを実行するうえでの鍵となる。

監査委員会、リスク委員会、報酬委員会

　取締役会は、監査、リスク、取締役の報酬に対する最終的な責任を負うが、日常的な業務や助言の大半は、個別の委員会に委託することになる。各委員会は取締役会に対して定期的な報告を行い、取締役会が問題点を議論し、各委員会の活動を指揮できるよう、必要なマネジメント情報を提供しなければならない。リーガル・リスクの観点からすると、例えば役員報酬は、個人が企業理念よりも利益を優先し何らかの形で法の文言や精神に違反する誘因となる短期的思考を促す可能性があるとして、金融危機以来、厳しい監視の対象となっている。取締役会と報酬委員会は、役員報酬が企業の戦略的計画と重要業績評価指標（KPI）に明確にリンクされ、短期的な価値よりも長期的目標の実現に焦点を当てたものであることを確認する必要がある。

年 次 報 告 書

　財務状況の報告と同じく、年次報告書は、年次株主総会と合わせて、株主や潜在的な投資家とのコミュニケーションを図るうえでの重要な手段の1つだ。年次報告書は、ガバナンス制度、戦略、潜在的なリスクに対する見解とその対策について、説得力ある説明を示す機会となる。年次報告書におけるオープンかつ誠実な物語（ナラティブ）は、株主やほかのステークホルダーとの対話を改善し、彼らの企業に対する信用や信頼を高めることにつながる。このナラティブは、英国で非常に重要とみなされており、ナラティブが充実した年次報告書が四半期報告義務に代わって採用されたほどだ。この新たなナラティブは「営業トーク」を避け、代わりに現在の財務業績だけでなく戦略や目標に対する見解を示すものであるべきだ。

図2-2　コーポレート・ガバナンス・マップの例

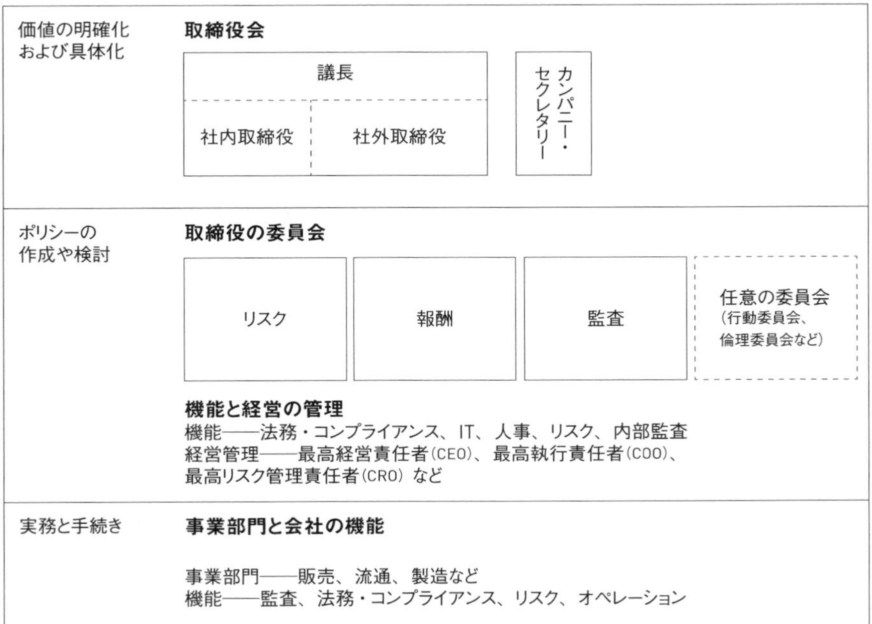

価値の明確化および具体化	**取締役会**		
	議長		カンパニー・セクレタリー
	社内取締役	社外取締役	
ポリシーの作成や検討	**取締役の委員会**			
	リスク	報酬	監査	任意の委員会（行動委員会、倫理委員会など）
	機能と経営の管理 機能——法務・コンプライアンス、IT、人事、リスク、内部監査 経営管理——最高経営責任者(CEO)、最高執行責任者(COO)、 最高リスク管理責任者(CRO) など			
実務と手続き	**事業部門と会社の機能** 事業部門——販売、流通、製造など 機能——監査、法務・コンプライアンス、リスク、オペレーション			

基本的なコーポレート・ガバナンス・マップ

　年次報告書の大半には前ページの図2-2と似たような構成図が載っている。これは、すでに実施済みの基本的なコーポレート・ガバナンスの構造を示し、報告書のナラティブを補完するものだ。私たちは、カンパニー・セクレタリーの役割が、リーガル・リスク関連の責務をより幅広く担うようになると考え、カンパニー・セクレタリーに注目した。また、コーポレート・ガバナンス構造の各層を企業価値の設定、解釈、実行における役割に関連づけた。

カンパニー・セクレタリー

ケーススタディー

カンパニー・セクレタリーの進化する役割

　コーポレート・ガバナンスの実践において取締役会を支える主要な人物の1人は、カンパニー・セクレタリー（またはコーポレート・セクレタリー）だ。責任の問題としてではなく実務上の観点から、これまで詳述してきたコーポレート・ガバナンスのベスト・プラクティスを企業に導入し、その完全な遵守を徹底する責任がカンパニー・セクレタリーの機能に割り当てられる傾向が高まっている。従来、カンパニー・セクレタリーの役割は、事務的なものとされてきたかもしれないが、取締役会レベルの意思決定に非常に近い立場にあり、取締役会レベルに対して潜在的なリーガル・リスクについてアドバイスをする役割も頻繁に務めている。こうした理由から、カンパニー・セクレタリーの職務記述書を見ると法務の経験が求められていることが多い。カンパニー・セクレタリーがコーポレート・ガバナンスの問題に関連して主導的な役割を担うことが求められる分野は、多岐にわたる。以下に、最近の動向についていくつかの例を挙げる。

総合的に見て、こうした動きはコーポレート・ガバナンスや経営陣の意思決定に対する監視の目が厳しくなる中で、カンパニー・セクレタリーの役割が変化していることを示唆している。その役割は、取締役会が遵守しなければならない広範な規制やガバナンスの要件とそれらに違反した場合の制裁がますます厳しくなっていることを考慮して進化してきた。

■ 取締役会の評価

　取締役会の評価は、取締役会のパフォーマンスとガバナンスを確認するうえで重要な手段であり、通常、取締役会の強みや弱みを評価し、手続的観点からの改善や法規制の遵守に関する助言や提案をするうえで、カンパニー・セクレタリーは最適な位置にある。社内評価と社外評価とを定期的に組み合わせることで、取締役（特に、社外取締役）が「慣れ」によって影響を受ける可能性が低くなり、客観性と独立性を維持して効果的な疑問の投げかけを行うという最大の義務を意識し続けることができる。また、取締役会議長にとっても、こうした評価の結果は、発展途上のベスト・プラクティスや様々な要件を遵守するためにどのような改善を実施できるかについての有益な指針となる。このような外部評価から得られる疑問や変更点は、それらが引き起こす議論とともに、取締役会がコーポレート・ガバナンスの問題をどの程度重要視しているかを示す強力な指標となり、さらにその議論によってマネジメントの根底にある文化を見極めることにもつながる。

■ 役員報酬

　経営陣や取締役の報酬は、特に慎重に扱うべき問題だ。カンパニー・セクレタリーは、報酬委員会の効果的な運営を確保し、役員報酬と業績が法規制の要求を満たしていることを確認できる立場にある。報酬に関する全体的な決定は、その枠組みの中で取締役に委ねられているが、カンパニー・セクレタリーは、独立した報酬コンサルタントと連携して、そのプロセスに独立性を加えるという重要な役割を果たすことができる。効果的なコーポレート・ガバナンスを実現するには、企業のプロセスや行動を十分に精査することが

必要であり、カンパニー・セクレタリーは、初期的な内部審査や監査の機能を果たす。

■ 利益相反

　企業と取締役の間の利益相反問題も、社内外の弁護士と同様にカンパニー・セクレタリーが担当することができるもう1つの分野だ。カンパニー・セクレタリーが経営陣や取締役会に広くアクセスできることを考えると、カンパニー・セクレタリーは潜在的な利益相反が存在する事項の分析について、監視し記録するのに適した立場にいる。ある事案が検討され、十分な議論の上に結論が出されたという証拠が存在しないと、規制当局がガバナンスの失敗と解釈する恐れのある英国などの国において、その役割はますます重要になっている。

■ 取締役会議事録

　これは、取締役会や議論の正確な議事録を作成するという、カンパニー・セクレタリーの一般的な責任と関連している。最近の規制当局による監視強化においては、手続きを議事録に詳細に記録し、議論に綿密な分析や精査がどの程度行われたかを示しているかが問われている。カンパニー・セクレタリーが記録できるのは議論の実際のトーンや内容のみだが、取締役にこの義務を再認識させ、取締役への経営資料の提示によって取締役がその義務を果たすための準備を行えるようにするのに適した立場にある。

バリュー・ベースのコーポレート・ガバナンスの教訓

　ウォーカー・レビューとケイ・レビューの勧告は、構造よりも行動を重視している。行動と構造は相互に関連しているため、ビジネスのガバナンスに適した構造を設けることは重要だが、その構造が導く行動、すなわち結果が最も重要だ。従業員の個々の決定に永続的な影響を与え、高額の負担を生じさせるリーガル・リスクを回避するために取締役会がとり得る最高の手段は、間違いなく企業理念の明示だ。企業理念をどう表現するかについて確固たるルールは存在しないが、指針となる2つの非常に異なる例を紹介する。

最初の例は、バリュー・ベースのガバナンスの初期の例で、時の試練に耐えたものである。オヴ・アラップは、彼の時代における最も優れた建築構造エンジニアの1人とされている。コペンハーゲン大学で哲学を学び、工学の学位を取得後、「アラップ」という名称のエンジニアリング・建築パートナーシップのネットワークを設立した。共同設立者たちが現役引退を控えた1970年、アラップは、このパートナーシップの未来のビジョンを示すために有名な基調講演を書き上げ、発表した。

　このスピーチには、現代的なバリュー・ベースに基づくコーポレート・ガバナンスのための数多くの教訓が含まれている。彼は、図2-3に示すように、質の高い仕事、良好な人間関係、メンバーの成功という3つの相互に関連する目標について述べている。アラップの未来の指導者に対して、それぞれの目標のバランスを保ち、ほかの目標をなおざりにして1つの目標を追い求めることのないように促した。

　2つ目の例は、現代風の簡潔なものだが、その結果は同じく効果的だ。コストコは、サプライチェーン・マネジメントで大成功を収め、コストコ・クラブの会員（顧客）と従業員から愛されている米国の卸売大手だ。そのミッション・ステートメント／倫理綱領は、次のようなバランスの取れた価値観と目標で構成されている。

図2-3　アラップの連関する3つの企業理念

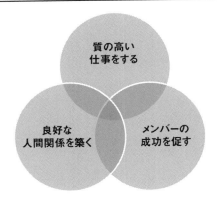

1　法令に従う

2　会員を守る

3　従業員を守る

4　サプライヤーを尊重する

　（これらを一体のものとして経営することで企業目標が実現する）

5　株主に報いる

　注目すべきは、これらすべての理念が法の文言や精神に依拠している点だ。

バリュー・ベースのコーポレート・ガバナンスの6つの教訓

1　それぞれの企業目標は相互に関連しているため、1つの目標だけを完全に達成しようとすると、ほかの目標が犠牲になってしまう。例えば、アラップが顧客の実際のニーズを軽視して完璧な品質のみを追求し続ければ、顧客との関係性が損なわれ、必然的に業績の低下につながる。

2　富の追求は重要だが、すべてではない。富の追求は、企業目標を追求するうえで重要な前提だが、強調しすぎると手に負えなくなり、協調、結束、企業の存続自体に重大な危険を及ぼす。

3　責任の所在は、明確に定義され、理解されなければならない。目標達成に向けた個々の責任を全員が理解し、受け入れなければならない。

4　権限を委譲しなければならない。権限は、組織の下部にできる限り委譲する必要がある。権限は、優れた人材が組織にとどまる理由となる。どの企業でも働くことができる優れた人材が、なぜその企業にとどまり働くのだろうか。

5 アプローチは、柔軟でなければならない。厳格すぎると構造がすぐに時代遅れになる可能性がある。変化を受け入れ、実践を通して学んだ教訓を取り入れなければならない。

6 顧客を第一に考える。企業は、顧客に価値を提供するために存在する。顧客が寄せる信頼に応えるために顧客の利益を最優先に考えて仕事をする。

　取締役会で活発な議論を行い、自社にふさわしく、かつバランスの取れた目標の達成を促すために考案された企業理念を明確に定めたら、コーポレート・ガバナンス体制の各レベルがどれくらい適切に機能しているかを評価する必要がある。企業理念は、従業員の共感を得ているか？　企業理念は、企業のポリシーにどの程度落とし込まれているか？　企業のポリシーは、組織全体の適切な運営や従業員の行動にどれだけ影響を与えているか？

ポリシーが実務においてどう機能するか

　本章の始めに、英国の医療ポリシーに関する教訓を紹介すると述べた。医療部門は、実際の現場でポリシーがどのように機能するかを理解するのに役立ち、民間部門の実務に直接関連するため、その重要度は高い。

　英国のナショナルヘルスサービス（NHS）は、長年、ポリシーの策定を牽引してきた。NHSには、医療の質、財務、基準のそれぞれを担当する規制機関が設置され、また、同組織内で働く専門家グループに対しても、別の規制機関が設けられている。民間企業で企業文化に影響を与えようとした初期の取り組みが「上層部の姿勢」の適正化だけに重点を置いていたように、NHSでは長年、ポリシー策定に直線的なアプローチが採用されてきた。ポリシーは、上層部で作成されてから関連部門に通知され、その実施はまったく、あるいはほとんど監督のない状態で各部門に任されていた。そうした中、NHSは、中枢のポリシー（構造）と個々の行動との間の断絶が浮き彫りとなる深刻な事件に見舞われた。患者のケアが行き届かず、目指していた経

済的利益も実現しなかったことから、ポリシー立案者は直線的なアプローチが不十分だったことを思い知った。ポリシーの立案者は、実行すると言ったことが実際には現場で実行されていなかったことに気づいたのだ。上層部で策定されたマクロレベルのポリシーが、各部門のポリシーや活動を通じてミクロレベルでは実施されていなかった。この気づきにより、ガバナンスとマネジメントに焦点が当てられるようになった。医療部門のポリシーの立案者は、ポリシーが実務上どのように機能しているかについて研究を開始し、ポリシーが円形であることに気づいた。

　図2-4は、直線的なポリシー・モデルと円形のポリシー・モデルを表したもので、ポリシーに対する両者のアプローチの根本的な違いを示している。ポリシーを典型的なビジネス環境に落とし込む際には、3つの段階がある。最も内側の円は、「上層部の姿勢」を定める取締役会レベルの企業理念を、中央の円は中核的な企業理念を特定の状況に応じて解釈する部門・業務レベルのポリシーを、外側の円はポリシーが現場でどのように解釈、実践されているかを示す無数の個別手続きや実務を、それぞれ示している。

　直線モデルは、取締役会の企業理念の表明からポリシーを通して実務に至るまで、活動が直線的にマッピングされると仮定する。このモデルでは、確認が不十分なため、実行に移すべき企業理念を参照せずに実務が展開されることがよくある。しかし、前述のように実務からのフィードバックが将来のポリシーに影響を与えるべきであることからすると、効果的なコーポレート・ガバナンスの枠組みを導入するためには、3つのポリシーの層がどのように交差するかに注目する必要がある。効果的な手順を通してポリシーがどのように実践されているか、社内に根づいた企業理念が実務にどのような影響を及ぼしているかを理解する必要がある。そして、ポリシーが行動にどのように落とし込まれているかを示す業務データを入手できれば、ポリシーの枠組みが実務でどれだけ効果を上げているかや、企業理念が組織全体の行動にどのような影響を与えているかを評価することができる。このように、実務でポリシーがどのように機能しているかを把握することは、コーポレート・ガバナンスの枠組みを評価する取り組みの中核となる。

図2-4　ポリシーの直線モデルと円形モデル

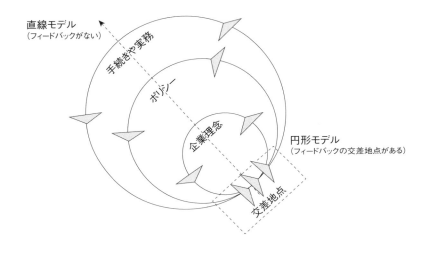

コーポレート・ガバナンスの枠組みを評価する方法

　コーポレート・ガバナンスの失敗の責任を経営陣個人に直接負わせるべきだという規制当局からの圧力が高まっている。そのため、大企業で上級職に就いている人は、個人的に重大なリスクを負っている。経営陣個人に刑罰を科す傾向は、大企業に行動様式の変化を強いるうえで必要かもしれないが、どういった種類の任務懈怠行為を犯罪として扱うかの線引きが曖昧なため、法律とその解釈は熟慮されなければならない。例えば、業務上の行動に対して個人がどの程度責任を負うべきかについては、議論の余地がある。もし、CEOが会社のために行った1つひとつの判断が招いたすべての結果に対して刑事責任が問われるとすれば、CEOは決断を下すこと自体が困難になるだろう。

　刑事的な制裁という脅威が適切か否かにかかわらず、最強の防衛策は、組織内で合法で道徳的に望ましい行動を促すために、可能なことをすべて行うことだ。企業のコーポレート・ガバナンスの有効性を判断する唯一の方法は、その企業が次の危機を乗り切れるかどうかを見ることだと言う人もい

る。危機によるダメージが大きいと想定される場合には、受動的でいることはできない。能動的になり、ガバナンスの枠組みの各要素がどれだけ効果的に連携して正しい結果をもたらすかを評価しなければならない。

取締役会の内部には、取締役会議長、社内取締役、社外取締役のパフォーマンスや、優れた意思決定を行うために彼らがどのように相互に影響を与え合うかを評価する仕組みが本来はある。取締役会の外部では、企業理念の表明とポリシーの枠組みというガバナンスの2つの主要素に目を向け、それらが手続きレベルでどのように相互作用して個別の活動を生み出しているかを見ることが最初のステップだ。組織内における企業理念、ポリシーの枠組み、個別の活動は、それぞれ異なる側面を持ち、個別の評価手法を必要とする。次のセクションでは、各要素を順に検証して、それらを評価するための主な方法をいくつか取り上げる。

企業理念のチェックポイント

企業理念というのは、「信頼」「尊重」「公正」といった個別の価値を、企業のコンテクストの中で簡潔に表現したものでなければならない。企業レベルでは、全体的な企業理念には5個から7個の理念を盛り込むべきだ。各理念は簡潔であるべきだが、短すぎて無意味にならないようにする。例えば、「尊重する」では短すぎるが、「サプライヤーを尊重する」とすればわかりやすく、企業のポリシーにも容易に反映できる。

最高の企業理念は、組織全体に響き渡る。従業員の心に響き、今後30年間企業を動かす企業理念を作成したいのであれば、円形ポリシーの循環性を受け入れ、企業理念の制定に従業員を参加させる必要がある。

そのための方法はいくつかあり、ここでは6ステップに分けて紹介する。

新しい企業理念を作成する際に従業員を巻き込む

1　組織のあらゆる階層の従業員が参加できるワークショップを設ける。どのような理念に基づいて仕事をしているのか、どのような理念を職場に

浸透させたいと考えているのかを聞いてみよう。

2　すべてのワークショップの結果を編集せずにまとめて、取締役会で回覧する。

3　取締役全員とともに、丸一日かけて、自分たちの価値観と一致し、組織で推進したいと思う理念を選ぶ。

4　取締役会が選んだ理念をさらに従業員のワークショップで検証し、取締役会での解釈が従業員に響いているかどうかを確認する。

5　社内の主なポリシーの管理者に企業理念を一読してもらい、現在と未来の行動にどんな影響を及ぼすかについてフィードバックしてもらう。新しい企業理念が実際に個人の行動に変化をもたらすことが証明できたら、その変化が社内の期待と一致しているかを検証する。

6　6番目のステップとして、顧客フォーカスグループとワークショップを行い、提案された企業理念がブランドに対する顧客の評価にどう影響するかを検証する。ブランドと顧客との間の相互関係は企業理念の重要な推進力であり、この追加的なステップは、顧客心理からかけ離れた内省に陥ることを回避するのに役立つ。

企業ポリシーを評価する方法

　企業のコンプライアンスは、法令遵守から派生するものであるため、社内ポリシーの有効性は、リーガル・リスク・マネジメントに関する重要な評価基準となる。企業理念を部門や業務レベルのポリシーに落とし込むのは、社内のポリシーの管理者だ。彼らは、企業理念を具体化することで、ビジネスにおける個人の行動に影響を及ぼすガイドラインを作成する。そのため、ポリシーの管理者が企業理念を正しく解釈して、適切な行動を促すポリシーに

落とし込むことができれば、最前線の従業員の行動を企業理念に整合させるという点で、大きな前進を遂げたこととなる。

ポリシーは、それぞれ3つの側面から評価する必要がある。

1　ポリシーに企業理念がどれほど的確に表現されているか？　ポリシーは、2通りの方法で企業理念を明確に表現する。例えば、「法律を無視した無謀な行動は一切認めない」というように、何をするか、しないのかを明記する。さらに企業理念をどのように実践すべきかのガイドラインも明確にする。

2　実務においてポリシーがどの程度実践されているか？　ポリシーの実践は、「何をすると言ったか」ではなく、「何が実施されたか」によって評価される。そのため、手順書と実務がポリシーと一致していることを確認すべきだ。

3　ポリシーによって実現しようとしている企業理念が実務にどれくらい反映されているか？　ポリシーに根づく企業理念は実務では希薄化してしまうため、ポリシーの導入後、手続きや実務が元の企業理念と照らして検証し、本来の企業理念が実務に正確に反映されているかを評価する。

優れたポリシーの鍵は、中核的な企業理念がポリシーの解釈や実践に反映されるかどうかだ。しかし、ポリシーが承認される前にテストをする企業は皆無と言っていいだろう。個人が多くの労力をかけて作成したポリシーには、作成者自身の価値観が強く反映されている。作成者のコミットメントが高いと、ポリシーの実行可能性やポリシーが中核的な企業理念を正確に反映しているか、実務で実施可能か、といったことの検証に失敗することが多い。ポリシーによって企業が意図していない価値観を示す行動が誘発される場合、立案段階に戻って始めからやり直さなければならない。

優れたポリシーは、簡潔、明瞭、コミュニケーションという3つの基本原則に則っている。従業員は、自らの行動指針の参考としてポリシーを活用するだろう。従業員には、簡潔で明瞭な指示が必要であり、ポリシーがどのように自分たちに適用されるのかを理解する必要がある。

優れたポリシーを作成するための3つの重要なコツ

1　簡潔にする。大部分の人は一度に3つの概念しか頭に入らない。慎重を期して、1つのポリシーにつき1つのコンセプトにとどめる。

2　明瞭に書く。短い語と能動態を使用する。それにより、ポリシーが読みやすくなり、読んでもらえる可能性も上がる。

3　どのポリシーが自分に適用されるのかを伝える。ポリシーの存在を知らず、認識していなければ、それを実践できていないことを責められない。従業員にポリシーを伝え、従業員がそれを読んで理解し、違反した場合の結果も認識するように、積極的な措置を取らなければならない。

個人の行動や行為が与える影響を測定する方法

　企業は、その従業員の意思決定と行動によってリーガル・リスクにさらされる。正当な理由か否かにかかわらず、従業員が間違ったことをして、企業が重大な金銭的な損失や風評被害を受ける脅威は常に存在する。多くの企業が用いている個人のパフォーマンス測定ツールは目標ベースのもので、伝統的に目標がどのように達成されたかはほとんど確認されていない。しかし、この状況が上層レベルでは変化しつつあるという証拠がある。役員賞与のクローバック制度の導入や、取締役による自社株投資の義務化などは、株式市場における短期主義からの離脱に向けた組織的な取り組み例だ。しかし、現場における従業員の行動をコーポレート・ガバナンスの枠組みの中でどのようにマッピングするかについては、依然として理解に相違がある。

　リーガル・リスクの分析は、個人の意思決定の核心に踏み込むもので、法的損失を生じ得る従業員の行動に焦点を当てている。包括的なリスク・マネジメント・プログラムの一環としてリーガル・リスクの分析を効果的に実施すれば、ビジネスにおけるリーガル・リスクによる影響の定量化が可能とな

り、リスクのための対策がどれほど効果を上げているかを測定できる。次章では、私たちのリーガル・リスク分類法を用いて、個人の行動・行為の現在と将来の影響を測定し、企業のリーガル・リスクを特定・定量化する方法を詳しく解説する。

まとめ

「全体像的」な視点からは、取締役会で行う意思決定により、組織においてどのリーガル・リスクの管理をしなければならないかのパラメーターが設定される。コーポレート・ガバナンスの失敗は、金融危機において銀行経営が失敗した原因の少なくとも一部であり、特に取締役会が有力な個人によって支配され、その判断が適切な疑問の投げかけの対象になっていなかった事実がその背景に存在する。金融危機後、英国ではコーポレート・ガバナンスの見直しが行われ、企業に対してチェック・リストによるコンプライアンス・アプローチから、行動マネジメント・ツールに類似したアプローチの活用に移行するよう勧告がなされた。コーポレート・ガバナンスに対する新しい考え方の多くは、取締役会の構成や特にCEOの意思決定が適切な抑制と均衡（チェック・アンド・バランス）を受けているかことを確認する方法に焦点を当てている。さらに、役員室の外でも、コーポレート・ガバナンスが確実に適切な行動や結果を生み出すようにしなければならない。組織が深刻なコーポレート・ガバナンスの不全に陥ると、経営陣に刑事上の制裁が科せられるおそれがある。そのため、こうした個人の説明責任を背景に、経営陣は、取締役会レベルで決定されたポリシーや企業理念が全社的な行動に落とし込まれる方法についても積極的に関わらざるを得なくなった。

　したがって、上層部が正しい姿勢を示すことは、今や出発点にすぎない。企業理念は、ポリシーを通して解釈される。企業理念とポリシーとの間、またはポリシーと実務との間にギャップを許すと、重大なリーガル・リスクにさらされるおそれがある。実務レベルにおいて、中核的な企業理念は簡潔、適切で組織におけるすべてのレベルの人たちに関連づけられなければならない。

従業員の行動や日々の判断は、日常的に企業をリスクにさらすため、実務が法的および道徳的に許容される基準から逸脱し得る状況を積極的に特定する必要がある。そこで有益となるのは優れたリーガル・リスクの枠組みだ。こうした枠組みは、取締役会レベルで必要な重大なリーガル・リスクにさらされる可能性のある異常事態や個人の行動とはどんなものかについて、明確な指針を提供することができる。

第 3 章

リスクを適切に
統制している証拠

リーガル・リスクを特定、定量化し、報告する方法

道路の50ヤード先に段差を見つけた場合は対処可能だが、5ヤード先だ
と手の打ちようがない。

はじめに

　事業活動が企業価値に沿ったもので、不必要にリーガル・リスクにさらさ
れていないことを証明するには、データが必要だ。企業理念やコーポレー
ト・ポリシーといった内部の参照基準に関連するデータだけでなく、法規制
といった外部の参照基準に関連するデータも必要となる。法的損失は、規制
当局による罰金や訴訟関連の財務上の費用だけでなく、不適切な商取引上の
契約、失った機会損失（例えば、知的財産の管理）や、信用リスクを回避す
るための契約条項の不備、そして、これらから生じ得る風評被害などによって
も発生する。本章では、どのビジネス分野がこれらの種類の法的損失に最も
さらされているのか、損害につながる可能性のある行動は何か、潜在的なリ
スクを軽減するために何ができるかに関して、意味のあるデータを収集する
ためのポイントを紹介する。

　リーガル・リスクは、一般的にはオペレーショナル・リスクの一部だと考
えられており、私たちの枠組みは、リスク・マネジメントのベスト・プラク
ティスに大きく依存している。だが、単にオペレーショナル・リスク・マネ

ジメントのための枠組みを適用しても、リーガル・リスクの特定と定量化はできない。法務部にとって意味があり、根底にあるリーガル・リスクを明確にできるように枠組みを柔軟に変える必要がある。ここでは、第1章で説明したリーガル・リスクの分類を実際に適用し、事業、製品・サービス、各種ステークホルダーとの関係などが法規制とどのように関与し合って財務上の損失や風評被害につながるのかを特定する。

　リーガル・リスクを特定したら、次に、直接的な財務上の観点と間接的な（財務以外の）観点から、潜在的な影響を分析する。影響分析は、リーガル・リスクを専門的なリスク・カテゴリーとして評価するために使われ、また、企業が直面するほかのリスクと比較してリーガル・リスクをモデル化し、優先順位をつけるためにも用いられる。リーガル・リスクの分析では、主観的なバイアスの影響を軽減し、より充実したデータを得るために、一般的に使用されているいくつかの手法を活用する。本書では、これらの手法を用いて、事業責任者や取締役会レベルでの行動を喚起させるのに役立つリーガル・リスクのデータ・セットを生成する方法を詳しく解説する。予算と時間が限られている実世界では、リーガル・リスクを軽減するプロジェクトをほかの重点施策とともに「最高のリターンをもたらす優先的プロジェクト」として位置づける必要がある。

リスク・マネジメント・モデル

　私たちのリーガル・リスク・マネジメントの枠組み（本章で詳述）は、米国と欧州の2つの伝統的なオペレーショナル・リスク・マネジメントの枠組みを応用している。すでにオペレーショナル・リスク・マネジメントの枠組みを導入済みの企業では、COSOの「エンタープライズ・リスク・マネジメント——統合的枠組み」（米国）か、ISO 31000の「リスク・マネジメント——原則とガイドライン」（ISO作業部会作成）をベースにしている可能性が高い。リーガル・リスク・マネジメントを規律として導入しようとしている場合、オーストラリア／ニュージーランドの標準規格である「HB 296:2007 リーガル・リスク・マネジメント」を目にしたことがあるかもしれない。こ

れはISO 31000をリーガル・リスクに適応させたものだ。私たちの方法論は、COSOモデルとISOモデルから最良の要素を抜き出し、それらを実世界でのリーガル・リスク・マネジメントの導入経験と組み合わせている。

ISO 31000「リスク・マネジメント——原則とガイドライン」

ISO 31000（2009年作成）では、リスク・マネジメントとは、「リスク・マネジメント活動周辺の2つの継続的活動に支えられた5つの連続したタスクからなるプロセス」と説明している。5つの連続したリスク・マネジメントのタスクは、次の通りだ。

1 コンテクストの確立——この基準は、慈善活動の分野からスポーツ・チームのマネジメントまで、多くのコンテクストに適用できる。ただし、ビジネスにおいては企業全体が対象となり、そのコンテクストがオペレーショナル・リスク、信用リスク、市場リスク、リーガル・リスクなどの特定のリスク分野を含む。

2 リスクの特定——第2のタスクは、明確なコンテクストの中でどこにリスクがあるのかを特定することだ。リーガル・リスクについては、すでに第1章で分類方法を定義した。この段階では、財務上の損失や風評被害をもたらす可能性のある業務活動、製品、サービスを特定する。

3 **分析**——第3のタスクは、目標を達成する能力に対するリスクの影響を予測することだ。この段階では、懸念される影響の種類とリスク・レベルを特定することが重要だ。

4 評価——リスクを特定し、分析したら、潜在的な影響を比較対照し、潜在的影響の大きさに応じて、対応すべきリスクに優先順位をつける。

5 対応——最後のタスクは、リスクを最小化するための管理手法（場合によっては、リスクを完全に排除する手法）を導入することだ。

プロセス全体を通して実行すべき2つの活動を次に示す。①継続的なモニ

タリングとレビュー――前章で説明した円形モデルの原則がここでも適用される。リスクをモニタリングし、対応計画に沿って管理されていることを確認し、対応が望ましい効果をもたらしているか評価する必要がある。対応計画がうまく機能していれば、当初の影響評価を修正することが可能だ。②継続的なコミュニケーションとコンサルテーション――新たに現れてきたリスクをチェックし、ステークホルダーと定期的に会い、リーガル・リスクのポートフォリオを再度、分析・評価して、リーガル・リスク・レジスター（リーガル・リスクの登録簿）を、現状を反映した状態にする必要がある。

COSO（トレッドウェイ委員会組織委員会）

COSO（2004年設立）は、ISO規格とは少し異なるアプローチを採用している。特定のリスク・タイプに焦点を当てるのではなく、企業全体をレビューし、異なるリスクへのエクスポージャーを集合的に管理するための8つの要素を特定している。これらは、リスク・マネジメントのあらゆる場面に存在し、本書でこれまで説明してきた内容の多くと一致している。

1 **内部環境**――企業の価値観やポリシーであり、前章で説明したようにそれらがリスク判断にどんな影響を与えるかを指す。
2 **目標設定**――非常に賢明な最初のステップは、達成したい目標を明確に表現することだ。例えば「年成長率5%を今後3年間続ける」「競合他社を10%上回る」など。
3 **リスクの特定**――目標達成に悪影響を及ぼす可能性のある事象を列挙する。あるいは、うまく管理すれば当初の目標達成に大きく寄与できる事象を列挙する。COSOは、リスクと機会とを区別している。そうすることで、（起業家精神が旺盛な）米国におけるリスク管理者が、コスト管理（ボトムライン）ではなく、売上高の伸長（トップライン）に貢献できる機会を与えようとしているのだろう。
4 **リスクの評価**――ある事象が発生する可能性と、発生した場合の影響を推定する。
5 **リスクへの対応**――潜在的なリスクに対応するために何をするかを決

める。リスクを完全に「回避する」のか、事業上のコストとして「許容する」のか、特定の結果に関して提携するか、保険をかけてリスクを「共有する」のか、あるいは、管理と統制活動を通じて「軽減する」のかを決める。

6 **統制活動**――選択した対応策を確実に実行するために、導入の必要があるポリシーと手続きの概要を示す。

7 **情報とコミュニケーション**――リスク・マネジメント上の意思決定と活動に影響を与える関連する情報を収集し、伝える。

8 **モニタリング**――導入したリスク・マネジメントの活動が有効に機能しているか、新たな事象やリスクが目標達成に影響を及ぼす可能性があるかを継続的に評価する。

ISO は 5 つのステップだが、COSO は 8 つの要素からなる。これら 2 つの手法には明らかに類似性があり、リーガル・リスクの管理者としてのキャリアを歩んでいれば、それぞれの手法の派生形にきっと遭遇するだろう。積極的なリーガル・リスク・マネジメントを促進するために設計した私たち独自の手法は、ISO と COSO の両方の要素を取り入れている。

積極的なリーガル・リスク・マネジメントの枠組み

COSO と ISO の双方の枠組みには、多くの特徴がある。COSO の枠組みは、企業が達成しようとしている全体の目標を優先している。全体の目標は、日常業務や法務マネジメントの細部にとらわれていると見落としやすい面がある。一方、ISO の枠組みは、よりタスク指向のアプローチを採用していて、COSO の枠組みのステップ 3 から 8 にほぼ合致している。どちらの枠組みを使用するにしても、リーガル・リスク特有のニュアンスを考慮して柔軟に改変する必要がある。リーガル・リスクには、その倫理的解釈、道徳的背景、行動作用に特殊性があるため、適用には工夫が必要だ。

図3-1 リーガル・リスク・マネジメント・プロセスの5ステップ

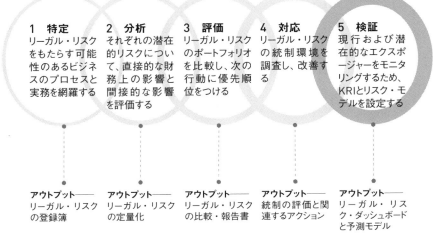

図3-1に示すリーガル・リスク・マネジメントの枠組みは、COSOの要素を取り入れているが、主にISO 31000とANZハンドブックHB 296：2007を応用したものだ。この枠組みは、複雑なマネジメント方法を次の5つの単純なステップに集約している。

1 **特定**——各事業分野と社内機能におけるリーガル・リスクを特定してマッピングする。
2 **分析**——特定されたリスクの財務上、またはそのほかの潜在的影響を推定する。
3 **評価**——統制環境と全社的なリスクを考慮し、リスクとリターンを照らし合わせて、リスク対応に優先順位をつける。
4 **対応**——特定された潜在的損失に応じたリスク低減戦略を実行する。
5 **検証**——リスク低減効果をモニタリングし、リアルタイムの損失データと照らし合わせて、リスク・マッピングを評価する。

以下では、この5段階のプロセスをどのように実行するか、段階的に説明

する。

1 ┃ リーガル・リスクを特定する方法

　リーガル・リスクを特定するための最初のステップは、ビジネスにおいてリスクがどのような形で現実化するのかを明確に表現することだ。第1章では、互いに重複せず、全体として網羅的な一連のリーガル・リスクのカテゴリーを作成する方法を学んだ。作成されたカテゴリーは、現在、どのような潜在的リスクにさらされているのかをすべて把握しようとする際に、企業内における議論の指針となり、討議内容に深みを与えてくれる。

リーガル・リスク特定のためのワークショップ

　表3-1に示すように、私たちは、第1章の終わりに掲載した分類法をリーガル・リスク登録簿の基礎として用いている。1番目の列には、5つのトップレベルのカテゴリーがあり、2番目の列には、第2レベルのカテゴリーがある。この登録簿は、リーガル・リスクについて検討する際のガイドとして、また、ビジネスに関連するすべてのリーガル・リスクを把握するためのツールとして使用することができる。

　事業分野、地域、製品、サービスに関するリーガル・リスクを議論し特定するために、法規制や議論の対象となる事業、社内リスク管理体制について専門知識を持つグループや専門のファシリテーターを招集する。必要な知識の多くは法務部内にあることから、私たちはこれまで法務部のみが参加するワークショップを数多く見てきた。しかし、より多様なグループが参加すれば、幅広い視点が得られることから、潜在的なリスクをより正確に特定し、定量化することができる。例えば、製品の開発プロセスを担当するマネジャーから寄せられる専門的な意見は、そのプロセスに起因するリーガル・リスクの可能性について大きな知見を与えてくれるだろう。同様に信用リスクの専門家は、アセット・ファイナンスの契約違反から生じる損失を定量化するのに役立つはずだ。

　ファシリテーターの役割は、議論を軌道に乗せて、リーガル・リスク登録

表3-1　リーガル・リスク登録簿の例

リスクカテゴリー1	リスクカテゴリー2	リスク固有のシナリオ
契約リスク	意図しない権利放棄や修正	履行期限に従って行使しなかったために契約上の権利を失うリスク
	修正や権利放棄による意図しない結果	
	標準的な契約条項の不使用	
	不適切または不明瞭な条項	
	法的強制力のない契約条項	
	拘束力のある契約締結をし損なうこと	
	契約条項の認識の欠如	
法規制リスク	法規制の違反	
	法規制の影響の評価不足	定期的な将来予測の実施を怠ると、法規制の新設・改正に対応できない可能性がある
	既存の法規制の改正や新たな法規制のモニタリング不足	
契約に基づかない権利のリスク	契約に基づかない権利の保護の失敗	
	契約に基づかない権利の侵害に対する権利行使の失敗	
契約に基づかない義務のリスク	意図しない注意義務の負担	
	顧客に対する注意義務の不履行	
紛争リスク	紛争前または紛争中における秘匿特権保護の失敗	
	紛争解決の手段・戦略の失敗	
	紛争解決の遅延	

簿に記録できるような結論に達するように導くことだ。

　専門のファシリテーターがいないと、リスクを特定するための会議は、すぐに混沌状態に陥る。議論の関心が、リスクの発生原因ではなく、誰がリスクの結果に対する「責任を負うのか」という話に変わってしまいかねない。

　ファシリテーターは、リーガル・リスク・カテゴリーのリストを読み上げ、その適用についてグループに議論させ、ビジネスにおける潜在的な各事例の説明を加えていく責任がある。これは地味な作業だが、後に続くリーガル・リスクの分析、マネジメントおよび報告作業の重要な基礎となる。

　表3-1の3番目の列では、検証の対象となる事業や社内機能のコンテクストの中で、そのリスクがどのように当てはまるのについて具体的な説明を記述する。事業分野や機能に従ってリスクを特定することには、十分な理由がある。各事業や機能には、コスト管理や目標達成に責任を持つ「責任者」が

いる。責任者には予算があり、潜在的な損失のリストとそれを防ぐためのアイデアが提示された場合に有意義な行動をとる動機を持っている。

　表3-1のリーガル・リスクの登録簿に、いくつかの事例を追加した。まずは自分自身の方法で試し、レベル2のそれぞれのリーガル・リスク・カテゴリーが、自身のビジネスにどのように適用されるか確認してほしい。

2 ┃ リーガル・リスクの分析方法

　リスクの分析では、それぞれのリスクがどの程度の確率で発生し、もし発生した場合には、どんな結果をもたらすのかを予測する必要がある。最も一般的なリスク影響分析手法の1つが、表3-2に示す「影響対発生確率」マトリックスだ。このようなマトリックスは、広く利用されているものの、分析の精度に欠けているため、リスク評価は非常に迅速に得られるが、「あれが4なら、これは3だろう」といった主観的議論にしばしば陥り、評価が不十分となる。「ないよりまし」と言われることもあるが、何もないのと変わらないかもしれない。

表3-2　一般的な5×5のリスク影響マトリックス

発生確率 影響	ほぼない	可能性が 低い	可能性が 高い	可能性が 非常に高い	ほぼ確実
軽微	1	2	3	4	5
小さい	2	4	6	8	10
中程度	3	6	9	12	15
大きい	4	8	12	16	20
深刻	5	10	15	20	25

　さらに悪い分析方法として、事象の発生確率を時間の尺度に置き換えてしまうものがある。例えば、発生確率を、2年に1回、5年に1回、10年に1回、50年に1回のように表現する。これは、資本モデルに容易にマッピングできるので、定量的な観点からは魅力的だが、これらのモデルに入力する予

測データに誤った信頼性を与えてしまう。リスクとしては確かにあるが、起こる可能性が極めて低い事象について、発生するのが明日か、来年か、あるいは50年後かを確実に予測する方法はない。モデルから得られるデータの品質が、入力するデータの品質より優れていることはないという「ガベージ・イン・ガベージ・アウト（ごみを入れれば、ごみしか出てこない）」の原則に照らせば、この種の予測に依存する資本モデルには欠陥があると言える。本章の最後に、リーガル・リスクをモデル化するための新しい手法について手短に説明する。

■ 典型的なシナリオと極端なシナリオの比較分析

　英国では2010年頃、資本要件をより正確にモデル化するのに役立つとの期待から、影響評価に財務分析を加える動きがあった。これは一段と複雑な分析手法であり、熟考と時間が必要だ。この定量化アプローチは、リスク数値の引き下げに利害関係を有する個人が関与するため、規制当局から完全には信頼されていなかった。その結果、多くの組織が前述の5×5マトリックスに回帰したため、すべてのリスク・マネジメント分野において徹底したシナリオ分析を広める機会を逸することになった。

　しかし、リーガル・リスクの分野に限って言えば、潜在的な損失は複雑な倫理的・道徳的枠組みの産物であり、それらは巨大であるため、潜在的な損失を真に予測できる唯一の方法は、「典型的シナリオ」と「極端シナリオ」の2つを分析し、その分析を裏づけるデータを収集し、現在と将来の影響予測の精度を向上させることだ。図3-2は、リーガル・リスクの「典型的シナリオ」と「極端シナリオ」の分析に必要なステップを示している。

　事実に基づいた影響分析を行うには事前に定義されたシナリオを使用するのが最も迅速な方法だ。シナリオベースのモデルにはデータと分析が豊富に織り込まれることから、リーガル・リスクの管理のためには、2つの単純なシナリオで十分だと考えられる。

(a) 典型的な損失

　統制環境に関する知識を考慮した場合、1～2年のうちに予想される「典型的」損失とは何か。オペレーショナル・リスクの損失やインシデントのデ

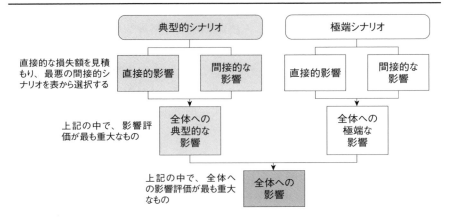

図3-2 シナリオに基づいた影響分析

| 典型的シナリオ | 極端シナリオ |

直接的な損失額を見積もり、最悪の間接的シナリオを表から選択する

直接的影響　間接的な影響

上記の中で、影響評価が最も重大なもの

全体への典型的な影響

上記の中で、全体への影響評価が最も重大なもの

全体への影響

直接的影響　間接的な影響

全体への極端な影響

ータと照合することで、正確な数値が得られる。このシナリオにおけるエクスポージャーは、多くのモデルで「残余」リスクとも呼ばれている。

(b) 極端な損失

　発生する可能性が非常に低いとしても、統制の失敗や外部の事象を含む、想定し得る最悪の事態に関連する損失の水準はどれくらいか。これは、多くのモデルにおける「固有の」リスクに似ている。イベントが「いつ」発生するかを予測する必要はない。それがいつでも起こり得ることを知っていれば十分だ。

極端なシナリオの分析に関する注意事項

　極端なシナリオの意義は、法務部に優れたビジネス・ケースを提供して、リーガル・リスクの根本原因を解決する打ち手に投資できるようになることと、全体的なリスクを軽減し、そのリソースを新たな課題に集中投入できるようになることにある。ただし、極端なシナリオの数値は、正確に予測するのが非常に難しい。ここでは、参考になりそうな2つの例を紹介する。

1つ目は、新聞の見出しを飾るような規制違反について考えるとき、「起きる可能性の高い」最悪の事象ではなく、「可能性は小さくても起こり得る」最悪の事象の発生を仮定したくなってしまう。例えば、贈収賄防止法や汚職防止法に違反した場合、罰金は5000万ポンドから1億ポンドにのぼり、違反行為が大規模で組織的な場合には、それ以上に膨らむおそれもある。しかし、企業が全社的な研修を実施して全従業員が十分に理解したことを確認し、明確なポリシーとガイダンスを定めるなど対策に十分な時間と資金を投じていれば、巨額の罰金を科せられることはないはずだ。規制当局は、違反行為を予防するための企業による投資や従業員教育を考慮し、罰金額を大幅に減らすだろう。責任は、個人が負うことになる。

　2つ目は、契約違反については、極端なシナリオを想定しやすいことだ。企業は、過去の損失や商取引上の問題が発生する可能性に関して、十分なデータを持っているはずだ。それらをもとに1年間に発生する紛争数を推定し、妥当な係数（例えば10倍）を掛けることで、想定し得る極端な損失の推定値を素早く算出できる。

■ 直接的・間接的影響の分析方法

　直接的な財務上の損失は、単純でわかりやすい尺度だ。過去の損失と現在の事業の状態をもとに、今後1年から2年の間にどのくらいの損失が出るのか。法務部の大半は、ある程度の信頼性を持ってこれを予測することができ、実際の損失のデータを活用して当初の予測値を検証することが可能だ。その後は、直接的損失の予測値を1〜4の標準的な影響評価に変換するだけでいい。この最後のステップを実行するには、典型的シナリオと極端シナリオのそれぞれについて、損失の予測値を「軽度」「中等度」「重度」「深刻」という4段階の基準値と比較する。表3-3に一連のリスクの基準値を簡単に示した。

表3-3 リーガル・リスクの基準値の例

		典型的シナリオ	極端シナリオ
1	軽度	10,000	100,000
2	中等度	30,000	500,000
3	重度	100,000	2,000,000
4	深刻	400,000	5,000,000

■ シナリオ・マトリックスを用いた間接的損失の分析

　直接的な財務上の損失を評価した後は、風評被害やそのほかの間接的損失のリスクを考慮する必要があるが、これらのリスクに関して確信を持って金額を明示することはできない。間接的損失の推定には、影響を4〜5段階に分けた潜在的なシナリオのマトリックスが必要だ。表3-4は、影響を1〜4で評価している（「1 軽度」「2 中等度」「3 重度」「4 深刻」）。

　マトリックスを使用するにあたっては、左側の列のそれぞれのカテゴリーについて、行全体の内容を読み、自分の予想に最も近いシナリオを選択する。間接的損失についての全体評価は、3つのカテゴリーの中で最も厳しい評価を受けたものを基準とする。様々なシナリオを具体的にイメージするた

表3-4 間接的な影響マトリックス

	1 軽度	2 中程度	3 重度	4 深刻
風評被害	・短期間の地元での報道 ・限定的な苦情件数	・長期にわたる全国報道 ・顧客からの苦情増加	・国際的なネガティブな報道 ・個々の顧客による訴訟、集団	・国際的な報道の継続 ・顧客減少の加速と集団訴訟の見込み
規制当局	・規制当局の関心	・規制当局の関心の高まりと、調査の可能性	・規制当局の調査、罰金の可能性、社会からの非難の標的	・規制当局による罰金、事業の中止、製品回収の可能性
顧客サービス	・顧客サービスに軽微な影響を与える可能性	・1つの製品やサービスに限定された短期的な損失	・複数の製品・サービスにまたがる短期的な損失	・顧客サービスへの継続的な影響、顧客の大幅な減少

め、社内のエスカレーション（上司への報告や対応）に当てはめて想像してみ
てほしい。どのシナリオがリスクを特定した担当者によって処理され、どの
シナリオが担当部長マターになり、どのシナリオが事業責任者マターにな
り、どのシナリオが取締役会マターになるのかを考えてみる。

典型的シナリオと極端シナリオ、そして総合的な影響を分析するには、上
記のツールを使用して、表3-5のような計算表を作成する。リスクの影響
は、常に最も深刻なレベルの影響を反映するように「切り上げられる」た
め、全体的なリーガル・リスクの分析は、おそらく（必ずしも常にそうとは限
らないが）極端シナリオの分析が中心になるだろう。この点を考慮して報告
書を作成するには、典型的なエクスポージャーと極端なエクスポージャーに
区分する必要がある。これにより、典型的シナリオを通して、日々のリーガ
ル・リスク環境がどのようなものかを確認できる。さらに、極端シナリオの
分析を利用することで、どのリーガル・リスク分野に追加投資すべきかの特
定や、統制環境を強化して極端なシナリオの実現可能性を低下させ、極端な
リスクへのエクスポージャーを抑えることが可能になる。

表3-5　リーガル・リスク影響分析の計算例

	典型的シナリオ	コメント	極端シナリオ	コメント
直接的	10,000ポンド	基準値（表3-3）との比較＝1	500,000ポンド	基準値（表3-3）との比較＝1
間接的	2		3	
典型的シナリオと極端シナリオの全体への影響	2	（2つの典型的シナリオの評価のうち高いほう）	3	（極端シナリオの評価のうち最も高いもの）
全体のリスク（典型的シナリオの評価と極端シナリオの評価のうち最も高いもの）	3			

3 ┃ リーガル・リスクの評価方法

各リスクを特定して評価すると、表3-6のような登録簿ができあがる。「リ
スク固有のシナリオ」の右側の列には、影響評価があり、左端の列には、事

業分野（または地域別）の列がある。リーガル・リスク評価の目的は、リーガル・リスクに関する情報と傾向を報告することによって、全社におけるリスクの優先づけを可能にすることである。そのため「相互に排他的で、全体として網羅的な分類法」を用いることが重要だ。

表3-6　リーガル・リスク評価表の例

事業分野・社内機能	リスクカテゴリー1	リスクカテゴリー2	リスク固有のシナリオ	典型的シナリオ・直接的影響	典型的シナリオ・間接的影響	極端シナリオ・直接的影響	極端シナリオ・間接的影響	全体への影響
購買	契約上のリスク	意図しない権利放棄や修正	納期を守れず契約上の権利を失うリスク	10,000	2	500,000	3	3

　17のリーガル・リスクの小分類（表3-1「リスクカテゴリー2」）は、リーガル・リスクを十分に詳細なレベルで報告できるようにしたものだ。例えば、すべての事業分野、またはすべての地域にまたがる契約リスクの合計額を算出したり、これを紛争リスクの総額と比較したりすることもできる。また、異なる事業分野にまたがる全体のリーガル・リスクを評価することもできる。こうした集計データは、経営陣の注意を引くはずで、5つの大分類のそれぞれについてさらに詳細な情報を示すことで、リーガル・リスクを軽減するために対処すべき課題を経営陣にピンポイントで具体的に示せるようになる。さらに、それらは「当社の契約のどの部分がリスク要因となっているのか？」「法規制リスクへの極端なエクスポージャーを軽減するために何ができるか？」「このリスク・エクスポージャーはほかのリスクと比較してどの程度重大か？」といった経営陣から予想される質問に答えるためのデータにもなる。

　定量分析を実施し、リーガル・リスクからの直接的な損失額を算出することにより、ほかのタイプの企業リスクと比較して、リーガル・リスクを評価することができる。全社レベルの評価を行うことで、経営者と取締役会は、最も重要なリスクを軽減する施策に優先的に取り組めるようになる。例え

ば、リーガル・リスクが、信用リスクや市場リスクと比べて非常に小さい場合には、当然、信用リスクや市場リスクへの対処を最優先事項とすべきだ。また、全体で評価することで事業プロセスにおけるリスクに対する重要な統制上の問題を示すリーガル・リスクを特定できることもある。例えば、契約条項の認識不足、意図しない契約上の権利の放棄、不適切または不公平な契約条項の存在は、アウトソーシング・リスク、サプライチェーン・リスク、さらに（裁判で認められる可能性の低い契約条項に依存している場合には）信用リスクにまで発展してしまう可能性がある。

　評価の目的は、リーガル・リスクを軽減するための取り組みに優先順位をつけることだ。リスクの軽減は、企業価値に合致した効果的なリーガル・リスクへの統制を実施できるかどうかにかかっている。優先度の高いリーガル・リスクを特定したら、注意が必要な分野を明確にするために各リスクの統制環境を評価し、リスク対策への予算の範囲内でリーガル・リスクに対する統制の強化に優先順位をつけていく。

4 ｜ リーガル・リスクの統制環境の評価と改善方法

　リーガル・リスクを特定したら、それぞれを軽減するための統制を考える。通常、統制は、前章で説明した企業理念、ポリシー、業務手順の形をとる。今回が初めてのリーガル・リスクの評価である場合には、最大の潜在的損失をもたらすリスクに対する統制の分析に限定して評価するのがよいかもしれない。その場合は、大きな典型的損失をもたらすリスクを特定し、企業価値の毀損を防ぐためにそれらに対処するべきだ。次に、あるいは並行して、損失額が最も大きい極端なリスクを管理するために導入しているポリシー、業務手順を検証し、それらがリスク・マネジメント・ツールとして効果的かどうかを評価する。優先度の高いリスクを軽減する取り組みを開始したら、ほかのすべてのリーガル・リスクについてもこの作業を続ける。

　リスクごとの統制には、責任者を割り当て、統制が効果的に運用されているかどうかをモニタリングする監督者も必要だ。主要な統制の責任者が会社を退職しても統制をスムーズに引き継げるように、マネジメントとモニタリングの責任を役職に割り当てておく。

表3-7には「評価」と「理由」の欄がある。それぞれの統制の有効性を「効果あり」「改善が必要（一部効果あり）」「効果なし」の3段階で判定し、評価の理由を記入する。評価と根拠の両方を記録するのは、リスク・マネジメント・プロセスが経営陣のアテステーション（証明業務）をサポートするために実行されていることと、統制環境を強化するための活動を支援するためだ。

表3-7　統制評価のリスト

リスクの参照先	統制	管理者	モニタリング	評価	理由
（固有リスクの参照簿番号）	（統制内容の簡単な説明）	（管理責任者の役職）	（モニタリング責任者の役職）	（効果があったか）	（統制評価の証拠・根拠は何か）
123	契約レビューの手続き	契約管理責任者	最高法務責任者（CLO）	効果あり	重要リスク指標（KRI）のすべてで効果的なプロセスと評価
124	安全衛生ポリシー	安全衛生管理者	監査	一部効果あり	サイト24で記録された事故はリスクの高まりを示している
125	法務ポリシー	最高法務責任者（CLO）	最高法務責任者（CLO）	効果なし	過去12カ月のうちに始まった5件の紛争を、法務部は知らなかった

■ **アクション・プラン**

統制が「効果なし」「改善が必要（一部効果あり）」と評価された場合には、統制内容を改善し、リーガル・リスクへの残余エクスポージャーを減らすためのアクションを、1つまたはそれ以上、詳細に記述する。アクションは個人に割り当て、アクション・プランにはアクション完了予定日を明記する必要がある（表3-8参照）。アクション・プランは、監査の対象となる可能性が高いので、アクションが期待通りの効果を発揮しているか、現実に即したしっかりとしたプロジェクトの実施計画により裏打ちされているかを確認しなければならない。

表3-8 アクション・プランの例

リスク	統制	アクション	担当者	状態	期日
(リスク参照先)	(統制の参照先)	(アクションの詳細)	(責任者)	(割り当て未了、割り当て済み、完了)	(アクションの完了予定日)
125	法務ポリシー	紛争の可能性がある場合、法務部へ通知する具体的要件を盛り込む	最高法務責任者(CLO)	割り当て済み	(期日を記入)

■ **統制上の課題の分析**

　5つのリーガル・リスクの大分類（表3-1「リスクカテゴリー1」）のそれぞれについて、リーガル・リスクを管理するため、おそらくどの企業でも、すでに具体的なアクションをとっているはずだ。例えば、法規制が将来どう変わるかの予測（ホライズン・スキャニング）は、法規制リスク対策の核になるだろう。商標や著作権の管理手続き、ブランド・マネジメントは、契約に基づかない権利に関するカテゴリーの中核的なものになる。契約管理体制に期待されているのは、多数の契約リスクを管理し、契約のライフサイクルを通して適切に管理し、正しく契約を履行し、権利と義務を管理することだ。当然ながら、取締役会レベルで策定されたバリュー・ステートメントや、道徳的行動を奨励するグローバル・ポリシーも、主要なリーガル・リスクの統制と同様に重要だ。

　統制についての検証作業を短縮するためには、種類が共通するプロセスごとにリスクをグループ化し、各プロセスを管理するために導入されている統制を検証するといいだろう。全社的な統制に関する課題を改善する方法を考えたら、共通プロセスの枠を取り払い、特定グループ内の各リスクに対するアクションを記載していく。

■ **監督統制の枠組み**

　監督統制の枠組みでは、組織内のすべての上級管理職の責任を、組織内で導入・実行されているリスクの統制やプロセスにマッピングしていく。ジェネラル・カウンセル（GC）の場合、リーガル・リスクに対する責任とスタッフや予算管理などの一般的なマネジメントの責任が混在している。そこ

で、次に紹介するジェネラル・カウンセルによる監督統制（GCSC）の枠組みを使うと、リーガル・リスク・マネジメントの責任を組織の中で適切に設定できる。監督統制の枠組みの概要を表3-9に示した。

表3-9 ジェネラル・カウンセルによる監督統制の枠組み（GCSCF）の例

直接的責任	監督責任	権限委譲された責任
部門の予算管理、スタッフの評価、法規制のモニタリングと評価、取引に関する助言と実行、紛争管理	倫理的行動、知的財産管理、コンプライアンス（整備）、契約上の権利と義務の管理	コンプライアンス（実行）、債権回収、労働法関連事項

　リーガル・リスクに対する統制の検証、特にどの統制に関して直接的な管理責任を負い、どの統制を権限委譲するかについての意思決定は、監督統制の枠組みの強固な基盤になる（この点については、次章の法務・コンプライアンス部の構築法のところで詳しく説明する）。一般原則として、あなたがジェネラル・カウンセルの場合、直接責任を負っている事項、監督責任を負っている事項、どのリスクに対して責任を全面的に委譲しているのかをそれぞれ明確に示す必要がある。例えば、労働法に関するモニタリングの責任を人事部の責任者に、あるいは、法規制遵守に関する責任をコンプライアンス部の責任者に全面的に委譲することもできるが、必ずしも推奨することはできない。

5 ┃ リーガル・リスクのモニタリング方法と検証方法

　リーガル・リスク・エクスポージャーをモニタリングし、検証するためには、2つの重要なツールがある。それは、法務部のスタッフと業務データだ。スタッフの中でも特に弁護士が、各事業分野の責任者などに幅広くインタビューを実施して、リーガル・リスクに関して話し合い、その統制のために導入されている手段を評価するのが最も理想的だ。現在のリスク・エクスポージャーをモニタリングし、ビジネス上の出来事に対応したリスクを検証できるようにするため、構造化面接（訳注＊同じ質問を同じ順番で行う形式のインタビュー）のスケジュールを設定する。ビジネスの責任者とリスクを検証

する際には、その事業固有のリーガル・リスクとそれらのリスクをマネジメントするために導入されている統制環境の詳細について議論する。それにより、インタビューの焦点を最もリスクの高い分野と改善が必要な統制に当てることができる。

- **リスク・レビュー・インタビュー**

リーガル・リスクの登録簿は、12カ月から18カ月ごとを目処に見直すことを目指す。構造化面接の質問（表3-10参照）を作成し、事業責任者や現場担当者と膝を突き合わせて、エクスポージャーと統制環境の有効性の両方を検証する。質問は、前回の検証と整合するようにし、その直前の期で起きた変化を反映させる（その企業の弁護士がすべての変化を認識し、提案段階でそれらを反映できているのがベストだ）。インタビューは、前年度を振り返るとともに、リーガル・リスクへのエクスポージャーを管理し、法的損失を回避するためにビジネスと連携する新しい方法を協議するための良い機会になる。

表3-10　構造化面接の質問例

質問	知りたいこと
リーガル・リスクへの許容度が、行動に対する現実の制約となっていることを、どのように受け入れているか？	ジェネラル・カウンセルや上級管理職は、リーガル・リスクの枠組みがどれほど堅固だと考えているか。それがどの程度周知されているか。モニタリングにどんな情報を利用しているか
今期中に自動更新される契約は何件あるか？	インタビュー対象者が、自分の部署の契約を把握し、積極的に管理できているか
最も重要な仕入先が、最良の条件を出しているか？	契約やサプライチェーン・マネジメントに対して、三次元的アプローチを採用しているか（第6章参照）
例年、何件の契約を締結するか？	一般的な契約管理プロセスが導入されているか
前期の営業部の商談件数は何件か？　標準的な契約条項・条件から、どの程度乖離して契約しているのか？	営業交渉において、どんなレベルのガバナンスが導入されているのか
製品開発チームは、想定している市場セグメントに対して、どのようにその製品をテストしているか？	製品設計と販売戦略に関する強固なガバナンスが整備されているか
その事業における紛争の最大の原因は何か？	潜在的な問題はないか、訴訟問題に対する一般的な認識があるか

■ 重要リスク指標

重要リスク指標（KRI）は、実施した統制がリーガル・リスクの軽減に効果を発揮したかどうかを示す指針だ。効果的なKRIを選択するには、業務プロセスによって生成される潜在的なデータ・ポイントを特定する必要がある。KRIの生成には、何らかのデータ処理システムやマニュアルを導入する必要があるが、長期的に見れば導入の価値は十分にある。潜在的なリーガル・リスクを早期に察知できれば、数百万ポンド（場合によっては数十億ポンド）ものコスト削減につながる。KRIは、例えば「契約金額」など単一の指標として報告できるが、通常は関連するデータをいくつか組み合わせたときに、より良い情報が得られる。KRIの組み合わせの例を次に示す。

- **契約責任と契約金額の比較**──契約責任と契約金額を契約のタイプ別、第三者別などで集計すると、ある事業分野で成功するには、どの程度のリスクを負えばいいのかを示すことができる。
- **締結契約数とシステムに入力された案件数の比較**──このKRIは、拘束力のある契約を結ばずに、取引を始めている案件がどれくらいあるかを示す。
- **営業担当者による製品販売量とコンプライアンス研修の登録者の比較**──このKRIは、顧客への注意義務に関連する行動によって発生するエクスポージャーの兆候を示す。販売成績トップのチームがコンプライアンス研修を修了していない、あるいは、いつも修了が遅れる場合、コンプライアンスについての最新の問題を認識していない可能性がある。

■ 重要業績指標

重要業績指標（KPI）は、各チームや統制が目的をどの程度達成しているか示す。リーガル・リスクに関しては、法務・コンプライアンス部のパフォーマンスが特に重要だ。これらの部門は、特定されたリーガル・リスクの大部分について、直接的責任または監督責任を負っている。これらの部門が責任を負わないリスクについては、熟慮のうえ適切な部門の管理下に「完全に権限委譲されたもの」として認識されるべきだ。

次章では、法務部とコンプライアンス部の役割を詳しく解説し、どのよう

に構成するのが最も効果的かを示す。法務とコンプライアンス部のKPIには、様々な幅広い指標を含めることができる。私たちがこれまで見てきたのは、次のような指標だ。各事業部門からのフィードバック、予算計画に対する実績、長期的な訴訟件数、コンプライアンスに関する「ニアミス」の件数、知的財産権に関連する問題の件数、顧客からの苦情件数、規制当局の監査チームや委員会メンバーからのフィードバック、法務研修の実施時間などだ。重要なのは、意味のある最新データに裏づけられたKPIを選ぶことであり、データ収集の「家内工業」を生み出すような指標は避けたほうがいい。

■ リーガル・リスク・モデリング

　多くの組織が苦労して取り組み続けているKRIのほかにも、課題はある。現在のリーガル・リスク・マネジメントの最大の欠点は、法務部がモデリングや予測的分析に取り組んでいない点だ。法務部やリスク担当チームは、膨大な数のリスク評価を完了し、報告書を提出して、日常業務を遂行することに満足しているが、それではビジネスに変革を起こせず、勝つこともできない。このような状況を変えるには、リーガル・リスク・マネジメントの取り組みに焦点を当てた、予測的なリーガル・リスク・モデルを採用する必要がある。そこで得られる実務に基づいたリアルタイムのデータは、取締役会で説明するのにも役立つ。残念ながら、リーガル・リスクの管理者に与えられたこれまでのリスク・モデルは、いいものでも大きな欠陥があり、最悪の場合にはまったく使い物にならない。

　従来のリスク・モデルは、「正規」（「正規分布」の意味）の統計モデルに基づいており、最も身長の高い人間の予測や、すでに75歳に達した人が100歳まで生きる確率を予測するのに使用できる（その確率は、40歳の人よりもはるかに高い）。正規のモデルでは、人間の標準身長からの偏差を測定したり、マングースの集団全体の平均年齢や体重分布を測定したりするなど、一部の自然現象を正確に予測できる。しかし、正規の統計モデルは、ナイル川の最大洪水位、オペレーショナル・リスクやリーガル・リスクのような、「不自然な」現象の予測には使えない。

　通常の統計モデルでは予測できないという問題の解決策として、1963年にブノワ・マンデルブロが考案した数学の一分野であるフラクタル幾何学の

活用が考えられる。フラクタル幾何学は、非正規パターンに起因する複雑な現象を正確に予測できることが証明されている。ナイル川の洪水における最高水位の変動、金融市場における相場の高値と安値、心拍のリズム、がんの発症率、商品価格動向、地震挙動など、自然界や経済界で広く見られる事象において実証されており、予測に用いられている（マンデルブロとハドソン、2006年）。フラクタル理論は、英中銀であるイングランド銀行が潜在的な市場の動きをモデル化し、政策の指針に使用している。株価変動についてより現実的なモデルを作成できるので、例えば、金融市場が「100年に1度」とされる大変動に複数回さらされても、適切に対処できる可能性がある。規制当局による制裁金のパターン（図1-2参照）も、同様にフラクタル的な考え方を基礎にしている。また、フラクタルの技術は、市場における潜在的な巨額の法的損失を引き起こす事象を予測するだけでなく、事業の管理状況のデータを重ね合わせることによって、新たな荒波を乗り切る能力を予測するのにも利用できると考えられる。

　資本モデルは、優れたコーポレート・ガバナンスと堅固なリーガル（およびオペレーショナル）・リスク・マネジメントを実施している企業に恩恵をもたらす。2016年に提案された銀行の自己資本モデルの変更（BIS、2016年）は、過去の損失が少ない銀行に対して将来の資本要件を削減することで報いようとするもので、損失が大きい銀行は将来のリスクを相殺するためにより多くの資本の積み増しを余儀なくされた。このアプローチは、私たちの考えとも一致するが、当初の形では過去の損失と将来の損失の関係性が単純化されていることから、最終版ではこれが改善されることを期待する。私たちは、マルチ・フラクタルの概念を用いれば、市場の危機を乗り切る能力を高める優れた実務の方法をモデル化できると考えている。実証されておらず推測の域を出ないものの、金融機関がリスク対応業務のために確保している資金を解放できる可能性と、健全性規制当局が金融システム上重要な企業が抱える業務上の「危険性」を測定できる可能性があることは魅力的だ。

　これは今後の研究開発に期待すべき分野だ。どうアプローチすべきかの大まかな指針として、まずは私たちの（または企業自身の）リーガル・リスク分類からリーガル・リスクに関連する損失のデータを収集し、分析する。これらの損失に関するデータをもとに2つのフラクタルを設計できる。1つ目は

典型的損失に基づくもの（現在の実務に直接関連する）、もう1つは極端な損失に基づくもの（極端なシナリオ分析に関連する）だ。次に、「典型的損失」のフラクタルを使用することにより、「極端な損失」のフラクタルを調節できるマルチフラクタル・モデルを採用して、将来の潜在的な法的損失の予測モデルを生成することができる。

まとめ

　フラクタル・モデルは、未来への一歩だ。現在のリーガル・リスクを特定し、定量化するには、この新しくて予測不可能なリスク領域に対して、標準的なオペレーショナル・リスクの手法を適応させる必要がある。最も一般的に使用されている2つのリスクの枠組みであるCOSOとISO 31000から学べることは多い。私たち独自のリーガル・リスクの枠組みでは、それぞれの要素を取り入れ、リーガル・リスクの微妙な違いに合わせている。私たちの手法は、特定、分析、評価、対応、検証の5つの連続したタスクで構成される。まずは「製品・サービス、各種ステークホルダーとの関係、事業運営のプロセス」がもたらすリーガル・リスクを特定する。リーガル・リスクの定義と分類が、この手法での基本的ツールだ。次に、事業目標に対するリスクの潜在的影響を分析する。私たちの定義では、「財務上の損失または風評被害をもたらす可能性」を指す。「予想される損失」と「最悪のシナリオにおける損失」という2つのシナリオから影響を分析する。特定されたリスクをすべて分析したら、それらのリスクをグループとして（事業別、地域別、リーガル・リスクのカテゴリー別に）評価する。その次に、全社的なリスク・ポートフォリオ全体で評価し、エクスポージャーに基づいて統制の改善に優先順位をつける。

　優先度の高いリスクに先回りして対応することが、リーガル・リスク・マネジメントの目的だ。一般的に、統制はポリシーと手続きを意味するが、チーム、特に法務・コンプライアンス部は、リーガル・リスクに対するエクスポージャーを最小限に抑えるために効果的に運営されなければならない。特に、「ジェネラル・カウンセルによる監督統制の枠組み」は、企業全体のリ

ーガル・リスク・マネジメントの責任を割り当てるための中核的なツールとなる。効果的なKRIの導入によってリーガル・リスクの環境をモニタリングし、潜在的なリーガル・リスクに関する事象を早期に警告し、KPIの導入によって日常的なリーガル・リスクの特定と管理の双方に不可欠な法務・コンプライアンス部のパフォーマンスを追跡する。さらに、理想としては、定量的なシナリオ分析と損失に関するデータに基づいて、予測的なリーガル・リスク・モデルを作成して将来のリーガル・リスクのパターンを予測し、事業への影響を最小限に抑えるために現在の業務のやり方を修正する。

　リーガル・リスクの特定は、様々な法律分野やビジネス分野で実行されている。これからの5つの章では、リーガル・リスクの5つの柱である「法規制リスク」「契約に基づかない義務のリスク」「契約リスク」「紛争リスク」「契約に基づかない権利（知的財産）のリスク」について、リスク・マネジメントのベスト・プラクティスをそれぞれ紹介する。これらの章の内容は、インタビューにおける質問の指針となり、優先度の高いリーガル・リスクを特定し、組織全体でリーガル・リスク・マネジメントと統制のベスト・プラクティスを実践していくのに役立つだろう。

第 2 部

リーガル・リスクの
詳細な検証とリスク軽減法

第 **4** 章

法規制リスクと法務・コンプライアンス部の役割

はじめに

　法規制リスクは、金融業界に身を置く企業にとって最優先事項だ（ウォーリー、2016年）。金融危機以降、規制当局は、金融機関に対して法に則した透明性のある経営を求める圧力を大幅に高めるとともに、権限も強化している。法規制の遵守を怠るとその代償は大きいが、コンプライアンスは精密科学（訳注＊厳密な量的規定による論証体系に組織される科学の総称）ではない。法律はその目的が非常に道徳的なものであるため、特に異なる法域にわたる場合、その適用関係は複雑であり、かつ解釈の余地が残る。

　法規制リスクの管理が労働集約的でコストのかかる活動なのは、こうした複雑さが理由の1つと言える。法律は複雑なだけでなく膨大で、毎年発表される法規制の数は驚異的なスピードで増加し続けている。法規制が各国で細分化される中、多国籍企業は、すでに手一杯の法務・コンプライアンス部に対して、次々と新しい規制を遵守するよう要請しなければならない状況にある。こうしたやり方には、重大なリスクが内在している。誤った判断を回避するには、法務部とコンプライアンス部門が連携して、実用的かつファクトベースで法規制リスクとコンプライアンスの優先順位づけに取り組んでいく必要がある。

　本章では、まず法規制遵守を非常に困難にしている問題について解説し、次に法規制リスクにおける特定の3つの領域、すなわち「（ホライズンスキャン（将来予測）による）十分な認識」「影響の評価」「適切・相応なコンプライ

アンス」について実践的なヒントを紹介する。これらの活動は、一般的に、法務部とコンプライアンス部との間で分担されており、法務部とコンプライアンス部が効果的に連携することで、法規制リスクに対する効果的な防衛線として機能する。この2つの部門の関係が崩れると、部門間の責任分担にすき間ができてリーガル・リスクの管理不足が生じるだけでなく、責任の重複や管理コストが過剰に膨らむことになる。ここでは、法務部とコンプライアンス部が法規制リスクに対する防衛の要であることを踏まえ、法的損失を回避し、法務部のパフォーマンスを最大化するために、これら2つの中核的なリスク管理機能をどのように構築・管理していくかについて説明する。

法規制コンプライアンスの負担の増大

　法規制は、広い道徳的背景を持つと同時に、その解釈・適用は驚くほど厳密だ。企業が複数の地域にまたがって取引をする場合、自国の法制度だけでなく、取引をする国の数と同じだけの制度に従った経営をする必要がある。また、各国で、法律や規制が増加傾向にある。例えば、米国では50の州議会に加え、無数の郡、市、地方自治体が存在する。そこでの法案の多くは、連邦法と矛盾するものや補完するものもあり、重ねて規制を複雑にしている。専門家は、勉強熱心な人でも米国の金融規制制度について学ぼうとしたら100年はかかると推定している（ウッド、2014年）。

　さらに、企業が準拠すべき法規制の分量は、事業活動や取引をする国の数だけ増加する。世界中には、3つの基本的な法体系のいずれかに基づいた320の法域がある。3つの基本的な法体系は、コモンロー（例：英国、米国、オーストラリア、インド）、フランス法（例：フランス、イタリア、ブラジル、スペイン）、ローマ・ドイツ法（例：ドイツ、ロシア、オランダ、スウェーデン）だ。複数の法域で事業を展開する企業は、各法域の法律はもちろん、個々の法律の適用が法域ごとにどのように異なるかを認識する必要がある。

　さらに、階層化と多層化という2つの要素によって、複雑さが増す。国内の法制度は、ビジネスの多様性に対応するため複数の階層に分かれており、国際的には、各国の法域がほかの法域から出入りする企業に、自国の法律を

適用しようとするため、法制度は互いに重なり合う。法制度の適用、階層化、多層化の複合的な効果により、1997年以来、法律の量は急増している。英国の法律事務所アレン・アンド・オーヴェリーの国際法・情報部門（ウッド、2014年）は、直近200年間で法律の量は1000倍になったと推定する。さらに、この量と複雑さは世界の取引量に従って増加し、今後15年間で倍になる可能性があると予測している。

法規制の将来を予測して後れをとらない方法

この膨大で複雑な法制度の中で、自社の経営に影響を与える可能性のある法改正を完全に把握することは困難な作業だ。しかし、市場には優れた法律情報サービスがあり、法律事務所も良い情報源だ。例えば、ウエストロー、レクシスネクシス、プラクティカル・ロー・カンパニーは、英国や米国で最も知られている法律情報サービスだ。しかし、これらは広範囲をカバーするサービスであるため、これらを使いこなすためにはどの法域の、どの事業についての法規制の新設・改正が知りたいのかを正確に特定する必要がある。

業界や製品に特化した法規制の新設・改正について知りたい場合、外部の法律事務所が大きな助けになるだろう。多くの大手法律事務所は、法規制の新設・改正が及ぼす潜在的な影響をモニタリング、評価、報告することを仕事とするパラリーガルやプロフェッショナル・サポート・ロイヤー(PSL) を採用している。これらの専門職は、立法手続きの過程を通して法案をモニタリングし、立法機関とつながっていることも少なくない。彼らは喜んで（時には無償で）、将来予測に役立つ最新情報を定期的に提供してくれるだろう。

（注）　法律の量は膨大であるため、ジェネラル・カウンセルが、自社の事業に限定的な影響しか及ぼさない法律分野に関する将来予測を外部委託するのは合理的なことだ。例えば、人事部長が労働法の最新情報に精通する第一次的責任を負い、そのために法律事務所や情報サービスのネットワークを活用するのは理にかなっている。一点注意すべきことは、ジェネラル・カウンセルは、このプロセスを監督・管理し、人事部長とともに将来予測の結果を定期的に検証し、人事部長に必要な情報を入手させ、その情報の正しい解釈を

確保する必要がある。

法律事務所の刊行物とノウハウチームの活用

　ほとんどの法律事務所は、法律、規制、判例に関する最新情報を提供してくれる。すでに法律事務所の「パネル」（130ページ）を設置しているなら、それらの法律事務所に対して、自社の事業に影響を与える可能性のある分野について、最新情報を定期的に提供するように求めても問題ない。唯一の問題は、仮に10の法律事務所に情報提供を依頼した場合、10の異なるフォーマットで情報が提供されることだ。そのため、先を見越して、ビジネスに対する影響をどのように測定、報告してほしいかを積極的に伝える必要がある。法律事務所に標準的なツールを提供すれば、入手した結果を一元的に比較することができる。外部の法律事務所に簡潔な影響評価のドラフトを提供してもらう際、次のセクションで詳述する手法とツールを活用してもらえば、法務部での協議と検証がより効果的なものになるだろう。

法規制の新設・改正とロビー活動チーム

　法規制が変わるリスクを管理する方法の1つは、抽象論に基づいて立案されがちな法律の実務への影響を和らげるため、立法過程で影響力を行使することだ。多くの企業が立法過程に積極的に関与しているが、それは立法者の注意を公正な社会をつくる努力からそらすためではなく、立法者が不注意によりコンプライアンスが不可能な状況を生み出すことを防ぐためだ。2011年に施行された英国贈収賄禁止法は、この活動が特に有効だった例だ。この法律の原案には、比例性原則の概念がなかった。原案では、あらゆる規模の企業があらゆる市場において、同じ水準の内部統制を現実のリスクとまったく不釣り合いなコストで実施する必要があった。英国では、弁護士がクライアントと協議して比例性原則の概念を提唱し、これによってあらゆる規模と範囲の企業が法律の要求を満たせるような法律になった。

　もう1つの例は、米国の外国口座税務コンプライアンス法（FATCA）だ。FATCAは、米国民が海外で資産を保有することにより米国での納税を逃れ

ることを防止するために制定された。この法律の原案は、米国外の銀行に対して、すべての顧客に連絡して米国民でないことを確認させる（チェックボックスにチェックさせる）ように義務づけていた。それは、スイスの銀行に、初めて米国人の口座名義人の開示を義務づけるものだった。当初の案では、国籍を問わずすべての顧客と連絡を取り、チェックボックスに印をつけなかった顧客に関して源泉徴収税を支払う必要があったため、英国の銀行にとっては数億ポンドのコスト増となっただろう。ロビー活動によって米国人の口座名義人の特定方法が変わり、最終的な法律は、同じ効果をより高いコスト効率で得られるものになった。

法規制の影響評価に一貫性のあるアプローチをとる方法

　法律の文言や精神に反する従業員の行動を防ぐために、可能な限りの措置を積極的に講じてきたことを証明できれば、事件が起きた場合にも企業は寛大な扱いを受けるだろう。これは、コンプライアンスとリスク・マネジメントに携わるスタッフ、専門家によるコンプライアンス・システムと手続き（能力に応じた研修や頑強なポリシー・マネジメントやガバナンスの構築）に投資することを意味する。これらの活動には、時間と費用がかかる。また、今後新たに制定・改正される法規制の量は膨大であり、必要な管理体制をすべて整備するには時間も足りない。

　そのため、潜在的な影響を評価することが、優先すべきコンプライアンス・プロジェクトを特定するための鍵となる。社内のリソースとともに社外の法律事務所や規制変更・ロビー活動チームを活用するか、それとも社内の法務部だけで対応するかを問わず、法規制の影響評価に関しては一貫性のあるアプローチが必要だ。法規制の制定・改正の潜在的な影響を評価する際には、考慮すべき3つの要素がある。

1　コンプライアンスにかかるコスト
2　法令違反の影響
3　法規制の完全な施行までの時間軸

影響評価は、限られたリソースや予算をどこに配分するかという戦略的判断を助け、場合によっては、新たな法域や事業分野への進出がビジネスとして成り立つかどうかを判断することに役立つ。

シナリオ・マトリックスを使って
コンプライアンス・コストを見積もる

法規制の新設・改正に対応するためのコンプライアンス・コストを、金銭的価値に換算して厳密に評価するのは難しい。組織の複雑さ、対策にかかる費用の見積もり、その他の未知のコストが発生する可能性があり、すべてに不確実性を伴う。こうした不確実性を取り除くために、(主観的判断に基づくものだが)シナリオに基づく影響を表にし、事業分野や地域を横断して、必要な取り組みを一貫性をもって測定すべきだ。表4-1の例では、3つのシナリオ・カテゴリーを使用している。

1　**人的資源に対する影響**
　　　検討事項——既存のチームで対処できるか？　需要のピークに対処するために契約社員を雇う必要があるか、正社員のチームを採用するか、あるいは、継続して外部委託する必要があるか？
2　**スキルと能力**
　　　スタッフは、適切なスキルを持っているか？　トレーニング、コンプライアンス研修、システムに投資する必要があるか？
3　**システムとプロセス**
　　　既存のシステムで十分か、システムの変更や新規構築の必要があるか？　新しいプロセスを取り入れる必要があるか？　それとも、既存の手順を調整することで変更に対応できるか？

このようなシナリオ・ベースの評価マトリックスを使用することで、担当者(または外部アドバイザー)が、類似の基準で判断することができる。判断に一貫性を持たせることにより、自信を持って、法律上の影響評価を一元的に比較対照できるようになる。

表4-1 コンプライアンス・コストを分析するためのマトリックス

	評価		
	1	2	3
人的資源に対する影響	作業は既存のコンプライアンス・チームにより対処でき、長期的な影響はない	作業は需要ピークに対応するために、一時的に追加で契約スタッフが必要になる	作業は正社員の増員または長期的な外部委託契約が必要となる
スキルと能力	作業はチームの現在の専門性の範囲に含まれる	既存および／または新規のスタッフに多少の追加の研修が必要になる可能性がある	既存および追加のスタッフに新たな研修、すなわち追加のコンプライアンス研修システムが必要である
システムとプロセス	作業は既存のシステムで対処することが可能だが、既存のプロセスに少し変更が必要となる可能性がある	既存のシステムを更新する必要があり、プロセスの変更には、既存の手順を調整することで対処できる	新しいコンプライアンス・システムまたは既存システムの大幅なアップグレードに投資する。新しいポリシーは、コーポレート・ガバナンスに組み込み、追加的な新しい手順とプロセスでサポートする必要がある

法令違反の影響の評価

2つ目の評価要素は、法令違反の影響だ。これを理解するために、潜在的なシナリオの範囲と深刻さの段階を定義する。表4-2では、規制上の優先事

表4-2 法令違反の結果

	評価		
	1	2	3
法律施行までの期間	長期的な優先事項（3〜5年）、法律施行までの期間が5〜10年。重大な違反を繰り返した場合を除き、調査の対象となる可能性は低い	中期的な優先事項（2〜3年）、法律施行までの期間が3〜5年。違反が報告された場合、短期的な調査の対象となる可能性がある	最優先事項かつ場合によって非常に政治的関心が強い。違反が報告された場合、ほぼ確実に厳重な調査対象となる
制裁の可能性	規制当局による制裁の余地が最小限、私的な批判に限定	違反の影響に応じた規制当局の制裁。公的問責および罰金の可能性	規制当局による制裁はほぼ確実。免許の一部取消および／または高額な罰金の可能性

項と時間軸によって、3段階で評価した。

時間軸

　3つ目の検討要素は、法律が施行されるまでの期間と、規制当局がその執行を優先事項とするかどうかだ。規制当局や裁判所もリソースが限られているため、市場の安定、規制対象企業の顧客に対する影響、公共の安全など、最大の効果が見込まれる分野に絞って重点的に取り組んでいる。業界によるが、競争、安全衛生、マネーロンダリング、環境問題、贈収賄・汚職、脱税などの法令違反は、厳しい結果を招く。

　この点が重要なのは、コンプライアンスに関する作業のタイミングは、全社的なコストに大きな影響を与える可能性があり、またその法律分野に裁判所や規制当局が重点的に取り組んでいるか、という政治的な優先順位の影響も受けるからだ。FATCAが最初に提案された際、ある英国の大手銀行は、その原案に適合するシステムを急いで構築した。しかし、同法はその後、緩和されたため、コンプライアンスに要する費用は劇的に低下した。18カ月後に2番目の銀行が作業を開始したとき、そのコンプライアンスの費用は少なくとも75%低下していた。審議が遅いことで悪名高い欧州議会では、法案の作成に何年もかかる。様々な団体がロビー活動を行い、影響を与えることで法案は変化していく。こうした影響があるため、毎年法案を再評価しなければならない。米国議会では、ほとんどの人がその内容を知らないまま法案が急いで審議され、決議されることが多い。この状況を改善して議員に法案を一読する機会を与えるために、ランド・ポール米国上院議員が、法案の提出と議決との間に24時間の冷却期間を設けることを提案したほどだ。

　立法手続きや政治的動機の違いから、すべての法律が同じペースで動くわけではなく、すぐに遵守が求められるわけでもない。その法律分野に対する政治的関心が非常に高まっている場合でない限り、企業には社内の整備に数年の猶予期間が与えられることが多い。表4-2に示す「時間軸」の3段階は、法令自体に与えられる優先順位と、規制当局における執行の優先度によって区分している。

（注）法規制が個人に与える影響を過小評価してはならない。規制当局が大手企業の経営幹部に道徳的であることを求めて処罰する現在の傾向には何らかの正当性を見いだせるかもしれない。しかし、たとえ一部の大手企業の行動を変えるために必要であっても、それは法の支配に従って慎重に行われるべきだ。道徳的な判断は、司法手続きに基づくことなく、政治的に行われることがある。どのような種類の過失を犯罪とみなすかの曖昧な線引きを行うためには、法律とその解釈がかなり成熟している必要がある。私たちが避けたいのは、規制に違反した（またはしていない）可能性のある個人の取り扱いにおいて、規制当局が「無罪の推定」や「自己負罪拒否特権」といった基本的な刑事手続き上の保障を怠ることだ。各当局は、業務中の行為に対して個人がどの程度責任を負うべきかについて合意し、個人の将来の仕事や家族を養う能力を奪うことになる刑罰がどの程度なら適切かを判断しなければならない。また、どんな業界の規制当局であっても、行政（法案の作成）、立法（法律の制定）、司法（行為が適法か否かの判断）の3つの権限を併せ持つことが正当化され得るのかを判断しなければならない。

法規制の影響に関する報告

　今後数年間の事業に対して影響を与える主要な法規制に関する報告を求められた場合、視覚的なモデルを用意すると便利だ。スケジュール表も効果的だが、法律の量が多く、時間軸が長くて扱いづらいので、情報を羅列しただけの面白みのないものになってしまう。そこで代替案として、評価マトリックスからのデータを使って、バブルチャートやレーダーチャートを作成する方法がある。バブルチャートの場合、縦軸は「コンプライアンス・コスト」、横軸は「法令違反の影響」として、それぞれの立法案をこれらの2つの軸に従って円（バブル）をプロットするのだが、その際、円の大きさでその立法案が最終形にどれだけ近づいているかを示すようにする。

　一方、レーダーチャートの場合、同心円で時間軸（例えば、1〜3年、3〜5年、5年以上）を表現する。これらの円は、4つの事業分野や5つの地域といった形で、ビジネスに適合したまとまりに分けられる。各法律は、円（バブル）で表現され、費用と結果の倍率など、評価に基づく総合的なリスク度合

いで色分けされる。

法務・コンプライアンス機能から最大限の価値を引き出す

　リーガル・リスクをめぐる状況の変化に伴い、法務部とコンプライアンス部の役割と連携方法も進化している。両部門とも法規制リスクを管理するうえで重要な役割を担っており、両者の適切なバランスを取ることが効果的なリーガル・リスク・マネジメントには不可欠だ。両者の役割は進化しているため、コンプライアンス部で対応することが期待されるいくつかの典型的なトピックについて議論しておくといいだろう。また、これら2つの重要な機能を構築するうえでのオプションを検討しておくことも重要だ。

典型的なコンプライアンス部の責務の概要

　法規制リスクを管理するうえでの最初のステップは、将来予測、リスク評価、優先順位づけの作業だ。戦略的で積極的なアプローチを考えている場合、これらの作業は非常に重要だが、法規制リスクから企業を守るための鍵は、適切なコンプライアンス・プログラムの実施にある。適切でバランスよく遵守できるかが重要であり、リスク管理に失敗すると甚大な影響を受けることがある。例えば、フォルクスワーゲンの問題は、突き詰めると排出ガス規制を遵守しなかったという単純なものだし、ペトロブラスの問題は、汚職禁止規則の遵守を組織的に怠っていたと思われる事例だ。こうした問題には、組織文化の欠陥も一役買っており、法務・コンプライアンス部は、抑制と均衡（チェック・アンド・バランス）、研修、アドバイスや報告を通して、組織内に適切な文化を定着させるうえで重要な役割を果たす。

　コンプライアンス部は、幅広いトピック（表4-3を参照）をカバーしており、これらのトピックの広がりと深さから、最高コンプライアンス責任者（CCO）は大規模なチームを必要とすることが多い。こうしたチームの維持には多額のコストがかかるが、そのコストは、重大な法的損失につながる回避可能な構造的な問題や、予防可能な不正から企業を守るための投資だ。コ

表4-3　典型的なコンプライアンス・トピック

マネーロンダリング防止、テロ資金対策、規制措置	顧客の資金・資産
贈収賄・汚職禁止	顧客の受け入れ
利益相反管理	クロスボーダー営業
データ保護	市場における行為
新製品・サービスの確認	規制上の報告と通知
システム、管理	コンピテンシー研修
租税	安全衛生
環境	人権

ンプライアンス部は、その責任の一環として、第一線で働く社員に対して、新製品が投入予定の市場に適合しているか、違反が発生した場合にどのような規制上の開示が必要かについてアドバイスする。また、賄賂や汚職に該当する行為を避ける方法、特定の行動をモニタリングして事故やニアミスを報告する方法、事業部門が関連するすべてのルールを遵守していることを確認するために記録をチェックする方法などに関する研修を実施する。

コンプライアンス研修

　コンプライアンス研修や法務研修のために時間を費やしたい人は、あまりいないだろう。しかし、社員が自分の役割に影響する法規制を認識していなければ、ミスをして本人（と企業）が非難を浴びるおそれがある。もし、企業側が何らかの形で促したのではなく、個人が自発的に不正行為をしたと証明する必要がある場合、研修内容の質や研修がどれだけ効果的に実施されたかが、防衛の重要な側面となる。

　コンプライアンス研修の効果を上げるためには、法規制、個人の仕事上の役割への影響、法規制に違反した場合の個人への影響について説明する必要がある。また、研修の質や内容、受講者・合格者を定期的に確認する。簡単に入手できる学習管理システムを使うことで、社員のテスト結果を記録し、その職務に関連する、あるいは必須の特定のコースを受講し損ねた社員に通

知を送ることができる。

システムとチェック

　例えば、本人確認手続（KYC）といった管理体制は、上級管理職の失職につながるレベルの組織的なミスをスタッフが犯すことを防ぐのに役立つ。KYCチェックが徹底されていなければ、知らないうちにマネーロンダリング防止規制に何度も違反するおそれがある。システミックな欠陥を防ぎ、スタッフが違法行為を犯す誘惑を取り除くためには、行為者が意図的にポリシーや業務手順に明白に違反しない限り、違法行為を犯し得ないような強固な仕組みを導入すべきだ。

ニアミスの報告、KPIとKRI

　重要業績評価指標（KPI）と重要リスク指標（KRI）のモニタリングは、合格か不合格かという二元的な判断によらずにパフォーマンスを連続的に追跡することに役立つ。経営幹部は実際の損失事故だけでなく、「ヒヤリハット」事例についても知っておく必要がある。不正な支払処理や生命を脅かす事故などにつながりそうな出来事が定期的に発生しているかどうかは、非常に重要だ。「ヒヤリハット」事例の報告は、経営幹部や社員の意識を実際に起こり得ることに集中させ、その事象が決して起きないようにするための追加の施策への投資の参考にもなる。

法務部とコンプライアンス部の構造をどうするか

　法務部とコンプライアンス部の構造を見直す際には、明確な決断が必要だ。各部門がそれぞれに独立したマネジメントとレポーティングを行う構造（図4-1-A）にするか、マネジメントを一体化し取締役会に対して単一のレポーティング・ライン（指揮命令系統）がある構造（図4-1-B）にするのか。「正しい」答えはない（どちらの構造にも長所と短所がある）と思えるかもしれない。しかし、リーガル・リスクに対して、強固で一貫性のあるアプローチを

とるためには、責任者を1人にすべきだと私たちは信じている。この責任者は、ジェネラル・カウンセル（GC）か最高法務責任者（CLO）のどちらかとすべきで、取締役会に対する直接のレポーティング・ラインを持ち、コーポレート・ガバナンスとリーガル・リスクに関しては社外取締役に対してもレポーティングをすべきだ。

　かつては、コンプライアンス部がジェネラル・カウンセルにレポートするのが一般的だったが、規制当局による罰金の高額化や法令遵守の重要性が高まるにつれて、多くの企業がコンプライアンスを最優先事項として考えるようになった。こうした環境では、法務部とは独立させてコンプライアンス部を設立し、重複する2つの部署からレポーティングを得ることで安心してしまいがちだ。最近のガバナンス・モデルは、図4-1(B) のように、最高コンプライアンス責任者（CCO）が取締役会か取締役会の下位委員会に直接レポートする独立のレポーティング・ラインを設けていることが多い。

　2種類の報告書を得ることや企業価値に重大な影響を与える可能性のある重要な調査を2つの異なる部署が行うことは、安心感が得られるものかもしれない。しかし、管理する部署が二重になることは、部門間で労力が重複し、責任の所在がわからなくなることにつながる。そうなると、両部門のどちらも対処しない問題が出現し、リーガル・リスクの対応にすき間が生じるおそれが出てくる。また、法務部とコンプライアンス部の責任者が異なる場合、どちらの部門が問題に対処すべきかについて意見が割れるかもしれない。優れたマネジャーは、注目度が高く、「より興味深い」案件を自らの業務の一部として獲得しようと競い合うものだ。統一された体制と取締役会への単一の連絡ルートを設けることで、政治的な駆け引きによる影響を通常見られる程度に抑え、重要な問題を明確にし、法務部とコンプライアンス部の責任者間での問題の押しつけ合いを防止できる。

　マネジメント面のメリット以外にも、法務部とコンプライアンス部が協力することで、企業に最大のメリットをもたらすプロジェクトは数多くある。弁護士とコンプライアンス・オフィサーは、それぞれ異なるスキルセットを持っている。弁護士は法律とその解釈について訓練を受けており、場合によっては社外の法律事務所のネットワークから支援を受けて、将来予測（ホライズンスキャン）や影響の評価を行うことができる。コンプライアンス・オ

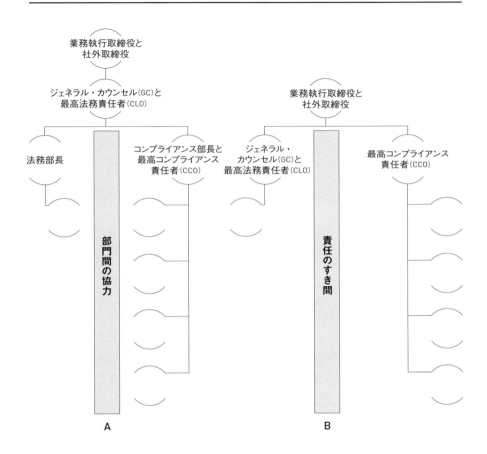

図4-1　統一したマネジメント構造（A）と独立したマネジメント構造（B）

業務執行取締役と
社外取締役

ジェネラル・カウンセル（GC）と
最高法務責任者（CLO）

法務部長

コンプライアンス部長と
最高コンプライアンス
責任者（CCO）

部門間の協力

A

業務執行取締役と
社外取締役

ジェネラル・
カウンセル（GC）と
最高法務責任者（CLO）

最高コンプライアンス
責任者（CCO）

責任のすき間

B

フィサーは、事業のプロセスとポリシーについて、さらには、従業員がポリシー違反を犯すあらゆる手口について深く理解している。規制当局は、弁護士ではない者とのやり取りを望む（あるいは要求する）ことがあり、規制当局との会議に出席する際、コンプライアンス部（またはほかの部門）の弁護士ではない者に会社を代表させるように迫る場合がある。法務とコンプライアンスの責任者を一体化することにより、必要性に応じて、弁護士かコンプライ

アンス・オフィサーが出席できるようにすることができる。

現代的な法務部の3つの中核的目標

コンプライアンス部への注目度の高まりを受けて、一部の法務部は、組織内での自分たちの役割を見直している。あなたがジェネラル・カウンセルとして経営陣の一翼を担い、多様な形態のリーガル・リスクの管理をするうえで十分な役割を果たすために、これは不可欠なことだ。そのためには、法務部が以下の3つの中核的な目標に適合していることを明確に説明する必要がある。

1 **ビジネスの意思決定に必要な影響力とコントロールを発揮する**──法務部は、法律上の問題を引き起こす可能性のある事業活動にコントロールを及ぼすことで、組織内で強力なガバナンス上の役割を持たなければならない。
2 **ビジネスに効果的な知見を提供する**──法務部は、複雑な世界の法律と倫理環境の中で企業が長期的かつ持続的に利益を上げるためのガイド役となるために、効果的なノウハウを提供しなければならない。
3 **法務部を効率的に運営する**──これらの知見を提供するために、法務部内のリソースと予算を最大限に活用し、組織内におけるガバナンス上の役割を強化しなければならない。

以下では、これら3つの中核的な目標の詳細と、それぞれの広範な責任領域における重要な側面を説明する。

1 ┃ ガバナンスとコントロール

法務部の任務と価値については1990年代半ばから議論されてきたが、多くのジェネラル・カウンセルが、その答えの解明には近づいていないように見える。弁護士は、顧客と一定の距離を保ち、日常的なビジネスの運営に関

わりすぎないよう、アドバイザーとしての訓練を受けている。しかし、社内弁護士の場合は、ビジネスとの関わり方と、個人ではなく会社をクライアントとして扱うことを迅速に学ばなければならない。最も重要なのは、法の文言と精神の範囲内で事業活動が行われるように、ビジネス上の意思決定に積極的な影響を及ぼすという使命感を持つことだ。

■ 3つの防衛線における法務部の役割

3つの防衛線におけるコンプライアンス部の役割は広く理解されているが、法務部の役割については大いに議論されている。このことが、2つの部門がしばしば分離されている理由の1つかもしれない。2012年以降、英国の規制当局は、法務部を第2線のリスク管理機能とみなすことを明言している。英国政府は、法務部を、組織全体のリーガル・リスクを特定し、管理する明確な責任を担うものとして見ている。

多くの弁護士が外部アドバイザーとしての経験しかないため、社内弁護士は通常、取引案件についてアドバイスするため、あるいは専門的な分野の法律に関する外部弁護士費用を節約するために雇用される。こうした特定のアドバイスを与える役割は第1線の防衛の役割であり、組織から評価されるものの、第2線の防御にはほとんど、あるいはまったく役割を果たしていない（表4-4参照）。社内弁護士は、基本的な法律上の問題を理解し、個人と組織のリーガル・リスクの可能性がある分野を特定できるので、第2線の防御において重要な役割を果たし得る。社内弁護士は、どのような行動や意思決定が企業の長期的で持続可能な利益を損なう可能性が高いかを理解するのを助

表4-4　3つの防衛線における法務部の多様な役割

第1線	ほとんどの企業は、特にビジネス取引や商業契約の交渉などに関するアドバイスのために弁護士を雇用している。この特定業務は、「1b」線または営業活動のマネジメントとみなされている
第2線	法務部は企業のリーガル・リスクを特定し、集約し、どのように積極的に管理すればよいかをアドバイスする責任を担う。この分野はこれまで軽視されており、現在、ほとんどの法務部がその機能を改善しようとしている
第3線	まれに弁護士が第3線の内部監査の責任を負うことがある。社内弁護士は、ほかの法務チームが適切にリーガル・リスクを管理しているかを確認し、（不正行為や規制上の）内部調査を実施する際には第3線の疑似的な監査の役割を担う

け、個人のキャリアを傷つけるような失敗を回避する手助けができる。

■ 両部門に必要なのは明確な任務と権限

　大手企業の法務部とコンプライアンス部でさえも、不正行為を自ら発見し、行動するために必要な権限を確保することに苦労している。このことが、深刻な法規制違反を防止するうえでまったく効果のない、チェック・リスト式のコンプライアンス文化を形成する一因となっている。ジェネラル・カウンセルや最高法務責任者、最高コンプライアンス責任者には、それぞれの職務をまっとうするための明確な任務と権限が与えられなければならない。一部の国や業界では、そのことが法律上の要件として定められており、法務部やコンプライアンス部のシニア・マネジャーが自分の役割を果たせないと感じた場合には、規制当局に対してその旨を報告しなければならない。法務部とコンプライアンス部は事業部門と連携しているが、ビジネス上の意思決定を行うチームとは別の予算とレポーティング・ラインで運営する。法務部とコンプライアンス部は、事業部門が重要な問題を見逃しているという証拠がある場合、取引を未然に阻止するために必要な権限を持っていなければならない。

■ 法務部は、その任務を明確に伝える

　法務部とコンプライアンス部は、リーガル・リスクを許容範囲内でマネジメントする必要性を明確に伝えなければならない。ポリシーに違反した場合の結果を明確にし、組織内のすべての従業員に対して、企業とその株主の資産と利益を守るために、法務部とコンプライアンス部のスタッフとともに、透明性をもって効率的に協力をする責任があることを認識させなければならない。違法行為を好む企業はほとんどないが、法律環境の複雑さと技術的な規制の多さから、ある程度のリーガル・リスクは許容されなければならない。

　ジェネラル・カウンセルは、法務・コンプライアンス・ポリシー、リーガル・リスク・アペタイト・ステートメント（訳注＊リスク・アペタイトとは、組織がビジネスを推進するうえでどれくらい積極的にリスク（種類・量）をとるのかという、リスク選好のことをいう）、管理監督業務の実施、勤務評定への参加、

レポーティング・ラインと運営モデル、そしてもちろん、日常的なビジネスとのやり取りを通して、自らの任務を明確にしなければならない。ジェネラル・カウンセルは、法務ポリシーとリーガル・リスク・アペタイト・ステートメントを組織全体に伝え、業務に特化した法務ポリシー（例えば、契約の修正と権利放棄についてのポリシー）が、最前線の事業部門に伝えられ、それが実践されていることを確認する必要がある。

2 ┃ ビジネスに効果的な知見を提供する

　法務部とコンプライアンス部は、不注意によってビジネスがリーガル・リスクにさらされることを防止するための管理とチェックを行うだけでなく、企業が長期的で持続的な利益を上げることもサポートする。彼らは、企業が抱えるリーガル・リスク、業務を獲得する機会、効果的な業務遂行方法、法整備が不十分な国において最善の意思決定をする方法について、知見を提供する。そして、収益の最大化に役立つ規制上の環境変化についてアドバイスを提供し、交渉チームが最良の取引を行えるように、または競争上の優位性を獲得するために、市場慣行に従うか、もしくは新たな方法を生み出せるようにサポートする。

■ 取締役会への報告
　シニア・マネジャーは往々にして取締役会に報告する際、個別の重要課題に関する非常に詳細な議論にこだわる。こうした問題も重要ではあるが、企業戦略にとっては、全社的にさらされているリーガル・リスクの傾向やその理由ほどは重要ではない。例えば、重大な贈収賄問題に直面し、全社的なリーガル・リスクが20億ドル増加した場合であれば、その事例の詳細と法務部が現地のマネジメントをどのようにサポートして影響を最小化し、再発防止のための管理に投資しているかの詳細について具体的に報告してもよいだろう。
　だが、同様に重要なのは、ビジネスの特定分野に影響を与える可能性のある将来の変化だ。法律上の重大なリスクや競合他社が見逃しているリスクを回避するために、ジェネラル・カウンセルが取締役会に提供するアドバイス

は、会社に真の競争上の優位性を与えることができる。

■ ビジネスの意見の聴取

　最低でも年に1回、法務・コンプライアンス機能について、各部門の責任者の意見を聴取することを定例業務とすべきだ。法務部・コンプライアンス部に対する事業部門の意見を適切に理解できなければ、各事業部門に提供するアドバイスの質やビジネスへの貢献度について、歪んだ見解を持つことになるだろう。フィードバックを得ることは当たり前のように思えるが、実際は、大手企業や非営利団体の多くが法務部・コンプライアンス部に対して、こうした意見聴取を行うことを定例化していない。

■ セルフ・サービス情報

　法務部やコンプライアンス部のスタッフと直接会って問題を議論するのは、必ずしも時間的に効率が良いとは言えない。ビジネス分野の多くにおいて、市場参入や取引完了に至るまでの早さが大きな差別化要因となる。法務・コンプライアンス部は、セルフ・サービス方式の情報サイトや判例サイトを設置することで、最前線の事業部門が適切な法的文書を活用して法規制を遵守しながら取引を迅速に完了するために必要なツールを提供できる。

3 | 業務パフォーマンス

　法務部に対するコスト削減の圧力は常に存在するが、それは仕方のないことだ。弁護士は、予算を設定して守ることが苦手なことで有名だが、法務部やコンプライアンス部をほかの事業部門と異なる扱いにする理由はない。法務・コンプライアンス部には、決められた予算の範囲内で活動する責任と、ビジネスに適したレベルのサービスを現実的で最適なコストで提供するためにリソースを管理する責任がある。「すべての」法的コストを見積もるのは不可能かもしれないが、優れた分析と計画によって、ある程度の確度で費用を見積もり、不測の事態に備えることは可能だ。

■ 年次業務予算

年次業務予算は、詳細に策定しなければならない。そこには、需要予測とその需要を満たすために必要なリソースを含めなければならない。年によっては、コスト効率を高め、低コストで管理されたサービスセンターを設置するために、新しい技術や、チームと外部のアドバイザーに対する投資が必要となる。また、リーガル・リスク・マネジメント・プログラムのプラスの効果によってコストが削減できる年があるかもしれない。その年の予算額にかかわらず、モニタリングを実施して、計画に対する実績を定期的に報告する必要がある。

■ 部門内のリソース

法務・コンプライアンス部の内部リソースに対する考え方は、企業の姿勢を反映したものになるべきだ。無駄を排除した人員配置を心がけ、取り組みの重複を避け、プロセスのスピードと効率性を最大化して、外部要因が許す限り迅速に合理的な結論を導き出すようにする。また、外部弁護士に支払う割増料金（プレミアムコスト）が、それに見合う質の高いサービスと専門性につながっているかを検証すべきだ。外部の法律事務所の代わりに社内のリソースを増やすことで短期的にコストを抑えることは可能だが、この戦略に従うと、ジェネラル・カウンセルは最高財務責任者（CFO）に対して、以前のコスト・ベースと比較したコスト抑制の実績を絶えずアピールしなければならなくなるだろう。さらに、外部でより低コストの選択肢が見つかれば、戦略を見直さなければならない（新しいリソースの選択例は、図6-3と第6章の最後の部分を参照）。

■ 外部弁護士の予算

経験豊富な社内弁護士を雇うことの真の利点は、法務案件における人員配置や訴訟戦略について、外部弁護士をモニタリングし、的確に質問できる点だ。しかしながら、社内弁護士は、現実には、法務戦略や予算について外部弁護士に従うことが多い。個別の案件に対する予算の見積もりやその使い方については、常に前もって質問をすべきだ。外部弁護士が最初に予算の見積もりを提示しないことは、その言い訳にはならない。どのようなプロジェク

トにも予算超過の可能性はあるが、事前に予算の見積もりを実施しなければ確実に予算超過となる！

■「パネル」の予算と「付加価値」を積極的に管理する

　割引料金で業務を提供し、案件着手前の予算見積もりの提供に同意する複数の法律事務所の「パネル」を設置することを検討すべきだ。作業の進捗に応じて、各事務所から予算に対する実績状況の報告を受けるようにすれば、法律事務所の業績評価の重要指標として活用できる。仮に、専門家賠償責任をカバーする法的保険の存在がその法律事務所を利用する理由になっている場合、前もってその補償の財務上の価値を算出し、予算を管理すべきだ。

　複数の法律事務所によるパネルを持っている場合は、それらの取り決めの一環として「付加価値」のあるビジネスや法律情報サービスとツールの提供を期待していい。法律事務所の情報チームは優れたリソースだが、顧客がそれを最大限に活用しているとは限らない。パネルを構成する法律事務所と連絡を取り、リーガル・リスクの軽減のためにどんな貢献をしてもらえるのか尋ねるべきだ。

法務・コンプライアンス部の中核的資産を管理する方法

　これら3つの責任の裏づけとして、現代の法務部は、これらの責任を果たす能力に対して長期的影響を与える3つの中核的な資産を持っている。

1　人材と人事

　　弁護士（と弁護士ではないスタッフ）は、法務部の中核だ。彼らが企業にもたらすスキルと知識は、事業部門に知見を効果的に提供し、ビジネスの意思決定に対して影響力を及ぼすために不可欠だ。

2　テクノロジー

　　これは、法務部の業務上のパフォーマンスを改善するうえで鍵となる差別化要因だろう。法務部は伝統的にテクノロジーの導入が苦手だったこともあり、比較的に少額な投資で大幅な業務改善の恩恵を受

けることができる。

3 構造

　　組織の構造や運営モデルは、組織全体での効率的な責任分担をサポートするものでなければならない。それは、法務・コンプライアンスの各部門における役割を明確に定義することにつながる。

　これらのリソースを管理、開発、配置する方法は、チーム内のメンバーの業務遂行力に大きな影響を及ぼす。

1 ┃ 人 材 と 人 事

　部門の中核は人だ。最もシンプルな人材戦略は、適切な人材を採用して教育し、知見の提供、ガバナンスの改善、業務の効率化につながるようにリソースの配置に関して戦略的に判断することだ。そのためには、スタッフを投資によって成長させることができるリソースと位置づけなければならない。

■ 戦略

　人材戦略は事業戦略に沿ったものでなければならず、業績管理や目標設定などの基本事項を組み込む必要がある。マネジメント経験がある人材を採用し、法務部（コンプライアンス部も同様）をサポートするための弁護士ではない人材の採用も恐れてはいけない。弁護士ではない人材がいるリーガル・アドバイザリー・チームは少ないが、弁護士ではない人材は、明確、簡潔で洞察力のあるアドバイスを提供することに優れている。例えば、管理会計士には、経営陣に対して情報提供するために、ダッシュボード・レポート（事業に関係するビジネス指標やKPIを明示した報告）を作成するノウハウがある。プロジェクト・マネジャーは、大規模なグローバル・プロジェクトを期限内かつ予算内で実行する手法を開発している。こうした才能（とそのほかの多くの法務以外のスキル）は、弁護士チームにとって大きなメリットになる。

■ 調査スキルとコンプライアンスの知識

　意外に見落とされがちなのは、人と文書の両方から情報を得るスキルだ。

毅然としているが親身になって話を聞く能力は、簡単に教えることができないもので、貴重なスキルだ。法務・コンプライアンス部のどちらのスタッフにとっても不可欠なこのスキルは、法的事案を用いた定期的な研修を通して磨き、向上させることが可能だ。

　法務部とコンプライアンス部との間で調査に関する知識とスキルを共有することは、潜在的な対立を解消する1つの方法だ。一部のコンプライアンス・オフィサーは、調査の性質に応じて、より良い調査者となるために必須の法的な経験を積んでいる、あるいは、ビジネス上のトレーニングを受けているだろう。彼らは、事業や取引の構造を正確に理解しているので、贈収賄や制裁に対する違反の可能性がある場合に、より迅速に調査できるかもしれない。また、問題が純粋に（コンプライアンス・オフィサーに適した）「事実」か（法務担当者に適した）法規制の解釈に基づいているのかによっても、スキルセットは異なる。

　規制当局が、弁護士ではない者と関わることにこだわる場合もあるため、コンプライアンス部のメンバー（または事業部門長）は規制当局の調査に（責任者としてではなくとも）関与する必要がある。調査における適切なスキルバランスを確保するために、法務とコンプライアンスの部門間でスキルを共有する文化を根づかせるべきだ。

■ リレーションシップ・マネジメントと「ソフトスキル」

　法務・コンプライアンス部のスタッフは、必ずしも親しみやすい存在ではないと言っていいだろう。法律家はユーザー・フレンドリーな職業ではなく、コンプライアンス部のスタッフは問題を考え抜いて「イエス」という道を探すのではなく、「ノー」と言うように訓練されていることが多い。スタッフの影響力とプレゼンテーション・スキルを高めることで、彼らが戦略的で貴重な資産であることを事業部門に納得させて、より早い段階でビジネスに関する議論に参加させることができるようになる。

■ 法的専門性とビジネスの知識

　企業が日常的に直面する様々な法律問題について、十分な専門性を持つ弁護士がいることが非常に役に立つのは明白だ。例えば、企業が事業展開する

様々な国における贈収賄、制裁やマネーロンダリングに関する法律についての情報提供などだ。だが、ビジネスの運営方法に精通しているスタッフを採用、定着させることや、ビジネスに関する深い知識を法務・コンプライアンス部に根づかせるためスタッフのローテーションに投資することも等しく重要だ。特に、事業内容が専門的、技術的な場合、これらの知識の習得は、悪意のない、あるいは意図的な逸脱行為を発見するために不可欠と言える。

　コンプライアンス面では、経験豊富で人望のある社員を事業部門から異動させることが推奨される。その人たちは、既存のスタッフが当該事業分野に関する知識を深めることを助け、コンプライアンス部の注目度を向上させるだろう。

■ リスク・マネジメント

　社内弁護士や一般の弁護士で、正式なリスク・マネジメントのトレーニングを受けている人はほとんどいない。法学教育においてリーガル・リスク・マネジメントが一般的なものになり、企業の幹部たちが専門的なリーガル・リスク・コースを受講可能になれば、状況は変わっていくだろう。最低でも、どんなスキルが必要であり、それをどのように実現するかを検証するための部門横断的なチームを設けて、弁護士とコンプライアンス・オフィサーが社内のオペレーショナル・リスク・トレーニング・コースに参加するよう促すべきだ。

2 ┃ テクノロジーの活用

　法律業界は、テクノロジーの活用が得意ではない。コンピューターを文鎮として使うパートナー弁護士の逸話が伝わっている法律事務所もあるくらいだ！ しかし、2014年以降、リーガル・マーケットを対象とした新たなテクノロジー・ソリューションが続々と登場している。これには、案件管理システム、eビリング（法律事務所の報酬のネット上での処理）のほか、人工知能（AI）やロボット工学も含まれる。技術導入の状況にかかわらず、特定のビジネス・ニーズを満たす優れたソリューションに賢明な投資をすることで、より効率的で快適な職場を実現できる。

▪ 案件管理

　法務部の中核的な業務の1つは、「法務案件」の処理だ。これらは法務部からの情報提供（や管理）を必要とする大小の業務の集合体だ。案件は、新しい契約の雛形の文言に関する小さなアドバイスから、数十億ドルの国際的な訴訟まで様々だ。

　各案件の潜在的なリーガル・リスクに関するデータは、経営幹部の意思決定に必要な経営情報である。データ収集は地味な仕事だが、第3章で述べたリーガル・リスク・モデルを採用する場合には不可欠だ。これは、人材のレベルやリソースの選択に関して法務部のマネジメント・チームがデータに基づく意思決定を行うことにも役に立つ。自分のチームが100％の能力で運営されていることや、それを6カ月間継続していることを証明できれば、大きな力になる。もし、案件管理システムから直接、報告データを入手できるようにすれば、弁護士による案件解決の過程でどんな紆余曲折が生じたのかについて、定期的な報告にかかる時間を削減できる。

　かつて、案件管理システムは、企業の情報システム上にインストールしなければならない、巨大で扱いにくい厄介者だった。インストール、設定、起動するのに12カ月（往々にしてそれ以上）かかることもあった。最近では、モバイル対応のシステムがクラウドで利用可能になり、オンラインで契約書に電子署名した日から数週間で使用できる！

▪ 管理情報と報告

　弁護士の時間を最も有効に使うには、法務部の戦略的な方向性を明確にして伝えることや、最適なパフォーマンスのためにリソースを配置し、ビジネスにおける新たなリーガル・リスクを予測することも欠かせない。こうした戦略的な意思決定をサポートし、事業部門に知見を提供するには、データが必要だ。リーガル・マネジメント・ダッシュボードに入力するためのKRIと自分のチームのパフォーマンスをモニタリングするためのKPIを設定すべきという前述のアドバイスを取り入れるなら、モニタリングや分析の自動化技術の導入や、少なくとも基本的な問題に関する報告書を作成する技術も取り入れるべきだ。KPIには、計画に対する予算、法律事務所のパフォーマンス評価に対する弁護士報酬の比較分析、自分の部門のパフォーマンスを測るた

めの（類似した部門の）ベンチマーク・データなどが考えられる。KRIは、RPA（ロボットによる業務自動化）ツールやAIエンジンなどを用いてビジネスのデータ・システムから抽出できる。テクノロジーは、ほかのチームがすでに収集したデータを、法務部が手作業で収集・照合するといった二度手間を回避することにも役立つ。

■ 契約業務のデジタル・トランスフォーメーション（DX）

契約業務のデジタル・トランスフォーメーション（DX）は、2014年に出現し始めたリーガル・テックの新しい分野だ。例えば、AIを活用して契約に含まれる非構造化データ（体系化されていないデータ）の分析、抽出、処理をする。近未来の話に聞こえるが、英国の法律事務所バーウィン・レイトン・ペイズナーは、2015年に英国初のAI搭載の契約ロボットを開発して賞を受けた（リミテッド、2016年）。この契約ロボットは、不動産に関する基本的な文書を人間よりも1000万倍速く処理する。時間とコストが数百分の1に節約されることは、この技術の可能性のごく一部を示しているにすぎない。AI技術は急速に進化しており、同じ種類の契約書を毎日、確認・修正しているチームがあれば、AIを活用した契約書レビューのサービスを調査して、役に立つかどうかを検討すべきだ。

3 ｜ 構 造

法務部は、ビジネスに対してコスト効率よく知見を提供し、ビジネス上の意思決定に対する監督とガバナンスに関する責任とその範囲を明確に示せるような組織構造である必要がある。

■ リソースのモデル

コスト管理における最も基本的な（そしておそらく最も明らかな）ニーズは、それぞれのタスクや事案に配置するスタッフを最小限に抑えることだ。調査や訴訟への対応には、シニア・スタッフとジュニア・スタッフが1人ずついれば十分で、2人以上必要となるケースはほとんどない。もし、より多くのリソースが必要な場合は、外部弁護士（またはコンサルタント）に依頼するべ

きだ。低コストの内部リソースがないのであれば、社内実務に関する国際的な大規模な社内調査でもない限り、どんな問題への対処であっても社内リソースを減らしておくべきだ。

　責任が法務とコンプライアンスの両部門にまたがる業務の場合には、その案件に必要なスキルに基づいてスタッフを配置する。意思決定の最終責任者が1人であれば、組織構造によって自然とそのような形になるはずだ。

■ リーガル・オペレーティング・モデル

　法務機能の中心となるのは、リーガル・オペレーティング・モデルだ。このモデルは、日常的に責任を負う業務、他部門に部分的に委託したがモニタリングの責任を負う業務、ほかのチームに全権を委任した業務の3つからなり、「監督管理フレームワーク」とも呼ばれる。

　このオペレーティング・モデルは、法務部内での責任の分担と他部門との

図4-2　単純化したターゲット・オペレーティング・モデル（TOM）

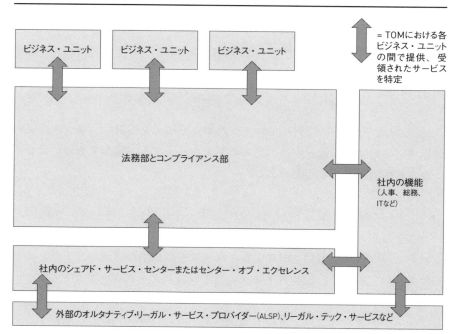

相互関係を明確にする。また、このモデルは、ビジネス上の重要な意思決定に影響を与え、企業があらゆる形のリーガル・リスクに関連した損失を被ることを防ぐために、主要なリーガル・リスクの領域を管理する能力をサポートするものでなければならない。図4-2は、基本的なテンプレートを示したものだが、応用してもいい。これを具体化するには、サポートするビジネス・ユニットと社内機能を分類し、各事業部門と機能について管理するリスクとそれらのリスクを管理するための具体的な責任を記載する必要がある。

■ 役割と責任

社内における機能の役割と個々の責任領域をフレームワークの中で定義することは、比較的簡単な分析作業であり、上級管理職の重要な義務だ。しかし、そのフレームワークを実施するのは、定義することよりはるかに複雑で、ほかの部門との対立や政治的駆け引きが生じるなど物議を醸す可能性が出てくる。リーガル・リスク・マネジメントにおいて法務・コンプライアンスの両部門の関係が非常に重要なのは明らかだが、ほかの機能や社内の事業部門、地域のマネジメント・チームとの協働関係も明確化する必要がある。これによって、組織全体でリーガル・リスクがカバーされ、行動と責任の権限が適切に委任されることになる。

■ ノン・コア・スタッフの利用

効率的な業務遂行のためには、どのスタッフをノン・コアにする（または特定の業務に配属しない）かについて考える必要があるだろう。「シェアド・サービス」チームと「センター・オブ・エクセレンス」は、同様のサービスを社内の複数の部門に提供し、コア・チームとは比較にならないコスト効率を一貫して実現できる。これらに加えて、特定のオルタナティブ・リーガル・サービス・プロバイダー（ALSP）、承認された法律事務所のパネルやリーガル・テクノロジー・プロバイダーを計画的に活用することを検討すべきだ。

まとめ

　法規制上の環境は、複雑かつ膨大だ。国境を越えて事業展開している場合、相互に作用し合う多層の法規制を把握してナビゲートしていかなければならず、その量は、個人が読んで理解する能力を上回るペースで年々増加している。取締役会から現場の最前線に至るまで、スタッフに悪意があるかどうかにかかわらず、法の遵守を怠る機会は無数にある。コンプライアンス違反は、組織への制裁のほか、関与した個人には刑事罰が科せられる場合もある。こうした量の多さと複雑さに対処するには、法律のリスク評価を実践的かつ実用的なアプローチで行い、特定された最も重大なリスクに対して、法務・コンプライアンス部のリソースを優先的に割り当てるとともに、違反行為を調査してその影響を最小限に抑える必要がある。

　量と複雑さといった外部要因のほかに、管理しなければならない最大のリスクは、法務・コンプライアンスの両部門の協働関係と、各事業部門と両部門との関係だろう。訓練を受けた経験豊富な弁護士を雇用するには費用がかかるので、そうした投資からは価値を得たい。そのためには、両部門間でリソースを最大限に活用し、リーガル・リスクが責任のすき間に入り込んで抜け落ちる可能性を最小限にする効果的なマネジメント構造を確立する必要がある。私たちは、ジェネラル・カウンセルが主導して取締役会にレポートするとともに、社外取締役に対してガバナンスやリーガル・リスクに関する問題について別途レポートする、一体化した機能を提唱している。ただし、ほかにも検討できる選択肢はある。

　本章では、コンプライアンス部によってカバーされる典型的なトピックと、「現代的な」法務部の目的に関する独自の見解について説明した。ガバナンスとコントロール、ビジネス上の知見、さらに業務パフォーマンスに焦点を当てることで、明確な期待値が設定され、上級管理職が一貫したパフォーマンスを提供する基盤ができる。最も重要なのは、法務部がリーガル・リスク・マネジメントを行うための明確な権限を持ち、企業全体のガバナンス構造に完全に統合されていることだ。ビジネス戦略や目標と、法的・倫理的

義務に準拠することの間に矛盾があってはならない。法務・コンプライアンスの両部門は、このバランスを実現するための不可欠な機能だ。法規制がますます複雑化している環境では、法務・コンプライアンスの両部門は、企業の継続的な成功に不可欠な要素と言える。

第 5 章

契約に基づかない義務のリスク

倫理、行動、注意義務

リスク選好を調整することは、人が悪行に走らないようにするのに比べれば、それほど大変なことではない。

| はじめに

　法令遵守で特に難しいのは、法律の「文言」だけでなく、「精神」に基づく業務が求められることだ。極端な法的損失を被る事象の多くは、契約に基づかない義務の違反や第三者に対する注意義務の不履行によりもたらされる。そのようなリーガル・リスクは、「不法行為法」と呼ばれる分野で生じるもので、不法行為法は法律の「精神」の定義に最も近いものだ。不法行為法の主な目的は、人々が他人に損害を与えるような行動をとるのを思いとどまらせることであり、犯罪ではないが有害な行動を阻止する効果的な抑止手段として機能する。単純化すると、契約に基づかない義務とは、自分の行動の潜在的な結果を考え、第三者に悪影響を与えないように（個人としても企業としても）責任を持つことだ。ここでのリスクは、過失があると判断される可能性であり、注意義務の不履行が裁判所や規制当局の関心事だ。

　金融業界において、注意義務の不履行が発覚した企業に対する規制当局による処分のアプローチが2012年以降、大きく変わった。ビジネス慣行と規制当局の姿勢との間に食い違いが生じたときに、企業に科される制裁の大きさは、業界や個々の企業が抱える危険性の大きさだ。金融機関は、世の中の

倫理観や、自分たちの行動が規制当局だけでなく報道機関や一般市民からどう見られるかについて、その変化を見誤った。これに対応するため、社内の行動に変容を促す方法として企業文化（第2章参照）、特に「行動リスク」に焦点が当てられるようになった。当然ながら、規制当局による取り締まりは金融業界だけではない。他業界の規制当局が1990年代以降、どのように注意義務に焦点を当ててきたかの事例を後述する。この分野で受け身にならないためには、規制当局の発言に注意を払うだけではなく、当局の考えを先取りする（少なくとも後れをとらない）必要がある。そのためには、倫理的な解釈指針を日々の意思決定に組み込まなくてはならない。

　欧州銀行監督機構（EBA）が、2015年に倫理的行動をリーガル・リスクの範囲に入れたことで、事業全体の意思決定に建設的な影響を与えることのできる社内弁護士の役割が浮き彫りになった。弁護士は法律の解釈だけでなく、職業倫理についても訓練を受けているため、どんな行動が「正しい」か「間違っている」かについて鋭い感覚を持っている。また、倫理は絶対的なものではないため、様々な意思決定をめぐる「正しさ」と「間違い」の程度や、将来、規制当局や裁判所によってどのように解釈される可能性があるかについて、指針を与えることができる。

　職業倫理が、その業界で働く専門家だけでなく、業界全体の焦点にもなっている分野の1つがヘルスケアだ。医療従事者の倫理は、多くのステークホルダーによる監視を受けながら発展してきた。そのため、これを深く考察することで職業倫理の複雑さについて洞察が得られるとともに、リーガル・リスクをめぐる倫理の解釈を始めるのに良い見本となる。本章では、医療における倫理的解釈の発展を参考にして医療分野におけるリーガル・リスクを積極的に管理していく方法を紹介する。

　最初に、この種類のリスクの根源に焦点を当てる。まず注意義務を定義し、契約に基づかない義務を怠った場合にリスクが発生する可能性のある領域を特定するのに役立つ米国裁判所の判断を基礎とするテンプレートを詳しく説明する。次に、自らの行動と第三者が被った損害との因果関係を証明・反証する方法について、いくつかガイダンスを提供する。注意義務があるかどうかを予測するのは多くの場合困難で、第三者が損害を被ったことを証明するのは時として困難であり、なおかつ自らの行動がその損害を引き起こし

たと確実に証明（または反証）するのは常に困難だ。

注意義務には4つの重点分野がある

　第三者に対する注意義務があるかどうかは、必ずしも明らかではない。この判断は裁判所も難しいと考えており、米国では直接的な注意義務の割り当てに苦労している様子が明らかにうかがえる。カリフォルニア州最高裁判所は、義務を予測できないとしたらそれは奇異なことだ、と不満ながら認めた（ディロン対レッグ、441 P.2d 912、916（カリフォルニア州、1968年）ウィリアム・L・プロッサー著「Law of Torts 353」第3版引用、1964年）。裁判所は、連日「義務違反」を犯した被告に対して、明確な論理的説明なしに、大規模で時には破産につながるような判決を下している。米国以外の読者のために、不法行為法に関する米国裁判所のアプローチは滅茶苦茶だと弁護士たちが考えていることを指摘しておきたい。それを示すものとして、本章の最後にいくつかの事例を取り上げている。米国の裁判所は、他国に比べて大きな影響を及ぼす制裁を多く下しており、米国の規制当局は懲罰的な姿勢が際立っていることから、契約に基づかない義務のリスクがもたらす極端な影響を考察するのに適した法域だ。

　影響評価の最初のステップは、どの第三者に対して注意義務を負う可能性があるのか確認することだ。私たちは、大きく4つに分類している。

1　**環境**——自分の行動が自然や地域住民に及ぼす影響など
2　**市場**——競争のある市場を保護する義務、受託者の信認義務など
3　**ステークホルダー**——従業員のために安全な労働環境を整える義務や株主の利益を守る義務など
4　**顧客**——説明通りで目的に合った製品を提供する義務など

　各領域には、環境法や消費者法のように、許容される行動の構造を定めた特定の法律や規制がある。そのため、これらのリスクは、実質的には法規制リスクの話だという見方もできる。しかし、これらの領域では、特定の種類

の法規制は、特定の種類の有害な結果の予防を優先するように設計されており、包括的なものではない。また、裁判所は新たな種類のリスクがどこで顕在化するかを予測できないため、過去の事象が将来再発しないように受動的に対応するだけだ。したがって、既存の法規制の遵守のみに重点を置いていると、現在の行動が将来は過失とみなされるかもしれないという、非常に起こり得るリスクを抱えることになる。

注意義務の有無を判断するための7つの要素

　注意義務の立証が容易な場合もある。例えば、犯罪を故意に助長することは、刑事訴追につながる明白な違反行為だ。製造業者は、製品の使用により生じた怪我について、その直接の原因がほかの人にあったとしても、製品設計に欠陥がある限り厳格な責任を負う。ゼネラルモーターズは、イグニッション・スイッチの欠陥を知っていながら開示しなかったためにこの問題に直面した。イグニッション・スイッチの欠陥によってエンジンの作動中にフロントエアバッグが作動しなくなるおそれがあり、事故が発生した場合の死亡や重傷の可能性が高まった。この結果、124人の死亡者に対する補償金の支払いと約3000万台のリコール、さらには米国司法省に訴追延期合意の一環として9億ドルを支払うことになった。ゼネラルモーターズの法務部はこの問題を認識していたのに、迅速に開示を行うための行動を怠った。これは私たちが聞いた中で最も深刻なリーガル・リスク・マネジメントの失敗例の1つであり、企業の法務部はこの事件を教訓にしてほしい。

　すべてのケースがこれほど明確なわけではないが、リーガル・リスクの管理者としては、裁判所がどんな判断を下すかについて、先回りして手を打つ必要がある。あなたの会社の標準的な業務手順や意思決定が特定の注意義務の対象となり、その義務の履行に過失があると判断された場合には、財務上の損害や風評被害を招く可能性がある。そうした部分について、事前に予測しておく必要がある。非論理的な行動を予測するのは不可能だと思うかもしれない。また、（特に米国では）損害賠償請求訴訟を日常的に扱う原告側弁護士が巨額の利益を追求するために斬新な請求原因を練り出す傾向があることも問題を難しくしている。だが、カリフォルニア州最高裁判所（CSC）は、

不法行為賠償請求を判断する際に考慮する7つの要素を詳細に説明している。ここではCSCをテンプレートとして使用するが、ほかの法域の裁判所では、異なるテストが適用されることに留意されたい。CSCのテンプレートは、予測や予防のための指針としては有用だが、他国の裁判官が、その裁判所で審理される請求をどう扱うかを完全に示すものではないことに留意してほしい。

カリフォルニア州の義務のテストにおいては、裁判官は不法行為について訴訟上の根拠を判断する場合、7つのテストを考慮すべきとされる。それぞれのテストがあなた自身のリスク分析にどのように役立つかを考えながら、読んでほしい。

1 | その行為が原告に影響を及ぼすことをどの程度意図していたか

第三者に対してどの程度の損害を意図していたかを判断するテストだ。職場では、いじめやハラスメントなどの労働事件において特に適用される。

2 | 原告への損害を予見できたか

自分の行動が有害な結果をもたらすことを事前に予測できると合理的に期待できたか。将来を見据えたリスク評価は、企業が自社だけでなく第三者に対する有害な結果を予測するための手段でもある。第3章で述べた方法に従って極端なシナリオの分析を行っても、有害な結果が特定されなければ、十分な防衛策を構築できている可能性がある。

3 | 原告が損害を被った確実性はどの程度か

訴訟を起こした本人が、主張するほどの実害を被ったとは限らない。この概念は、第7章の争点となる「損害の額・量」の理解のところで再び登場する。

損害の因果関係と確実性を証明することは、損害賠償請求の根拠を確立するための伝統的な要件であり、特定の請求において問題となっている原因A

と結果Bの範囲を適切に設定するには、客観的な手順が必要だ。その後で、一般的な因果命題として、リスクが存在するかどうかを証拠に基づいた手法で評価する。そのうえで、当該事案がそのリスクの一般的な類型を満たしているかどうかを、証拠によって評価することが、事実を審理する者に委ねられる。この評価プロセスが米国裁判所の弱点の1つだが、情報処理とデータベース検索の著しい進歩のおかげで、一般的に受け入れられているが根拠が不十分な見解に依存することなく、因果関係の「知識」に関する客観的な判断を支援するような、データに基づく証拠へのアクセスが向上している。

　本章の後半では、規制当局による不法行為の優先順位づけについて説明する。損害の因果関係に関して規制当局は、特定の行動が有害な結果をもたらすことを証明する研究を行っている場合がある。例えば、英国の金融行為規制機構（FCA）は、債務超過に陥った個人が受ける被害について調査を行った（FSA、2012年）。そのような分野で規制当局と紛争になった場合には、被害がなかったとか被害を受ける可能性はなかったなどと主張するのは、おそらく時間の無駄になるだろう。

4 ｜ 被告の行為と被った損害との近因性はどの程度か

　これは（損害発生の）「近因」という概念を漠然と表現したものだ。業務活動と有害な結果との関連性を証明（または反証）する能力によって「損害の額・量」が左右される。ビジネスの実務におけるリスク・マネジメントのプロセスと統制は、企業が直接または故意に義務違反を犯していないことを証明するうえで極めて重要だ。

5 ｜ 被告の行為に付随する道徳的非難の度合いはどの程度か

　「道徳的非難」の判断は不確実性に満ちている。これは、本章の後半で取り上げる倫理的な考慮対象であり、有害な結果を防止するためのリスク管理の努力の度合いによっても左右される。

6 ｜ 将来の被害を防止するポリシー

　不法行為による損害賠償請求のリスクを抑えるためには、どのような事例が潜在的に重大かを判断する必要がある。裁判所は、同様の不法行為が続く可能性が高いと考えられる場合、より厳しく判断する傾向がある。規制当局は、将来の被害を防ぐために独自の規則を策定し、彼らが優先する分野において企業の行動を変容させるために多くの措置を講じている。

7 ｜ 効果的な司法の実現

　訴訟のいたずらな増加を防ぐとともに、企業の過失と一般市民が被る損害との直接的な関係を示す裁判所の負担を軽減するために考えられたこの原則は、故意または過失による危害によって損害が生じるリスクが、どの程度高まったかを裏づける証拠を要求する。第三者に有害な結果をもたらす可能性のあるリスクを特定しながら、そのリスクを軽減するための措置を講じなかった場合には、裁判所や規制当局から重大な制裁を科されることになる。

　これら7つのテストは、損害賠償請求権が4つの重点領域のいずれに基づくかに関係なく適用される。企業は防衛策の1つとして、第三者への有害な結果を回避するために一連の合理的な予防策を導入すべきだ。

規制当局は、制裁の決定において注意義務のリスクを優先している

　規制当局は、特定の業種や専門的な法律分野における法規範を解釈する一連のルール（規制）を策定する。また、法規範の「最前線」として機能し、何が許容され、何が許容されない行動であるかについて、有用な解釈を与えるほか、潜在的なリスク領域に優先順位をつけ、それに合わせて執行内容を調整することによって効果的に運用している。例えば、米国環境保護庁（EPA）は、1990年代に「最大のリスク削減効果があるかどうかを基準とし

て、環境保護活動の目標を定める」とした。これは一時的な声明ではなかった。EPAは、2015年に現代自動車・起亜自動車に対して、罰金1億ドル、排出権の没収、コンプライアンス対策への5000万ドル以上の投資を命じることを含む制裁を科した。規制当局による優先順位づけは、企業のオペレーショナル・リスクに反映される。私たちの経験に基づくと、企業が抱えるオペレーショナル・リスクの約75%は注意義務に起因すると推定される。

金融業界では、米国証券取引委員会（SEC）がFCAやオーストラリア証券投資委員会と同様に、社会的信認と消費者の信頼を業務の中心に据えている。2015年6月、欧州銀行監督機構（EBA）は偶発的および故意または過失による違反をリーガル・リスクの範囲に含めた。業務の遂行とリーガル・リスクとの間には関連性があるので、企業は自社の活動と、顧客、市場、環境、ステークホルダーが被る潜在的な悪影響との間の潜在的な因果関係を明確にし、悪影響をもたらす可能性のある行動を変えるために適切な措置を講じる必要がある。FSA、FCA、PRA（健全性規制機構）、SECによる制裁（本章後半の図5-1参照）は、不適切な業務や行為に対する優先度の変化を非常に明確に示している。2013年以降、制裁の水準は、行動の変化を促すレベルにまで引き上げられた。

弁護士の役割は、法規制の文言だけではなく法律の精神に照らしてリスクの枠組みを解釈し、現在の行動が、将来、倫理的にどのように解釈される可能性があるかを検討することにある。

リスク管理データは、直接的な因果関係の証明と反証を可能にする

法律は、発生する危険や結果を正しく精密に予測することを求めてはいない。発生したことが合理的に予見できるような結果の1つであれば十分だ（ブラウン対ネブラスカ電力公社の判決引用、306 N.W.2d 167、171（ネブラスカ州、1981年））。

注意義務が非常に明確な分野もある。主にそれは、潜在的被害のリスクを防止し、企業側への期待を明確にするために、法律が特別に起草されたからだ。安全衛生法、いじめやハラスメント、環境保護規則、不正取引や口座の

不正届け出に関連する規則は、法律が特定の義務に関する規則を明確化した良い例だ。しかし、これらの分野であっても、特定の行動が有害な結果をもたらしたかどうか、企業としての責任があるかどうかを明確に証明するのは非常に難しい。

　例えば、「横暴」な上司が部下をいじめていたとき、それが企業のポリシーに反する行動で、発覚した場合には懲戒処分の対象となることを知っていた場合、その上司は個人的に責任を問われる可能性が高く、企業が直接的な制裁を受けることはほとんどないと考えられる。しかし、企業にいじめ防止のポリシーがなく、職場でいじめやハラスメントが蔓延している場合は、企業の責任が問われ、被害を受けた個人に対する多額の賠償金の支払いが科され、職場の問題解決を求められる可能性が高い。この例では、リーガル・リスクの管理者は、従業員の苦情が会社の財務と評判にもたらす潜在的な影響を定量化し、いじめやハラスメント対策の研修やポリシーを導入するコストとのバランスをとることができる。

　現代のリスクは、範囲が拡大しているうえ、リスク評価と発見の速度が上がっている。また、司法による厳格な検証方法が確立されていないため、不明瞭で定量化が難しい潜在的リスクも多く存在する。有害な結果を予見すべきだったという批判に対する最善の防御策の1つは、契約外の義務を果たせない可能性がある分野に関して合理的な措置を講じたという証拠を示し、義務に関する4つの重点領域において有害な結果をもたらす可能性のある原因を特定し、それを回避するために講じた予防措置の証拠を示すことだ。オペレーショナル・リスク・マネジメントは多くの場合、企業が注意義務を確実に履行するように設計されているものの、リスクの法的な根拠に対する理解が欠けていたり、さらに、リスク管理に弁護士の関与が欠けていたりすることから、規制当局が制裁を通じて企業に求めていることとの間に食い違いが生じている。

　オペレーショナル・リスク・マネジメントとリーガル・リスクの統制は、一体として企業が担うべき責任の防衛ラインの1つとして機能する。行為と悪影響の間に直接的な因果関係を見つけるには、因果関係についての知識が欠かせない。証拠となるデータは簡単に入手できるとは限らないので、裁判では、この分野の不法行為は「合理的な予見可能性」という立証も反証も難

しい曖昧な概念の下で発展してきた。リスクを記述するには、因果関係的、数値的、主格的な意味合いが含まれ、例えば、タバコの喫煙（因果関係的）によって肺がん（主格的）を発症するリスクは10%（数値的）と記すことができる。リスクとは、事実として証明された原因のみに基づくものであり、言い換えれば、その原因とは、特定の時点における最良の科学的、経済的証拠に基づいて客観的に知られているものである。自分の行動と第三者への悪影響との間の直接的な関連性を証明（または反証）するための因果関係のデータがない場合には、最善の合理的な評価に頼らざるを得ない。この分野のリーガル・リスク評価を行い、潜在的なリスクを低減するために統制環境を適合させれば、被害を引き起こす可能性のある事象の可能性を「予見」するために合理的な措置を講じ、その事象が発生する可能性と発生した場合の影響を低減するために適切な措置を講じたことの証明になる。

規制当局は、リスク軽減のためのアプローチを詳細に調査する可能性がある

このように法律とリスク管理が交差する分野は興味深く、弁護士は、職業倫理を理解し、法規範と適切な司法行政を守る義務を負っているので独特な視座を持つ。弁護士は、企業が利益を上げる必要性と、第三者の最善の利益のバランスをとる必要性が対立関係にある場合のビジネス上の意思決定に、この視座を役立てる。弁護士は、その意思決定が将来どのように解釈される可能性があるか、特にその解釈が将来、規制当局の制裁につながる可能性があるかどうかについて、価値ある判断を下すことができる。

多くの規制当局は「転ばぬ先の杖」の予防措置として、特定の行動をとるように指導している。契約に基づかない義務のリスクは、従来は不十分で限定的な情報に基づいて規制当局や裁判所が下す決定に結果が左右されていたが、技術の進歩、特にデータ分析の進歩により、今日の規制当局や裁判所はより多くの情報と証拠に基づいて決定を下せるようになっている。調査においては、データのログを監査して潜在的な有害結果を予見していたかどうかを確認し、リスク管理とコンプライアンスの手順を検討することができるようになった。例えば、米国ではSECが2015年にチーフ・コンプライアンス・カウンセルを任命した。その職務は、規制に関する調査を行う際に企業のコ

ンプライアンス体制を検証し、十分なリスク統制を実施しているかどうかを判断することに特化している。

道徳的行動を判断するための倫理的な視点は変化した

　義務とは、損害を減少させ、ウェルビーイング（より良い生活）を促進することを目的に、自己または他者から課された行動のことだ（パーティロ、2005年）。

　大企業に対する判断基準の変化は、人々が合理的な判断を下す能力や、顧客の意思決定に対して企業が負うべき責任に関する行動科学の発展に影響されてきた。前述のように、このような変化の1つの結果として、規制当局は、注意義務に関する執行の優先事項を近代化している。規制当局は、企業文化の変化を引き起こすために、企業の責任者に自らの行動に対する個人的な説明義務を課し、これにより生じた有害な結果を企業責任者に個人責任として負担させることにした。金融危機と多くの汚職スキャンダルの影で、企業（とそれを率いる経営者）にとっては、法律の精神と無数にある技術的要件を遵守するための枠組み（と評判）を確立することが極めて重要になってきている。

　この法律の「精神」を遵守するという概念は、倫理とリーガル・リスクが結びつくところだ。本章では、医療従事者の倫理に対するアプローチが多くのステークホルダーの厳しい監視のもと発展してきたことをすでに述べたが、ここではそのアプローチとリーガル・リスクの関連性について説明する。医療従事者は、特定の治療法を推奨する理由や患者の療養に対するアプローチが、あとから見たときにどのように判断されるかを考えるための枠組み（表5-1参照）を常に念頭に置いている。感情的になりがちな患者とのカウンセリングでは、この枠組みを使うことによって自身の行動を冷静に見つめ、行動の正しさの確認だけでなくその影響を検討することができる。

表5-1　4つの要素からなる倫理的枠組み

自律性	一定の状況下において、個人には自己管理の権利があるという原則（認知症、薬物使用、高齢などでその能力を失っている場合を除く）
公正	平等に扱われるべきであるという原則
善行	個人や企業は善行を促進すべきであるという原則
無害	個人や企業は少なくとも害を及ぼすべきではないという原則

■ 行動を倫理的に解釈するための枠組み

「倫理的」と「道徳的」という言葉は、一般的には同じ意味で使われているが、学者はこの2つの言葉を明確に区別している。倫理学とは価値観や道徳を研究する学問である。価値観には、個人的なもの、グループ・集団的なもの（本書ではすでにバリュー・ステートメントが企業でどのように適用されるかを解説した）、社会的なもの（法律を通じて反映されるもの）がある。価値観は、道徳的（または不道徳）な行動を通して実現される。裁判所や規制当局による道徳的判断は、社会規範に照らして下される。表5-1に示した枠組みは、これらの規範を解釈し、予測するための論理的な構造を提供している。以下の議論は、ビジネスの実務がどのように判断されるかに関して、これらの規範が及ぼす影響についての意見をまとめるのに役立つものだ。

　　　その倫理的な解釈は、常にあなたを見下ろす位置にある（グレイム・コプネル）。

　4つの要素は、二元的なものではない。それぞれの相対的な重みは、社会からの様々な圧力に応じて変化し得る。予測したいのはその変化の方向性であり、規制当局や裁判所が自分の行動をどのように判断するか予測できれば、注意義務を怠ったと判断されないように、ビジネスにおける意思決定や実務を改善することができる。

現在、自律性と善行のバランスは、流動的だ

公正かつ無害であることは、社会の核となる価値観だ。私たちは、故意に他人を傷つける行為に対して常に不寛容であり、すべての人がその権利において平等であると思っている。そのことは、人権法や平等法などを通じて法律に規定されている。自分の行動がこれらの倫理上の原則に反しているかどうかは、通常明らかであり、第三者が何らかの悪影響を被った場合に責任を問われるのはほとんど確実だ。この2つの原則が概して変わることがないとすると、自律性と善行のバランスの間には、既知の未知（答えはわかっていないが、そういう問題があることは認識されている）が存在すると考えられる。自律性と善行は、常に緊張関係にある。他者が自律的に意思決定を下すことを常に許していたら、積極的に「善行を促す」ことはできない。また、第三者の行動に対する自分の道義的責任が大きくなればなるほど、彼らが自身の利益にならない行動をとらないように導く責任も大きくなる。

社会にとって法律は、人々の行動を検証・チェックするための究極の道徳的構造なので、法律家はビジネスの実務が法律の文言だけでなくその精神に則っているかどうかを積極的に評価する重要な役割を担っている。特に社内弁護士は、上述の倫理的枠組みについて企業に洞察を与え、その企業にとって許容可能な倫理基準がビジネス上の意思決定や実務に与える影響を考慮すべきだ。

行動経済学は、倫理の分野に影響を与えている

「あなたたちの行動は間違っている」と規制当局に指摘されるまで待っていたら、不道徳な実務がビジネスにどんどん組み込まれていく可能性が高い。現在のビジネス慣行は、将来、より厳しい目で見られるかもしれない。2012年頃から、自律性という倫理的概念が重視される傾向が強まっていて、これは非常に重要だ。また、倫理的な解釈というものは、国ごとの特異性によって影響を受ける点にも注意を払う必要がある。読者が本書とは異なる倫理観を持つ法域で業務活動を行う場合、その法域における同じ4つの要

素の相対的な重要性に基づいて自社の行動を検討すべきだろう。

　欧米では、行動経済学が倫理の領域にも影響を及ぼし始めており、健康促進や公衆衛生の分野で、健康政策をよりパターナリスティックな（善行に基づく）視点へと動かしている。1940年代から50年代以降、自律性、特に患者のインフォームド・コンセントを求める動きが着実に広がっていった。2003年から2008年の間に米国と英国で、医療に関する意思決定を改善するために行動科学の成果が経済学者によって取り入れられ、倫理の振り子は反対方向に振れ始めた。行動経済学の影響は医療にとどまらない。行動科学の研究者は倫理学者ではなく、規制当局の考え方に影響を与えようとしたわけではなかったが、行動経済学者の研究は、公共政策、特に金融規制に影響を与えた。意図的かどうかはともかく、行動経済学者が人間の行動に対する解釈に疑問を投げかけた結果、公的機関は自分たちのアプローチに疑問を抱くようになり、国民に影響を与えたり、金融規制の基準を強化したりするための新たな方法を見つけるきっかけとなった。

　行動経済学は、行動科学の一分野であり、人間の意思決定は不合理なので経済市場も同様に不合理であると主張する。行動経済学は、人間が意思決定を下す方法、特に、人間の意思決定の誤りについての理解を深めた学問だ。長年にわたり、人は合理的に行動し、利用可能なすべての事実に基づいて自分にとって最善の利益となる合理的な決定を下すという考え方が一般的だった。しかし、ノーベル賞を受賞したダニエル・カーネマンとエイモス・トベルスキーの研究が、2011年に出版された『Thinking, Fast and Slow（邦題は『ファスト＆スロー）』で有名になり、人間の脳は事実を分析して理性的な判断を下すのが苦手であることが、彼らの研究の一連の実験を通して証明された。特に、人間は実際にパターンがあるかどうかに関係なく、生まれながら自分の周囲の世界でパターンを見いだそうとする性質を持ち、事実に基づいて自分の最も利益になるように合理的な判断を下すのが苦手なことを明らかにした。さらに、彼らは科学的な実験によって、事実に基づいて判断する行動が血糖値を低下させ、実際に肉体疲労をもたらすことも証明した。その影響は糖分の多い食べ物や飲み物をとるとすぐに緩和されるので、ある同僚はこの事実を知って午前11時と午後3時にケーキを食べる口実になると喜んでいた。

この研究が倫理の分野に与える影響はまだ明らかになっていないが、非常に大きな可能性を秘めている。彼らの研究は、人というのは最も入手しやすい情報に基づいて意思決定を下し、情報の提示方法が意思決定の際にその情報をどれだけ重視するかに大きな影響を与えることを裏づけたが、これらのことは、意思決定の結果が潜在的に有害である場合に倫理的な影響を与える。例えば、銀行の顧客が自身の財務の健全性について合理的な判断を下すことができないという証拠があれば、銀行はそのことに対して責任を問われる可能性が高くなる。

意思決定の指針となる2つの倫理理論

　これは、リーガル・リスクに関連する。道徳的行動と非道徳的行動の境界は曖昧であり、個人や集団が行動する際にそれを瞬時に判断するのは困難だ。自分の行動がどのように解釈されるかを判断する一般的な方法として、「ビルボード・テスト」がある。オフィスの外にある掲示板（ビルボード）に自分が意思決定した内容が表示されていたら、穏やかな気持ちでいられるかどうかを考えてみるというものだ。こうした感覚のチェックは、意思決定が社会的に受け入れられやすいかどうかの基準として役立つが、二元的だと言える。前述した4つの要素に対応する2つの倫理理論を適用すれば、これらの二元的な判断をより洗練させることができる。

　具体的には、以下に説明する行動に関する2つの倫理理論のうちのいずれかを適用する。前述した善行と自律性のバランスが道徳観に反映されているように、この2つに関しても、そのときの社会規範に応じてどちらかが優勢となるだろう。

- **義務論**——結果にかかわらず、その行動は正しい動機によって行われたのか。義務論が優勢となる場合には、行動の結果は、行動自体が道徳的に健全かどうかよりも軽視される。
- **帰結主義**——動機にかかわらず、行動の結果はどうだったのか。帰結主義が優勢となる場合には、行動の道徳性は、結果の良し悪しよりも軽視される。結果がポジティブであれば、行動は道徳的に正当化される。

例えば、銀行業界では、資金を貸す相手がどんな結果になろうと、資金を使えるようにするという行為自体は、道徳的に健全だと主張できる。義務論的な観点から見ると、資金を貸す行為は道徳的に健全なことなので、借り主がどんな結果になろうとあまり心配する必要はなく、顧客に不利な結果がもたらされた場合にも責任を問われるリスクは減少する。しかし、同じ行為を帰結主義の観点から見ると、資金を貸した相手が借金の連鎖に陥り、より大きな問題を抱え、家を失った場合、借り主にもたらされた悪影響を考えれば、銀行が資金を貸した行為は不道徳とみなされるだろう。銀行は、顧客の経済的な幸福全体に対して、より大きな責任を負っていると考えられ、責任を問われるリスクが非常に高くなる。

どちらの議論も論理的には正しいが、現代社会の基準を最も正確に反映している主張が優位になる。私たちの観察によると、企業が社会に必要なサービス（石油、ガス、金融、自動車、通信、技術など）を提供しているかどうかにかかわらず、社会全体の利益という「道徳的価値」は、それらのサービスが消費者、市場、従業員、環境に及ぼす結果ほどは重視されなくなっている。規制当局や公共政策立案者は結果を優先しているため、企業が行動の結果に対する責任を問われるリスクは、かつてないほど大きくなっている。

ナッジ—— 医療業界におけるリバタリアン・パターナリズム

医療業界では、人々の選択を改善するためにパターナリスティックな（善行に基づく）行動をとることの道徳性をめぐり、盛んに議論が行われている。例えば、米国の経済学者リチャード・セイラーとキャス・サンスティーンは、カーネマンとトベルスキーの洞察を公共政策に応用した著書『ナッジ』（2008年）を出版した。彼らは、一般市民は何が自分たちの利益になるのか最良の判断を下せないので、制度や政府が情報を整理して、一般市民が自身（そして他人）にとってより良い判断を下せるように「ナッジ（軽く背中を押すこと）」を提案した。この本は2003年に彼らが発表した論文を発展させたもので、その論文では「リバタリアン・パターナリズム」という言葉を紹介し

た。彼らはこの論文で、強制的に思える誘導は、実際には自分の望むことをより効果的にかなえるための方法にすぎないと主張している。これは、欧米のリバタリアン（自主性）文化に反するものであり、時間がたった今でも、その是非について熱心に議論されている。

しかし、こうした変化は、国民の間に広がる既存の制度に対する不信感（2008年以降、銀行、石油・ガス会社、電力会社、報道機関、政治家などのスキャンダルが新聞を賑わせ、国民がこれらの事業活動のモラルを疑うきっかけになった）と、規制当局や公共政策立案者による行動経済学への理解という2つの要因がもたらした結果と思われる。倫理的枠組みや行動科学は、抽象的な理論ではない。社会科学のこの2つの分野は、現代の公共政策に適用され、多くの分野で規制当局の考え方を形づくっている。これら2つの要因によって生まれた直接的な結果として、英国の金融業界において新たなリスク領域である「コンダクト・リスク」が出現したのだが、それについてのケーススタディーを本章の締めくくりとする。

ケーススタディー

金融業界におけるコンダクト・リスク

2008年の金融危機以降、注意義務、結果、因果関係に関して巻き起こった倫理に関する議論は、英国の金融業界に対して特に顕著な影響をもたらした。金融危機により、銀行や規制当局の行動に関する様々な問題にスポットライトが当たり、当時の規制当局だった金融サービス機構（FSA）は、5年後に2つに分割された。新しい規制機関は、市場の安定性を担う健全性監督機構（PRA）と金融機関の行為を監督する金融行為規制機構（FCA）の2つだ。FCAは、行為をめぐる問題と契約に基づかない義務に関する見解をある程度明確化しており、以下の3つの分野に焦点を当てている。

1 営業資料やプレゼンテーションなど、顧客への情報提供の方法

2 企業文化と実務、特にそれらが、顧客の最善の利益になる行動をサポートしているかどうか

3 顧客データを保護し、公正かつ競争的な市場をサポートするため、どんな取り組みをしているか

　顧客に対する義務の拡大やデータ保護、反競争的行動規制の導入により、金融危機後の8年間で、オペレーショナル・リスク・キャピタルは4倍に増加した。この増加は、規制当局からの罰金（図5-1参照）、訴訟費用（第1章の図表参照）、風評被害（第1章参照）、商取引上の紛争により引き起こされた損失（第7章参照）、規制当局による調査に伴う費用と事業における混乱など、法的損失による割合がかなり大きくなっている。

　カーネマンとトベルスキーが2011年に発表した研究は、FCAの考え方に影響を与えた。例えば、FCAの執行部門は、顧客が返済能力以上の融資を勧められた場合にどんな影響を受けるかを調査した。FCAは、銀行、保険会社、資産運用会社に対して、販売する商品が説明通りの利益をもたらし、購入者にとって適切かどうかを確認することを強調している。これは、金融危機以前よりも大きな義務を課すものであり、図5-1に示すように厳しい制裁を通じて、金融機関に行動変化を促している。図5-1の各行に示されている罰金は、FCA、PRA、その前身であるFSA、米国のSECのいずれかによって科せられたものだ。これらの罰金は、業務上または行為上の失敗、特に消費者や市場全体に悪影響を及ぼすことを防止するための適切な手順やポリシーの導入を怠った場合には、ほぼ例外なく科されている。不正取引から指標金利の不正操作、IT障害、顧客の資金管理、贈収賄や汚職、金融商品の不適切な販売などまで、問題は多岐にわたっている。

　FCAは、市場における情報の非対称性をバランスさせるために、企業が適切な措置を着実に講じることに対して、特に関心を寄せている。自社の販売する商品については、常に顧客よりも詳しく把握している必要がある。ただし、FCAは、銀行が把握しているすべての情報を顧客が入手できるにせよと言っているのではなく（それは顧客を混乱させるだけで、さらなる制裁につながる可能性がある）、消費者が自らにとって最善の利益となる決定を下す際に役立つように、それに関連した情報をシンプルに共有することを期待

している。

図5-1　金融業界に対する規制当局の姿勢の変化

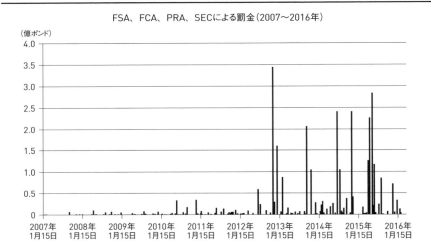

FSA、FCA、PRA、SECによる罰金（2007～2016年）

まとめ

　契約に基づかない義務は、潜在的な損失を評価し予測することが最も困難なリーガル・リスクの領域だ。第三者に対して法的または道徳的義務を負っているかどうかを判断することは、前述のCSCのところで説明したように非常に難しい。自分の行為（または不作為）の結果、不利益な結果が生じたかどうかを証明することはさらに難しく、裁判所による行動の倫理的解釈はほとんど役に立たない（特に米国では、一貫性がなく予測が困難）。注意義務が存在する可能性を評価するのに活用できるいくつかの指針がある。それについては、CSCが適用する7つのテストを参照してほしい。

　本章で取り上げた社会科学の2つの分野である倫理学と行動経済学は、組

織における契約に基づかない義務のリスクを特定して管理するうえで、実際に直接役立つものだ。規制の厳しい業界で働いていれば、規制当局が契約に基づかない義務のリスク（別の名称を使用していると思うが）を優先していることを十分認識しているだろう。現在の規制当局の見解の先を行くか、少なくともそれほど後れをとらなければ、今の時代に合う道徳的行動に沿ったビジネス上の良好な意思決定を下すことができる。ビジネス上の意思決定を変えていくには、職業倫理の基礎がしっかりしている法務部のスキルを生かし、また、医療業界から教訓を学び、生かしていくべきだ。

　ビジネスの観点からすると、法や規制の執行による社会的規範の反映が、リーガル・リスクがもたらす最大の損失の原因と考えられる。金融業界において、規制当局が科すに恐ろしく高額な罰金の大半は、企業が注意義務を怠った結果だ。ペトロブラス、フォルクスワーゲン、ゼネラルモーターズ、BP（旧ブリティッシュ・ペトロリアム）などが直面した問題もすべて、注意義務の不履行が、企業にどんな影響を及ぼすかを示した例だ。業界を問わず、違反行為が発生すれば、その損失と業務へのダメージにより膨大な資本と経営資源が失われる。逆に、この分野のリーガル・リスクを最小限に抑えることができれば、真の競争上の優位性を獲得することができる。

判例一覧

　すべての法的問題は（それが市民的不服従といった「重大な問題」に関するものであれ、「申し込みと承諾」や「最後の明白な損害回避機会（ラスト・クリア・チャンス）の法理」といった月並みな問題に関するものであれ）、伝統的な「哲学」の領域に問題の根源とアナロジーがあると私たちは考えている。専門的な法律用語を取り除き、議論の前提条件を掘り下げれば、暗黙の哲学的立場の数々が浮き彫りになるだろう。（ビシンとストーン、1972年）

　本章では、自らの行為が法の「精神」の内側にあるのか外側にあるのかを裁判所や規制当局に決定させるのは賢明ではないという見解を明確に説明した。「より曖昧」な判決の詳細に関心があれば、以下の事例一覧を参照して

ほしい。

＊　　　　　　＊　　　　　　＊

　　ブランディングの有効性と社会的混乱の均衡、すなわち倫理上相反する懸念。**クルー対クロンクス、303 F.Supp. 1370（インディアナ州南地区連邦地方裁判所、1969年）**と**リチャーズ対サーストン、404 F. Supp. 449（マサチューセッツ地区連邦地方裁判所、1969年）**の比較。

　この2つの判例は対照的で、両ケースともベトナム戦争中に長髪で、髪を短く切ることを拒否したために、停学処分を受けた男子高校生を扱ったものだ。クルー事件では、ほかの生徒に迷惑をかける可能性があるとの理由から、裁判官は学校での長髪禁止を正当と判断した。リチャーズ事件では、裁判所は「隣人に自制心がなく、暴力を控えることができないからといって、人を罰するのは不条理だ」と述べ、クルー事件の判決を明確に否定した。
　この2つの事例を考えると、毛髪の長さのような社会的なシンボルに対する裁判官の姿勢には、異なる倫理原則があることがわかる。過激なブランドや広告を扱う場合にも、同じように競合する考慮事項が出てくる。

＊　　　　　　＊　　　　　　＊

　　（たとえ個人的にやむを得ない理由で行ったとしても）基準に準拠しない会計帳簿・財務予測。**SEC対ワールド・ラジオ・ミッション社、544 F.2d 535、537、543（第1巡回区控訴裁判所、1976年）**を参照。

　あるキリスト教の法人は、宗教団体は希望的な収入を流動資産として計上できると主張した。粉飾会計で告発されたこの企業は、目論見書の対象読者が宗教関係者だと説明した。目論見書の読者は信心深いので、将来財務上の真実になることと、現在真実になっていることに関して非宗教的な読者とは理解が異なっていた、あるいは異なっているはずだったと宗教法人は説明した。これに対し裁判所は、目論見書の内容は真実ではなく、単なる希望的な

ものであり、目論見書の配布時点ではまだ収益が実現していないと断じ、この立論を受け入れなかった。

＊　　　　　＊　　　　　＊

　微妙な不正行為は、企業の内部関係者よりも、規制当局のほうが発見や断定をしやすいかもしれない。**デビッド・ブラウン、バイオテックCEOのプレスリリース有罪判決と科学研究への影響、2013年9月23日付ワシントンポスト紙掲載記事、**また、**ニーリー対ウォルターズ・クルワー・ヘルス社、No .4:11-CV-325 JAR（ミズーリ州東部地区、2013年7月29日）**（医薬品リスクマニュアルの発行者が虚偽情報を公表した場合に、患者に対して責任を負う可能性があると判示）も参照。

科学者でもあるCEOは、投資アナリスト向けのプレスリリースで、政府の規制当局から承認を受けている自社の医薬品に関して、特定の患者集団の肺疾患の治療で統計的に有意な結果を示したと宣伝した。しかし、このプレスリリースでは、治験を行った患者全体で見ると統計的に有意ではなく、一般的な無効性を示していることには触れていない。さらに、プレスリリースで強調されている「反応のあった」サブグループは、遡及的分析によって特定されている。しかし、その分析方法では、試験終了後においてしか薬剤に有意な反応を示すサブグループを特定できないので、科学的研究においては、通常行われないか、取ってはいけない手法であることが研究者の間で広く理解されている。そのサブグループが遡及的分析によって特定されたことをプレスリリースで明らかにしていない場合、科学者であるCEOが発表したプレスリリースの内容は、詐欺に当たるのだろうか。

＊　　　　　＊　　　　　＊

　企業の発表に対する規制当局の処罰を裁判所が支持するかどうかは不明だ。**ピアッツァズ・シーフード・ワールド社対オドム、448 F.3d744、746、753（第5巡回区控訴裁判所、2006年）**とベンソン対クイック

セット・コープ、62 Cal. Rptr. 3d 284、293、295-95（カリフォルニア州控訴裁判所、2007年） を比較してほしい。

米国第5巡回区控訴裁判所は、ルイジアナ州において「ケイジャン」という表示で販売されるすべての魚はルイジアナ州産のナマズとすると定めたルイジアナ州の「ケイジャン」法を無効とした。その結果、国産ナマズとは種類が異なる中国から輸入したナマズに「ケイジャン」と表示していた企業は、引き続き従来の表示を使用することができた。米国第5巡回区控訴裁判所は、この輸入会社は主に卸売業者を相手に販売しており、製品の原産国を明確に表示していたために実際に騙される危険性はほとんどないことから、この輸入会社へのルイジアナ州の法律の適用は無効と判断した。これとは対照的に、カリフォルニア州控訴裁判所は、カリフォルニア州で販売され「Made in the USA（米国製）」と表示された製品は、米国内で製造されているだけでなく、その構成部品も米国内で製造されていることを義務づけた厳格なカリフォルニア州法を支持した。

*　　　　　　*　　　　　　*

企業、組合、組織の言論や活動の意味を判断するのは難しい。それにもかかわらず、時として（あるいは頻繁に）、裁判でその意味が判断されることがあり、実に危険なことだと言える。**サンアントニオ・コミュニティー・ホスピタル対南カリフォルニア地区カウンシル・オブ・カーペンターズ、137 F.3d 1090、1091（第9巡回区控訴裁判所、1998年）。**

組合がストライキ中に、「この病院はネズミだらけだ」と書かれた看板を掲げて病院を取り囲んだ場合、それが意味するのは次のどちらと考えるのが適切か。①「病院は全従業員に実勢に見合った賃金を支払わず、医療保険や年金の給付を行わない契約者だ」、②「病院には小さな毛むくじゃらのげっ歯動物がはびこっている」。

*　　　　　　*　　　　　　*

フリガリメント・インポーティング社対B.N.S. インターナショナル・セールス・コープ、190 F. Sup. 116（ニューヨーク南部地区連邦地方裁判所、1960年）。

この有名な「チキン」事件は、契約事項において「通常の言葉」や「通常の意味」をデフォルトの基準とみなすべきかどうかという法的問題を含んでいる。もちろん、ウィトゲンシュタインについて学んだことがあれば、「通常の意味」など存在せず、すべてコンテクストに基づくものだと反論するだろう。

* * *

ガーナー対バー[1951年]1 KB 31。

議会は、空気式タイヤを装着していない「車両」を道路で使用することを違法としていた。ローレンス・バー氏は鶏小屋に鉄の車輪を取りつけ、それをトラクターで引いて道路を走行した。バー氏はこの法律に基づいて起訴された。だが、治安判事たちは、鶏小屋は明らかに「車両」ではないという理由で彼を無罪とした。控訴裁判所はその決定を覆した。

* * *

ペルノ・リカールUSA対バカルディUSA、653 F.3d 241、248–49（第3巡回区控訴裁判所、2011年）。

プエルトリコで蒸留されたラム酒のブランド名「ハバナクラブ（Havana Club）」は、「このラム酒はキューバで製造された」という命題と等しいだろうか。

* * *

バックリー対リッテル、539 F.2d 882, 893（第2巡回区控訴裁判所、**1976年**）（「政治的議論の領域では、これらの用語の意味と使用法に途方もない不正確さ」があると認定）。

もし誰かが「ファシスト」や「右翼過激派」と呼ばれている場合、名誉毀損に関する原告の主張を評価するために、これらの用語のどのような定義を用いるべきか。

＊　　　　　＊　　　　　＊

マクニール-PPC対ファイザー、351 F. Supp. 2d 226、231、249-50（ニューヨーク南部地区連邦地方裁判所、**2005年**）。

「リステリンは歯垢や歯肉炎と戦うのにデンタルフロスと同じくらい効果的だ。臨床研究が証明している」と主張するテレビ広告は、マウスウォッシュを定期的に使用する場合、デンタルフロスを使用する必要がないという命題と等しいのだろうか。

＊　　　　　＊　　　　　＊

カーター・プロダクツ対連邦取引委員会、323 F.2d 523、526-28（第5巡回区控訴裁判所、**1963年**）。

シェービングクリーム製品の模型をテレビCMで使用し、他社製品と比較して泡立ちのよさを表現するのは、模型を使わなければCMの短い時間内で製品の素晴らしさを示すことが不可能な場合に、「本広告は、製品の外観と機能を正確に表現している」という命題に対して虚偽の製品描写となるのか。

＊　　　　　＊　　　　　＊

コンテクストは重要である。ごくわずかな差異が時に、リーガル・リスクの観点では大きな違いを生むこともある。**マクダーモット対ビドル、674 A.2d 665、665–66、669（ペンシルバニア州、1996）。**

同じ記事がフィラデルフィア・インクワイアラー紙に掲載されたときは真実だとし、タブロイド紙に転載されたときは虚偽だと判断した陪審員の判決を、ペンシルバニア州最高裁判所が支持したという興味深いケースがあるので、参考にしてほしい。

第 **6** 章

契約リスク

はじめに

　率直に言うと、契約書は少々退屈なものだ。契約書は、ある人にとっては一種の「必要悪」であり、取引交渉の興奮についてくる法的文書にすぎず、また、その興奮が冷めてしまえば、多くの企業にとっては商取引上の紛争が発生した場合に参照するものにすぎない（契約書が見つかればの話だが）。また、商取引上の関係が順調であることを確認するためには、担当者個人の知識に頼ることのほうが多い。このような考え方が適切ではない理由が2つある。

　第一に、契約書は、それ自体がリーガル・リスクの原因になるという点だ。契約書の文言が稚拙だと企業が負う責任が重くなり、規制上の制裁を受けたり、怒った顧客からの集団訴訟を招いたりする可能性もある。契約書に何が書かれているのかを理解していなければ、このようなリスクがいつ、どのようにして発生するのかを知ることはできない。

　第二に、契約書は、商取引に関する情報の豊富な源泉である。契約書は、当事者間のリスクを配分し、商取引の対価を定め、当事者が規定通りの便益を得られていないと思う場合に、取り得る法的な救済手段の概要を示している。優れた契約書は、経済的なインセンティブやペナルティを通じて商業行為に影響を与え、商取引上の紛争を回避するよう設計されている。顧客やサプライヤーとの間で紛争が発生した場合、契約書は唯一の真実のよりどころとなり、各当事者はそれをもとに自分たちの行為を判断することになる。そ

のため、契約書を商取引上の管理ツールとして積極的に活用すべきであり、契約書の内容を検討することなく、自分たちの行動が容認されると思い込んではならない。予防は治療に勝るものであり、商取引上の紛争が利益を奪い、企業の価値を下げることを防ぎたいなら、契約リスクに注意を払うべきだ。

　本章では、法的な契約書の文言に関連する最も一般的なリスクについて説明し、また、契約リスクを評価・管理するために、標準的な契約条項との違いを知ることによって良い基盤を構築する方法についても解説していく。契約リスクは、本書で述べた5つのリスク要因の中では最も理解しやすく、簡単に定量化でき、管理しやすいものであり、契約書の最も重要な役割は、それ自体がリスク管理ツールになることだ。契約書が効果的なリスク軽減策として機能するためには、潜在的なリスクを考慮しながら、契約のライフサイクルを通じて管理する必要がある。契約リスク管理の基礎は事務的な作業であり、具体的には、契約書の保管場所や内容を把握し、目の前に存在するリスクや利益を定量化することだ。

契約書が重要な理由

　契約書は、リスク管理、ビジネスの効率化、組織内外の協働における境界線の設定、効率的な実務とリスク分担によるコスト管理のために不可欠だ。契約書は、オペレーショナル・リスクや信用リスク、リーガル・リスクに対して、中核的な統制手段となる。契約書を管理ツールとして使用すれば、ビジネスの価値の基盤（契約書がない場合の企業価値を想像してみてほしい）を築くことができ、上手に活用すればビジネスの価値を向上させることができる。契約書にビジネス・パートナーとの協働を妨げるような条項が含まれていたり、契約書を引き出しの奥にしまい込んだままにしたり、商取引上の有益な条項を行使しなかったりした場合には、ビジネスの価値を低下させ、最悪の場合は倒産の原因にもなる。

　企業内で契約書がどのように管理されているかを説明するために、すべて匿名ではあるが、契約リスクにまつわる「苦労話」を集めてみた。経済的に

も評判にも大きな影響を及ぼした例もあれば、優れた契約管理によってビジネスに真の価値をもたらした例もある。これらの事例では、契約書が知的財産（IP）を保護する役割、交渉で決定した支払条件の実行により運転資本を改善する方法、インセンティブ制度の仕組みを活用して数百万ドルの売上増加をもたらす方法などが語られている。

例 —— 契約書によってIPを守る（保護すべきだ）

ある製品メーカーに勤務するシニア・マネジャーは素晴らしいアイデアを思いついたが、それを実現するには、彼がランダムに選択したコンサルティング会社との業務提携契約が必要だった。彼は法務部と連携して会社の標準的な契約書を作成する代わりに、自身の机の引き出しにあった雛形を使った。その契約書の雛形は、ソフトウェアの設計に関するコンサルティング契約に関するもので、すべての権利が相手の企業に帰属すると規定されていた。もし、シニア・マネジャーが、法務部が提供する標準的な「法人著作」の雛形を使用していれば、会社はこのイノベーションを利用できていたはずだ。しかし、このイノベーションはコンサルティング会社が所有することになり、しかも提携が解消されたため、多額の資金を無駄にする羽目となった。これは珍しいケースではなく、契約管理の堅固なガバナンスを構築し、契約締結に法務部の承認を要求すれば回避できたものだ。

例 —— 契約上の支払条件を遵守し運転資本を節約する

ある企業は、支払額の多い上位150社のサプライヤーについて、支払条件を比較検討することにした。その結果、これらのサプライヤーに対し、平均して、支払期日より11日早く払っており、その次の200社まで範囲を拡大すると、平均で18日早く払っていることが判明した。契約書通りの支払条件と会計システムを整合させることにより、単に支払期日に（早すぎることなく）支払うだけで、正味運転資本を2400万ドル、利息を150万ドル改善できた。

これは、契約条件を把握してそれに基づいて行動するだけで、契約を利用

して付加価値を創出できることを示した優れた事例だ。

例── 契約上のインセンティブ制度で売り上げを増やす

　積極的な契約管理のメリットを示す同様の例として、インセンティブ制度に関するものがある。ある企業は、契約管理プロジェクトにおいて、一部の契約書では、インセンティブ制度が規定されていることに気づいた。しかし、仕入先と合意した額の割戻金を受け取った形跡を見つけることはできなかった。そこで、未請求の割戻金の回収を目的とした小規模な試験的分析を開始した。インセンティブ制度についての既存のポリシー、役割や責任を見直し、実際にすべての割戻金を受け取れるか検証した。その結果、50万ドル以上の割戻金を回収し、それ以外にも割戻金が1000万ドル以上になる可能性があることを確認した。

契約リスクを特定し、管理する方法

　このように、契約書は重要であり、取引に法律文書を加えるだけの「必要悪」ではない。しかし、契約にはリスクが伴う。認識不足や管理不足により、契約上の義務の履行や権利の行使に失敗したり、業務上の慣習で意図せずに権利を放棄したりしてしまうことがあるかもしれない。こうしたリスクを管理するには、幅広いステークホルダーを巻き込んで、契約のライフサイクル全体を管理する必要がある。本章の後半では、契約のライフサイクルの様々な段階と各段階における管理すべき主要なリスクについて詳しく説明する。

　契約書には特定の行為へのインセンティブとなる法律用語が豊富に含まれている。その文言が不明瞭、不公平または法廷で強制力が認められないものである場合、当事者のいずれかが間違った行動をとることになりかねない。例えば、贈収賄や汚職禁止に関連する規定など規制当局が求める重要な保護措置や文言の記載漏れがあれば、コストのかかる規制上の紛争やクラス・アクションのような訴訟に巻き込まれるおそれがある。そこでまず、契約書に

リスクをどのように規定できるかを検討し、リスクを効果的に管理するためのツールと事例を紹介する。

すべての契約に潜む5つのリスク要因

社内弁護士の日常は、法律事務所に所属する弁護士のそれとは大きく異なる。企業内では、最新の法律理論がもれなく契約に盛り込まれているかどうかではなく、事業リスクと収益に基づいて法務サポートのリソースが割り当てられる。企業の法務部は、企業の売り上げと利益にとって何が重要かに焦点を当て、「すべてが重要」という思考に陥らないようにすることを学ぶ。契約において何が本当に重要なのかに焦点を当てることは、習得に時間がかかる重要なスキルだ。事業の目的と法的確実性とのバランスをとり、自分たちにとって必ずしも100%有利とは言えない表現にも慣れていく必要がある。

重要な事項を見落とさずにレビュー・プロセスを短縮するツールや技術を活用すれば、契約に要する時間を劇的に改善できる。これらのツールや技術は、様々な優先度の高いリスク(例えば、一連の契約における責任の所在や、事業上の関係が法的拘束力のある契約の対象となっていないという驚くほどよく見られるリスクなど)を見極めることができるような、少数の契約の「データポイント」について、継続的に焦点を当てる。強制力がない、あるいは不公平な条項が含まれていると紛争の際に法的保護を受けられない可能性がある。また、同意している条項が不明確な場合には、期待通りの法的保護を受けられないか、期待とは異なるサービスを受けることに甘んじる事態が発生するおそれもある。

以下のチェックリストでは、ほぼすべての契約書に見られる一般的な5つのリスク要因と契約書のレビューの際に注意すべき点を詳しく述べている。このチェックリストは、すべての契約に対して等しく適用されるものではなく、より一貫したアプローチを採用することが妥当な場合には、当該契約に特化したリスクのチェックリストを作成する必要がある。

チェックリスト──5つのリスク要因

1　法律構成

　法律構成は、すべての契約の開始点であり、必ず契約を検証して契約の法律・構成面での完全性を確保すべきだ。チェックリスト例は以下の通り。

- □ 正しい雛形が使用されており、雛形は目的に適合しているか？
- □ 契約書は法的主体（および適切な法的当事者）によって署名され、適切な署名欄が使用されているか？
- □ 各当事者は、拘束力のある契約書を締結し、署名者は署名権限を有しているか？
- □ 契約書に矛盾する規定が含まれていないか？　（例えば、契約書に「カット・アンド・ペースト」の履歴がないことを確認する）
- □ 契約書に、正しい別紙や付表（作業範囲、価格、技術仕様等）が添付され、別紙や付表で使用される文言が契約書と一致し、矛盾はないか？

2　責任と義務

　会社が契約書に記載される責任を負う用意があることを確認する必要がある。例としては以下の通り。

- □ グループ内の別の法人や第三者の事前承諾なしにそれらの者の責任を引き受けてはならない。また、契約上の直接的な責務は、確実に実行できることに限定する。
- □ 無限責任を負わない。責任の上限を設ける際には、単に契約の価値を上限にするのではなく、相手方にとっての契約内容の全体的価値を考慮する。
- □ 間接損害に対する責任は認めない。
- □ 製造物責任や専門職賠償責任などを補償することに同意する場合は、それらが保険でカバーされているかを確認する。
- □ 損害賠償額の予定は、衡平で違約罰のないものでなければならない。

損害賠償額が、実際の引き渡しや提供するサービスに基づいて設定されているかを確認する。例えば、短期間での引き渡しが重要な場合、引き渡しの遅れや不履行を防ぐために損害賠償額を高く設定する。逆に、時期が重要でない場合には低めの設定もあり得る。損害賠償額の予定の条項の背景や目的が誤解される可能性がある場合には、将来の紛争を避けるために、条項か前文に説明の文言を加える。

☐ 契約上の保証が会社のポリシーに従っており、期間、範囲、利用可能な救済策が限定されていることを確認する。交渉済みの保証が、実際にサプライヤーが提供できる保証であり、同時に、顧客にとっても十分な保証を提供することが重要だ。

3　自社の権利

　計画通りの結果が契約書に適切に記述され、契約条項によって裏づけられており、契約の中で自社の権利が守られていることを確認する。これは、契約を利用して、相手方の行動が自分たちの期待するものになるように影響を与える方法だ。いくつかの例を紹介する。

☐ 権利の移転に関するリスクを事業上の観点から検討する。例えば、サプライヤーの立場からは、商品やサービスを「意図された通り」に使用する権利以外の権利（IPなど）の移転や譲渡を受け入れたくないかもしれない。一方、顧客の立場からは、使用権を常に確保し権利侵害からの補償による保護を主張するかもしれない。製品やサービスが特別に開発され、その資金を顧客が負担している場合は、知的財産権の完全な移転を主張するかもしれない。顧客の立場からは使用権を確保することが望ましいだろう。

☐ 重要な契約には、「支配権の変更」条項を規定することを徹底する。

☐「支配権の変更」条項の適用範囲が記載されており、しかるべき支配権の変更が生じた場合、保護されることを確認する。

☐ 契約を終了できる状況を明確に定める。

4　ビジネス上の価値

　すべての契約について「価値」対「リスク」を検証し、契約が自社のビジネスに与える価値と戦略的重要性について検討する。サプライヤーや顧客の分類は、「価値」対「リスク」のレベルについての指標になる可能性があり、リレーションシップ・マネジメント（顧客関係管理）にもつながる。

□　契約書が示すリスクのレベルに照らして、取引条件が受容できるか否かを確認する。
□　事業の継続性における当該契約の重要性が契約文書に十分反映されており、適切な代替策が用意されているかを確認する。
□　継続的な実績評価と適切な価格設定の仕組みを規定する。

5　規制と社内ポリシーの要件

　自社の事業に影響を与える規制や、社内ポリシーの遵守を、第三者に求める条項があるかどうかを確認する。例えば、以下のような条項が含まれていることを確認してほしい。

□　贈収賄と汚職の防止
□　持続可能性に関する要件
□　データ保護
□　安全衛生に関する要件
□　環境保護に関する要件
□　IP（知的財産）保護
□　反競争的な行為の防止

例 ── 事業保険契約のリスク分析

　事業保険による補償内容は、すべての企業に影響を与える契約特有のリスク分野の1つだ。補償内容が自分たちの想定と食い違う場合、契約から得られる売り上げや、リスクに備えて用意した資金のいずれによってもカバーで

きないリスクを負っていることになる。こうした食い違いは、予期しない損失を被るおそれにつながる。これは、リスク・マネジメントの観点からは特に重要だ。なぜなら、保険がかけられていないリスクについては、通常、追加の運転資金を用意するなど自社で対処しなければならないからだ。オペレーション、利益の生み出し方、潜在的な責任やその他のリスク（リーガル・リスクを含む）についてのリスク評価をすることは、経営者がリスクを効率的に管理・移転するのに役立つだろう。また、どのようなリスクを第三者にカバーしてもらい、どのリスクを自社で引き受けるべきかを判断する最初のステップとして有効だ。

　一連のリスクをカバーするために事業保険に加入したとしても、補償が適用される状況やカバーする損失の範囲を（カバーしないものも含め）明確に特定することは難しい。以下では、保険契約特有の一連のリスクを明確に定義することによって、補償範囲の潜在的なギャップを特定し、将来の紛争を回避する方法を示す。これは、自分たちが期待する権利を持っていることを確認し、取引の価値を検証するものだ。すべての事業保険契約にこうした検証を仕組みとして実施すれば、契約更新時の更新料の設定に影響を与え、補償内容が自分たちの期待通りのものであることを確実にするのに役立つ。

事業保険契約のリスク要因

- **補償内容のギャップ**
  - 予期しない損失。保険契約の締結時に潜在的な損失をすべて予見するのは難しい。一般的には、経験豊富な企業ほど、「将来を見越して」保険をかけるべきリスクを識別することができる。それでも、経営者が想定していなかった突発的リスクが見つかることもある。
  - 内容の見落とし。契約内容の食い違いは、保険契約に記載されるべき内容に見落としがあった場合に生じる。例えば、保険契約にはすべての財産をカバーするという文言ではなく、対象となる財産を特定して列挙していることがある。また、保険契約に追加の項目を記載し忘れることもある。

- 補償金額。例えば、原契約の文言がアンブレラ保険（一般の事業保険などの補償を超過するような巨額賠償事故への備えを提供するもの）の契約条件と異なる場合や原契約の補償限度額がアンブレラ保険で要求される限度額よりも低い場合に食い違いが生じる。
- 定義。保険契約における定義も損失を制限し得る。保険でカバーされると考えていた損失が、保険契約上の損失として定義されていないことがある。保険契約で定義されている用語を読めば、どんな意味で使用されているかが明確になる。
- 解釈。保険契約の用語や契約条件に対する解釈が、契約を結んだ企業と保険会社の間で異なる場合がある。例えば、「売り上げ」という用語について、両社の間で算出方法が異なる可能性がある。

■ **適用除外**
- 曖昧な用語。保険契約の適用除外を知ることは重要だ。例えば、一般的な賠償責任保険は、広範囲の損失を補償するかのような文言で始まるが、実際には適用除外条項により特定のケースでの例外が定められている。成長中の企業の場合、他社を買収したり合弁企業を立ち上げたりすると、買収や合弁相手の企業の行動が契約条項に抵触して適用除外になる可能性がある。
- 訴訟時の防御。適用除外条項のもう1つの例として、保険会社による訴訟時の防御に関する条項が挙げられる。保険会社に対して、訴訟への防御義務を課すのではなく、権利を付与する保険契約がある一方で、訴訟費用を負担する当事者について特別の条件を定める保険契約もある。また、訴訟時の防御に関する費用が控除項目となることを規定する保険契約や、訴訟時の防御に関する費用が免責となる保険契約もある。これらの費用が実際の補償金額に与える影響を、保険契約の締結時に検討すべきだ。
- 条件。保険契約でカバーされる損失の上限を設定したり、ある損失額以下は補償しないという条件が定められたりする。例えば、アンブレラ保険では、通常、アンブレラ保険による支払いの前に、それがカバーする事業保険が適用されたうえで支払いが行われることを条件とする。

- **有効期間**
  - クレームメイド方式（請求ベースの保険契約）。クレームメイド方式の保険契約は、保険契約の有効期間中に発生し、請求された損失をカバーする。被保険者であったときに発生した損害であっても、有効期間後に損失を請求された場合、クレームメイド方式では補償の対象にはならない。被保険者である企業が保険会社を変更したり、新たな補償を加える際に不利な状況が発生したりするおそれがある。損失はすでに発生しているが、被保険者がこれを認識していない場合もある。被保険者である企業は、過去の行為によって発生した潜在的な請求をカバーするために「先行行為補償特約」をつけることを検討できる。
  - 請求発生方式。請求発生方式の保険契約は、契約期間中に発生した損失だけをカバーする。そのため、請求時点での残存契約期間は重要ではない。自分の保険契約がクレームメイド方式か請求発生方式かを把握することは、特に補償内容の変更やより安い保険料のために契約の切り替えを検討する際に、企業の保護に資するだろう。

契約と積極的な紛争リスク管理

　国際契約・商業管理協会（IACCM）は、最も交渉された契約条件と、仕入先・顧客関係の成功にとって最も重要な契約条件を比較する調査を毎年実施している。2020年の調査では、最も交渉された契約条件の上位10項目のうち、仕入先・顧客関係の成功にとって最も重要な契約条件の上位10項目との間で重複していた契約条件は、6項目だけだった（表6-1参照）。

　事業の成功にとって最も重要な条件を、法務部が重視すべきなのは当然だが、すべての関係が順調に行くわけではない。解除条項と完全合意条項が明確で効果的な場合や、契約の目的が契約前文に明確に定められている場合、そもそも紛争に巻き込まれることはないだろう。これらの条項は、紛争になってから事後的には変更できるものではない。これらの対応を間違えれば、本来なら回避できた（すべき）はずの紛争に、貴重な時間や資金が費やされることになる！

表6-1　最も交渉された条件と最も重要な条件の比較（2020年）

	最も交渉された条件（トップ10）	最も重要な条件（トップ10）
1	責任の限定	範囲と目的・仕様
2	価格・費用・価格変更	当事者の責任
3	補償	価格・費用・価格変更
4	範囲と目的・仕様	引き渡し
5	解除	サービスレベル
6	支払い、支払いオプション	責任の限定
7	当事者の責任	データセキュリティー
8	保証	データプライバシー
9	予定損害賠償額	経営の変更
10	引き渡し	保証

（出典）https://www.worldcc.com/Portals/IACCM/Resources/9934_0_Most%20Negotiated%20Terms%202020.pdf

■ 準拠法と管轄

　国際契約において、紛争の観点から最も重要な条項は、準拠法と管轄の2つだ。裁判所や法律の選択を誤れば、最初から負け戦の可能性があるが、契約書に適切に記載することで、管轄権をめぐる争いは回避できる。特定地域の裁判所の専属管轄に合意している場合、優秀な訴訟専門弁護士でも、打つ手がほとんどないことがある。

■ 解除条項

　サプライヤーが取引を簡単に中止できるようになっていると、そのビジネスは問題が起きやすくなる。契約解除は、どれくらい容易にでき、それを定める解除条項は、どれくらい明確に規定されているのか？　契約解除の権利がないのに解除しようとすると、意図せずとも契約違反状態となり、相手方に契約解除や損害賠償請求の権利を与える結果になるかもしれない。

■ 適用除外条項、完全合意条項、契約書前文

　適用除外条項と完全合意条項の効果はどのようなものなのか。後になって

相手方が、「契約の一部は口頭や書面だった」「契約締結は、契約前の虚偽の表示に依拠していた」と主張することを、うまく防止できるだろうか。契約書前文の重要性を無視してはならない。これによって契約の前提となる重要な背景を知ることができるため、後に当事者がお互いの意図を誤解することが大幅に減る。

　契約書のどこにリスク要因があるのかを理解し、契約内容の検討時にそれらを減らすことは、組織における契約リスク管理を改善するための重要な第一歩だ。「5つのリスク要因」のチェックリストのようなツールは、弁護士の時間を節約するだけでなく、契約という資産全体の一貫性を高めることができる。優れた契約リスク管理に向けた次のステップは、契約書の類型内および契約書の類型間のリスクのデータを集計し、リスクが集積する箇所を特定して、是正が必要な契約という資産に関する異常値を探し出すことだ。

標準的取引条件からの乖離による 契約リスクの測定

　最良の契約書の雛形がなく、最も優秀な契約書作成者や最も聡明な弁護士がいなくても（これらは役に立つが！）、契約リスクを定量化してモニタリングすることはできる。必要なのは、契約の持つ価値と契約が配分するリスクを測定することだけだ。リスクは、通常、合意された範囲内での許容可能なレベルの変動という観点から測定される。第3章では、経済的損失の許容レベルとして解説した。その原則を契約リスクに適用する場合には、標準的な取引条件で合意された交渉内容に関して許容範囲を設定し、その変動の範囲内でリスクを測定する。

　標準的な取引条件は、「標準書」や「先例文書」に記載されるのが一般的だ。「標準書」は、企業が受け入れ基準となる条件を定めたものであり、最低限の条件や例外事項が規定されることもある。例えば、「標準書」には、自分たちが希望する紛争時に優先される裁判管轄や、許容できる取引内容が記載されている。「先例文書」は過去に承認された文書で、特定の条件を受諾するか拒否するかの根拠として使用される。

　残念ながら、仕入先や顧客が自社の標準的な取引条件に同意するかどうか

は、彼らの交渉力と交渉にかかるコストを支払う意思や能力に左右される。自社の標準的な取引条件が相手方に受け入れられる保証はないが、それでも事業部と協力して優れた「標準書」を開発することで事業部の人たちが理解できる文書が生まれ、さらに交渉時間が短縮されるので、全体的なリーガル・リスクは減少するだろう。また、標準書は、テクノロジーやアウトソーシングのサービスを導入するための基盤となり、締結前または締結後の契約から主要な取引条件を抽出して報告し、経営陣が確認できるように契約リスク・ダッシュボードで報告することができる。

　新世代の人工知能（AI）をベースにしたツールでは、契約書を構造化データに変換して、主要な契約の「問題が発生しやすい部分（ホット・スポット）」について変動を測定することができる。このツールを導入すれば、弁護士が費やす数千時間を大幅に節約でき、契約リスクのモニタリング・レベルを向上できることから、多くのジェネラル・カウンセルに安心をもたらすだろう。同様に、標準書や交渉スタンスを標準化・成文化すれば、より低コストで法務リソースを活用できる。例えば、契約弁護士やオルタナティブ・リーガル・サービス・プロバイダー（ALSP）などだ。これらの法務リソースは、例外的な事項について法務部に頻繁に照会することはなく、会社のガイドライン内で業務を遂行してくれる。こうしたアウトソーシングや自動化をどこに適用するかは、契約書を3つのタイプ（「完全に標準的」「おおむね標準的」「ハードな交渉が必要」）に分類できるかどうかにかかっている。

　リスクの観点からは、契約には（おそらく）「完全に標準的」「おおむね標準的」「ハードな交渉が必要」なものの3種類しかない。

1　完全に標準的

　クレジットカードや携帯電話の利用規約など、交渉を必要としない完全に標準的な条件に基づいた契約のこと。リスク管理の観点からは、特定の種類に該当する契約の価値・数量の合計や法的・市場ポジションの変化が当該契約に与える影響に留意する。必要に応じて契約条件を変更できるようにすることも重要だ。

2　おおむね標準的

通常は交渉されるが、標準的な雛形に基づいており、多くの場合は、交渉スタンスが事前に決まっている。例えば、企業の融資契約やフランチャイズ契約、店頭デリバティブ契約などがある。おおむね標準的な契約の場合、リスク管理の観点からは上記と同様に、その基準となる標準的な契約の価値と数量、法的・市場ポジションの変化による影響と、経済的な条件やテクニカルな文言の標準的な契約からの乖離を評価することが望ましい。

（注）完全に標準的、あるいは、おおむね標準的な契約書は、企業の契約資産の大部分を形成しているため、それらに内在するリスクを最小化するにはドラフティングを最高の企業法務チームに依頼する価値がある。1つの契約書の価値が2万ポンドだったとしても、毎年2000件の契約交渉があるならば、契約リスクの金額換算は4000万ポンドにもなる！

3　ハードな交渉が必要（一見して「オーダーメード」）

典型的には高額で複雑な契約（例えば、複雑で重要なアウトソーシング契約、基本供給契約、複雑なパートナーシップ契約など）にはハードな交渉が必要であり、それらについて、法務部が第一の防衛線となる。多様な契約における交渉スタンスをチェックし、事業リスクやリーガル・リスクをコントロールすることとなる主要な条項（上記参照）を特定・分析し、個々の条項を受け入れ可能な業界標準の文言と比較する。このアプローチにより、最も重要なリスクをピンポイントで特定し、望ましい条件と文言からの乖離の程度を測定し、外部環境の影響を評価することができる。

契約書分析テクノロジーやオルタナティブ・リーガル・サービス・プロバイダー（ALSP）、契約弁護士の活用は、急速な広がりを見せているが、これらにおいても、どの条件が重要かを判断するのは法務の専門家であり、リスクを価値に織り込むのはビジネス部門の専門家だ。

リスク管理の重要なツールとしての契約書

　契約書は、本来、リスク管理のためのものだ。契約書には、当事者が期待するビジネス上の成果物や期待通りの結果が得られなかった際に取り得る手段、さらには契約を履行しなかった場合に何が起きるかが記載されている。正しく作成され、相手との意思疎通も十分な契約書は、ビジネス上の関係を明確にし、最初の発注から紛争解決に至るまでの関係を管理するためのハンドブックとして機能する。1つ前のセクションで解説したように、責任、保証や介入権などに関する主な条項は、各当事者が明確に認識し、遵守に最善を尽くせば、リスク軽減策の中心的役割を果たす。次のケーススタディーでは、国際的な警備会社のセキュリタスが、どのように契約をリスク管理の中心に位置づけているかを紹介する。この事例で示されているように、契約書をオペレーショナル・リスクの管理ツールとして活用できる証拠があるにもかかわらず、オペレーショナル・リスクの専門家が契約書をリスク管理の中心として認識することはほとんどない。

ケーススタディー

セキュリタスは、契約書をリスク管理戦略の中心に据える

　世界で事業展開する警備会社のセキュリタスは、契約リスク管理をリスク評価マトリックスの中心に位置づけている。これは、契約書をリスク統制手段として扱う企業の好例だ。2009年の年次報告書以降、セキュリタスは、事業リスクの評価モデルである「スケール（The Scale）」の詳細を報告書で説明している。このモデルには、「任務」「リスク」「契約」「財務」という4つのステージがある。

任務　　　サービスの範囲は適切か？　以前に実施されたことはあるか？
　　　　　　立ち上げと引き渡しのコストは？

リスク	リスクの高い顧客か？　盗難防止用の防犯カメラを設置するなど事前に対応できる特有のリスクはあるか？
契約	「すべての契約において、セキュリタスと顧客の間で責任とリスクを公平に分担することが欠かせない。標準化された契約書を使用する。合理的な責任限定や第三者からの請求についての補償を設定することが重要だ」（セキュリタス『年次報告書（2009年）』）
財務	全社的な収益性の評価においては、バランスシートに反映されない契約リスクや支払条件も考慮する

契約のライフサイクル

　すべての契約は、類似したライフサイクルをたどる。契約締結前のすべての活動は、戦略・戦術的な観点から最良な取引条件を獲得するためであり、契約に内在するリスクを抑えるための取り組みの大半はこの段階で行われる。具体的には、適切な雛形を用意し、取引における重要なビジネス上の論点を理解し、将来の規制上の問題を回避するために適切な法的文書を使用することなどだ。交渉が成立したら、拘束力のある契約書を作成するために当事者双方の適切な権限のある署名者が契約を締結することを確認する。

　契約締結後のすべての活動の目的は1つだ。それは、期待する価値を確実に手に入れることだ。通常、顧客の満足（納期、価格、品質）する納入を行うか、逆の立場であれば、納入物がそれらを満たしているかの確認を行う。納入の段階では、契約のことが忘れ去られがちだ。しかし、契約をめぐる紛争の大半は、このような対応によって、一方の当事者が契約から期待していた価値を得られていないと感じたときに発生する。

　図6-1は、多種多様な契約に適用できる典型的な契約のライフサイクルの概要を示したものだ。ライフサイクルには7段階あり、詳細を以下で説明する。この説明では、仕入先との契約交渉について述べ、ライフサイクルのど

図6-1　典型的な契約のライフサイクル

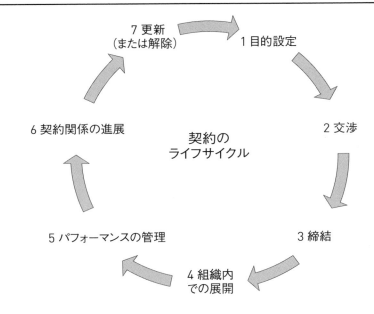

の時点で管理を誤ると何が起きるのかについて、実際の興味深い例を散りばめている。

1 ┃ 目的設定

　契約交渉の第一歩は、契約関係の構築を希望するステークホルダーを特定し、そのステークホルダーと会って契約の範囲や目的、スケジュールを確認し、合意した取引の目的を実現するため、当初計画を作成することだ。取引の目的と成功要因の定義を怠ると、交渉戦略の質が下がり、取引価値を大きく損なうおそれがある。この最初のプロセスには、交渉を始めるために担当者が必要な権限を持っているかの確認も含まれる。

例—— 権限がない人が交渉すると職を失うおそれがある

　あるマーケティング・マネジャーは20万ポンドの契約交渉に1年の歳月とともに、法務部と財務部の多大な時間とリソースを費やした。しかし、その過程で彼女は契約締結に関する社内承認を得ておらず、会社はマーケティング・キャンペーンに20万ポンドを支払う準備ができていなかった。そのため契約は成立せず、このマーケティング・マネジャーは解雇された。

　調達部の別の社員がやったことは、これよりさらに悪い。彼は現地のスポーツクラブとスポンサーシップ契約を締結することを決めた。交渉の末にこの契約が締結され、記者会見で発表された後、会社はこの担当者に「署名権限がない」と気づいた。彼は拘束力のある契約を締結する権限を持っていなかったため、契約が無効とされただけでなく彼は解雇処分となり、スポーツクラブは契約金を得ることができなかった。

2 ｜ 交渉

　取引の目的を決定後、交渉に役立つデータを集め、目的達成の可能性を最大にするための戦略を立てて実行する。例えば、仕入先と過去の関係があれば交渉に役立つ取引データがあるはずだ。支出、数量、収益の予測を見直し、総保有コスト（TCO）や総保有価値（TVO）モデルの基準値を作成できるかもしれない。データがすべてそろったら、すべての関係者を集めて社内でブレーン・ストーミングやアイデア出しの会議を開き、あとで市場データと比較検討できるようなアイデアを考えてみよう。

　戦略を策定したら、仕入先の認定とランクづけに使用できる実績基準を定めた情報提供依頼書（RFI）と、将来の実績のモニタリングに使用できる重要業績評価指標（KPI）を作成する。RFIに対する回答の受領後、具体的な調達戦略を作成するために回答をマッピングし、業界のベスト・プラクティスと比較する。また、仕入先の選定基準も作成する。その後、将来の契約交渉の基盤となる提案依頼書（RFP）を作成し、仕入先やパートナーを評価し、

彼らが社内のポリシーや規制要件を遵守する意思があることを確認する。正式なプロセスに従うことで、交渉によって求めているものを確実に得ることができるだけでなく、担当者の権限も確認できる。

これらは取引の履行段階にも関わることから、前述した「5つのリスク要因」のチェックリストが、交渉を軌道に乗せて、予防可能なリーガル・リスクを回避するための貴重なツールとして役立つ。

例—— 契約文書が収益を左右する

2010年の初めに、あるソフトウェア企業がターンキー・プロジェクトのアドバイスを行った。この件では、収益をどのように認識するかを明確に定義していなかった。交渉開始前の段階では、書類上は利益率は非常に高いように見えた。しかしながら、交渉過程で、顧客側は非常に厳格な最終検収手続きを求め、そのための厳格な法的文言を契約に規定することを求めた。その結果、この契約関係は大きな収益を上げる一方、検収コストが予想外に膨らんだため、時間がたつにつれて多額の損失を出した。

3 │ 締 結

契約に署名する権限があることを前提に、会社の標準的な手続きに従って署名と締結を行う。戦略的な契約書の場合、契約サマリーや運用ガイドを作成し、この契約を実績報告の内容に含める。さらに、契約書の適切な保管を確保する。後から参照できるように検索可能な電子形式であることが望ましい。

例—— 仕入先に契約書の写しをもらうのは恥ずべきことだ

ある社内弁護士が、国際的なエレクトロニクス企業のジェネラル・カウン

セルとして仕事を開始した。彼女の役割の1つは、主要なサービスの契約書の保管を徹底することだった。彼女は、基本的なことから開始し、このプロジェクトに数年を費やした。その過程で、古い契約書（ドラフトの文書データも）を見つけることができず、仕入先に電話をして写しをもらわなければならないケースがいくつかあった。これは恥ずべきことだったが、もっと大きな問題は、数百万ドル規模の訴訟を準備していた際に署名済みの契約書を見つけられなかったことだった。会社は、相手を訴えられるような拘束力のある契約があるかどうか確証が持てない事態に陥った。

4 ┃ 契約の組織内での展開

　サプライヤーやパートナーの選定後、新しい取引関係を社内外のステークホルダーに伝達する計画を立てる。主要なステークホルダーは、契約が締結された事実と各当事者の主な義務と権利について知る必要があるからだ。契約を履行する担当の部門用に、合意されたサービスやパフォーマンスのレベルを含む引継書を作成し、財務数値と価格を購買システムにアップロードする。

　このフェーズが、支払条件と支払の流れ（可能な範囲で）を最適化するプロセスを開始し、インセンティブ（金銭的、非金銭的の両方）と期待する成果とを明確に関連づけ、適切なチェックと承認の仕組みによって十分に管理・統制する体制を構築する絶好のタイミングとなる。また、役割と責任を明確にし、適切に配分する良い機会でもある。十分に準備し、綿密に交渉した条件を定める契約書を作成できるチームは素晴らしいが、それだけでは十分ではない。契約交渉の責任者が適切に契約を社内展開し、契約内容を実行する現場のチームに引き継ぎをしなければ、契約の意義は限定されてしまう。こうした場合、期限、品質や範囲の面で不履行が発生し、経営幹部が激怒し、最悪の場合には、顧客も怒らせることさえある。そのため、署名後の契約上の義務の管理・運用方法、拘束力のある契約を誤って締結しない方法、および法的拘束力がある契約を意図せずに修正・放棄しない方法について、法務部から（ビジネスの販売側か供給側かを問わず）契約担当者に対して、明確なガ

イダンスを与える必要がある。

5 ┃ パフォーマンスの管理

交渉段階でパフォーマンス基準を設定していれば、契約が社内に展開された時点からサプライヤーや顧客のパフォーマンスをモニタリングできる。業務上のニーズ（戦略的なサプライヤー）と、契約上で「行ってはならないと規定されていること（例えば、汚職防止や輸出管理など）」の遵守状況のモニタリングとが、継続的に関連づけられていることを確保するために、契約のサービス・レベルとKPIをモニターすることが必要だ。

KPIに基づいた仕入先のスコアカードを活用して、仕入先と顧客のパフォーマンス（期限通りの支払いなど）について（公式と非公式の）フィードバックを、担当部門の管理者に定期的に提供する。パフォーマンス管理のもう1つの側面は、オペレーション上の遵守事項（価格調整、契約のオペレーション上の使用法など）が設定され、遵守されていることを確認することだ。ここにおいても、事業部門が社内に展開された契約を理解し、契約に関する監査（請求書、パフォーマンス、納品、品質、インセンティブ）の実施スケジュールを設定しておくことが重要だ。評判の高い企業との業務委託契約であっても、その委託業務のパフォーマンスを、標準業務の一環として、管理・モニタリングする必要がある。

例—— 一個人の取引の知識に頼ってはならない

ある顧客は、4000を超える項目について外部委託契約を締結した。契約のパフォーマンスを管理するため、契約交渉に最初から関与し、取引を「隅から隅まで」理解している担当者を頼りにしていた。ところがその人物がサプライヤー側に転職したため多くの知識が会社から失われ、契約のレビューと取りまとめをしてくれる外部弁護士を雇用せざるを得ず、業務の外部委託を十分に管理できなくなってしまった。

6 | 契約関係の進展

　契約を定期的に見直し、改訂するプロセスを導入する。また、ビジネス上の関係が、企業の変化するニーズに応え、金額に見合った効果を継続的に発揮できるよう、契約の規定の外で関係性を管理するプロセスを整備すべきだ。さらに、仕入先との関係管理の一環として、軽微な問題によって関係そのものにひびが入らないように、問題解決のプロセスに合意すべきだ。例えば、事業部門と仕入先の間で非難し合う文化が生まれないよう、リレーションシップ構築のための取り決めをするのもいいだろう。仕入先のイノベーションを取り入れるプロセスを導入し、仕入先との関係に、個々の契約を超えた全体目標を設定することも可能かもしれない。

　条件の変更は、適切かつ効率的な契約変更の承認フローに準拠して処理を行い、意図しない契約修正や権利放棄を回避し、修正内容を確実に記録・保存して、伝達する必要がある。事業部門が、契約の運用方法を変更したり、契約条件の修正や放棄になるような項目を、電子メールで承諾したりすることが往々にしてある。もとの契約書を参照したり、法務部に確認したりせずにこうしたことが行われると、その取引関係がうまくいかなくなったとき、法的紛争に発展する可能性がある。

例——契約内容の変更は、文書化して伝達すること

　ある消費財のグローバル・コングロマリットは、価格の変更が基本契約の枠外で「生きた文書」によって文書化されるという仕組みとプロセスを日常的に使用していた。価格変動は激しく、四半期の業績に影響することもあった。

　ある四半期では、調達部門は、仕入先との間で固定価格に合意し、経営陣に報告をした。その翌週、市場価格は2倍になった。調達部門が大喜びしていたのは固定価格に合意した証拠が何もないことに気づくまでで、仕入先は交渉の事実をすべて否定した。調達部門のミスではあるが、公平を期するた

めに言うと、通常の仕入先は顧客にこのような打撃を与えて将来の取引関係を危険にさらすようなことはない。ただし、このケースでは、仕入先がそうしたリスクを取ることを選択した。

7 ｜ 更 新 （または解除）

　契約の更新（または解除）は、契約ライフサイクルの重要部分だが、その直前まで放置されることがしばしばある。再交渉の対象を特定して優先順位をつけ、満了日とパフォーマンスのモニタリングに基づいて更新プロセスを作成する。以降の効率を上げるためには、契約の種類ごとに処理にかかる平均時間を測定し、それぞれの交渉から学んだことを次の交渉に引き継ぐ。最終的には、このようなデータを利用して標準的な契約の効率性を測定し、需要のピークに応じて法務スタッフの割り当てを調整することにより、リスク水準をビジネスのニーズに合わせることができるようになる。そして最も重要なのは、見直しや更新をせずに契約をずっと放置しないことだ。次章で解説するように、最初に締結したときと状況が変わり、事業上、同じ意味を持たなくなった長期契約を解消したいとき、裁判所に頼るべきではない。

例―― 定期的に契約を見直し、契約法の変化に対応する

　契約満了日を設定しない場合、再交渉の手間はかからない半面、更新や延長を交渉しなければならない場合と比べて、リスクは増大する。ある社内弁護士は、会社が契約を交わす際に「自動更新」が標準であることに気づいた。つまり、意図的にビジネス上の関係に期限を設けない契約だ。中には、契約条件の見直しを行うことなく数十年間も継続しているものもあった。この契約相手との関係が壊れた場合、事業上の意味があるかどうかにかかわらず、もともとの契約条件に拘束される可能性がある（英国の場合、特にその可能性が高い）。この弁護士は、自動更新のついたすべての契約を見直すプログラムを導入し、2年かけて数多くの契約条件の改善交渉を実施してリーガ

組織内の契約実務を改善する方法

多くの企業が、契約書の保管場所や、契約書に規定された義務や権利の内容を把握していないという厳しい現実がある。一部の企業は、「一番下の引き出し」から契約書を取り出して、デジタル管理システムに移行するプロセスを開始しているが、そのような企業の多くも第一歩を踏み出したにすぎない。

契約に対する5つのステークホルダー・グループの関心事は重複している

適切な契約実務を阻む要因の1つは、契約の交渉と履行に利害関係を有するグループが、社内に多く存在することだ。何らかのプロジェクトを管理したことがある人ならば、関連ステークホルダーが増えるほど、予算や納期を守れなくなることをわかっているはずだ。ステークホルダーは異なる意見を持っており、対立することもしばしばある。それは、契約プロセスに関しても同じだ。企業には通常、法務部、商業的条件の担当者（信用審査部など）、オペレーション担当者、交渉チーム（購買、営業、人事など）、財務部の5つのステークホルダー・グループ（図6-2を参照）があり、それぞれが重要と考える事項のバランスを保つ必要がある。

法務部をステークホルダー・グループの中心に据えたのは、契約の専門的知識を有しており、各ステークホルダーの多様な見解を適切に把握しているからだ。ジェネラル・カウンセルと法務部が、契約のライフサイクル全体を通じた責任者となる機会がそこにはある。こうしたレベルで業務に関与することは、数多くの法務部にとってこれまでの業務範囲を超えることとなり、従来は関与してこなかった業務の管理や手続きについてより多くの責任を負うことになる。

しかし、法務部が契約管理プロセスの設計に関与し、そのライフサイクル

図6-2　契約管理におけるステークホルダー

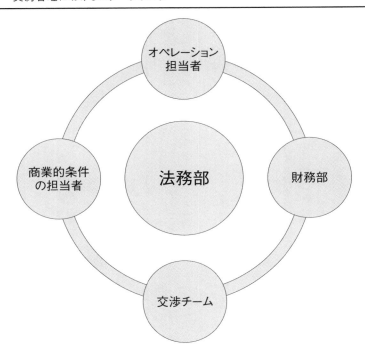

　を通して契約に関わる活動を監督すべきである一方で、必ずしもプロセス全体に責任を負う必要はないという点は重要であり、明確にしておきたい。法務部の管理が及ばない業務上の失敗に原因がある場合でも、契約不履行に関する責任を法務部が負わされるケースがしばしばある。そのため、契約のライフサイクルを通じて法務部の監督を強化することにより、法的損失につながる業務上の失敗を減らし、契約という資産に含まれる未回収の価値を分析するなどビジネス全体の価値を高めるために中心的な役割を果たせば、法務部は組織内における地位を高めることができる。

　図6-3は、それぞれの契約管理業務の責任をどこに割り当てるかの構想を示したものだ。法務部の業務を4つに区分し、契約管理に関連する様々な業務を各区分に割り当てている。この表には、視点を広げるために契約に基づかない業務も含まれている。ジェネラル・カウンセルは、この表を使って、

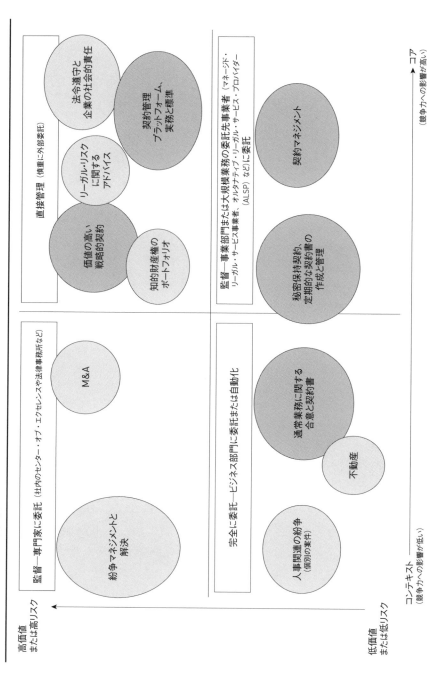

図6-3 法律業務の優先順位表

高価値
または高リスク

低価値
または低リスク

監督－専門家に委託（社内のセンター・オブ・エクセレンスや法律事務所など）

M&A

紛争マネジメントと解決

直接管理（慎重に外部委託）

法令遵守と企業の社会的責任

契約管理プラットフォーム、実務と標準

リーガル・リスクに関するアドバイス

価値の高い戦略的契約

知的財産権のポートフォリオ

監督－事業部門または大規模業務の委託先事業者（マネージド・リーガル・サービス事業者、オルタナティブ・リーガル・サービス・プロバイダー（ALSP）などに委託

契約マネジメント

秘密保持契約、定期的な契約書の作成と管理

完全に委託－ビジネス部門に委託または自動化

通常業務に関する合意と契約書

不動産

人事関連の紛争（個別の案件）

コア
（競争力への影響が高い）

コンテキスト
（競争力への影響が低い）

（出典）CBI Contract Intelligence から許可を得て使用

どの種類の業務を社内で対応または自動化（左下）するか、適正な水準で監督しながら自動化または外部委託をするか（右下および左上）、どれを法務部で担当するか（右上）を決定することができる。この表を使う際には、法務部の活動に関連するリスクと価値、企業にとっての各活動の重要性を検証して、各業務を4つの区分のいずれかに割り当てる。そして、これらの業務を社内と社外のいずれで実施するか、適正な監督レベルはどの程度かなど戦略的な視点で考えていく。こうした戦略的アプローチは、高額な弁護士の時間を不必要（無駄）に使わないようにするために不可欠だ。さらに重要なのは、法務部の知識を活用して、リーガル・リスク・マネジメントや潜在的なビジネスの機会といった観点からビジネスに知見を提供できることだ。

　ジェネラル・カウンセルにとっては、契約の作成と標準的な交渉といった日常業務を事業部門や外部に委託し、広範な事業活動への知見を提供するリスク・データの収集を可能とするプラットフォームを設計する良い機会になる。社内弁護士が表の左下と右下の業務から解放されれば、右上の戦略的な助言や左上のち密な監督業務に注力できる。具体的には、リーガル・リスクを別の形式で管理する方法や、契約データを活用してより大きな利益を生み出す機会を特定する方法、あるいは、リスクの発生確率やリスクキャピタル（無価値になる危険性のある資本）を削減する方法などだ。

価値の高い契約を優先して大量業務のコストを削減する

　ジェネラル・カウンセルとして契約に対する責任を引き受けたら、リスクベースの観点からどの契約を全社で追跡すべきか決定し、そのうえで契約リスクを軽減する目的で契約データを利用するための方針と手順を設ける。社内のすべての契約内容を把握できれば、効率化によるコスト削減ポイントや、潜在的な法的あるいは事業リスクの特定に役立つ契約データを収集して、現在の契約プロセスを見直すことができる。

秘密保持契約の簡素化によりコストとリスクを削減

　貿易・海運・エネルギーの世界的コングロマリットが秘密保持契約（NDA）の簡素化を実行した。NDAは非常に一般的な法的合意であり、個人や企業に守秘義務を課すものだ。この会社は、毎年約5000件を処理していたが、NDA関連の紛争当事者になったことはなかった。標準的な秘密保持の文言は、第三者による秘密情報の取り扱いについて適切な規定となっていなかった。またこの会社は、同一の第三者と複数のNDAを交渉することが多かった。同社では各契約のリスクカテゴリーを特定したのち、契約書の用語を標準化し、シンプルな契約書の雛形を作成した。これらの取り組みによって、NDA作成・締結件数を年間5000件から250件へ削減することに成功した。1件の契約処理に最低3時間をかけていたとすれば、1万5000時間の労働時間を節約できたことになる。その後さらに、ほかの雛形についても使いやすさの向上と効率化のために、文字数を大幅に削減した。

　こうした取り組みには、まず自分たちが締結した契約に関する知識が必要であり、次の段階として、契約の各条項に関する深い知識が求められる。法務部が中心的な役割を果たすためには、契約がどのように生まれ、そのライフサイクルを通して社内でどのように展開されるかについて、ステークホルダーの意識改革を促す必要がある。契約に関わるステークホルダー全員が契約のライフサイクルについて見解を共有していれば、交渉期間を削減するためにリソースを調整することができ、また、契約が日々の事業運営や価値にどのような影響を与えるのか、専門的にも事業的にも共通の理解を得ることができる。

契約管理を提供するオプション

　本章の提案のいずれかを実行しようと決めた場合、契約管理に割り当てる
リソースを増やしたり、再考したりする必要がある。第4章では、人工知能
を活用した技術や低コストのリソースモデルの導入により契約リスク管理に
関わるコストを効果的に削減できることに簡単に触れた。また、どの業務を
社内や社外に委託し、どの業務を法務部が担当するかの判断に使用する戦略
的モデルについてもすでに見てきた。

　法律業務をいかに分散し、スキルの高いリソースに分担させるかに関する
知識が深まることで、法務マーケットに新規事業者が参入した。このような
状況は、法務部にとって好機となっている。法務部は、ビジネスの戦略的な
アドバイザー役を担いながら、コストを効率的に管理するためオルタナティ
ブ・リーガル・サービス・プロバイダー（ALSP）や契約弁護士、リーガル・
マネージド・サービス事業者に業務を積極的に委託する傾向が強まってい
る。

　大口の社内顧客からの付加価値が低く、影響が低い業務を、ALSPや契約
弁護士といったリソースを活用して処理することによって、法務部はバリュ
ー・チェーンにおける自らの地位を高めることができる。低コストのセンタ
ーを設置し、独自のリーガル・マネージド・サービスを低コストで提供する
ことにより、こうした需要に対応する法律事務所もある。例えば、英国の5
大法律事務所「マジック・サークル」の1つであり、国際的な大手法律事務
所であるアレン・アンド・オーヴェリーは、2011年に初の法務専門家チー
ムを英国ベルファストに設置し、2013年には独自の契約弁護士サービス
「Peerpoint」を立ち上げた。

　同時に、アプローチの標準化とテクノロジーの向上によって、監督下にあ
る契約管理チームは能力が向上し、より複雑な業務にも対応できるようにな
った。契約分析ツールと契約AIは、複雑度の高くない業務の新たな選択肢
となっており、さらに改善が進めばバリュー・チェーン全体に広がる可能性
がある。こうした新しいリソースやテクノロジーのオプションを、従来の法

律事務所のサービスと組み合わせることで、企業はリスク管理に対するコントロールを失うことなく、法務サービスを外部委託する選択肢を広げることができる。

┃ まとめ

　契約は、2つの方法で企業をリスクにさらす。1つ目は、稚拙なドラフティングだ。規制当局が要求する重要な法律用語の規定を欠いたり、リスク削減に必要な法的保護を規定していないにもかかわらず誤ってそれに依拠したりという例だ。契約リスク管理の中心的責任を法務部に割り当て、ツールやテクノロジーを導入して交渉内容や業務上のリスク上限を標準化し、代替的なリソースやテクノロジーを活用して契約の交渉やレビューのプロセスを補完して、契約リスクを体系的に管理・報告することにより、これらのリスクを軽減できる。

　企業をリスクにさらす方法の2つ目は、契約の活用不足だ。契約はリスク軽減ツールとして機能し、既存の契約関係のリスクを軽減し、価値を最大化するために活用できる事業上のデータを豊富に含んでいる。しかし、管理ツールとしての契約書の役割を無視し、何らかの紛争が生じた場合にだけ契約書を参照することが一般的だ。これには理由がある。複数のステークホルダーの間で何を重視するかの見解が異なるため、誰も契約に対して責任を負わないからだ。また、契約内容が弁護士から契約を実行する現場のチームに伝えられていないことが多く、現場では個人の取引に関する知識が優先されて契約内容が無視されることになる。さらに、重要な業務改善に向けたリソースが組織全体で不足している場合には、法務部が必要と考えている改善は実行が困難になる。

　しかし、これらの問題はすべて解決可能だ。ALSP、契約弁護士やリーガル・マネージド・サービスなどの新たなリソースの活用により、契約交渉やレビューに関連するコストは減少している。また、リスクに基づいた契約書のレビューをデジタル化したり、各契約書のリスクや特定のカテゴリーに属するすべての契約のリスクを報告したりすることができるテクノロジーも登

場している。これらのテクノロジーでは、契約を「標準的」「おおむね標準的」「ハードな交渉が必要」の3つに分類する。契約の種類を問わず、契約の標準化のために徐々に導入が進んできている。

　予防は治療に勝る。その金言から言えるのは、契約リスク管理で最も重要な分野は、契約のライフサイクルを通して契約を積極的に管理することだろう。引き出しの奥にしまい込んでいた契約書を取り出して事業上のリスク管理ツールとして積極的に使用すれば、問題を早期に発見し、リスク軽減のための行動を前もって計画できるほか、事業リスクを事業保険で補償可能な既知の潜在的事象に落とし込んでいくことができる。そうすることで、企業は契約に封じ込められている豊富な事業上のデータからどのようにして価値を引き出せるかに注力することができる。

第 7 章

紛争リスク

社内弁護士（やコンプライアンス担当者）が、訴訟戦略やチーム編成を外部
の弁護士に任せることが多いのには、いつも驚かされる。

———メル・シュワルツ

はじめに

　予防は治療に勝る。しかし、法規制、契約に基づかない権利や義務、契約
リスクなどのカテゴリーのいずれかでリーガル・リスクを軽減する努力が実
を結ばない場合、何らかの形での法的紛争に陥り、本章で後述するようなア
ドバイスが必要になる可能性が高い。

　法的紛争は、根底にあるリーガル・リスクと経済的損失との間に直接的な
つながりを生じさせる。訴訟に関する法的アドバイスに対してフィーを支払
ったり、予想される訴訟に対する引当金を計上したりすることは、リーガ
ル・リスクに対して直接的な損失を発生させることになる。第1章では、米
国の4つの銀行の、2010年から2018年にかけての法務関連費用と訴訟費用
をプロットした4つのグラフ（図1-1）を示した。そのグラフによると、これ
らの銀行の9年間の費用の合計は、1,071億ドルを超えていた。もちろん、
すべての業界が、銀行業界ほど訴訟が多いわけではない。特に、国際金融危
機（2007～2010年）のあと、銀行業界の訴訟が相次いだが、紛争リスクの管
理には戦略が不可欠だ。

　ここで、「紛争リスク」とは何かを確認しておこう。紛争リスクとは、紛
争に至る前の段階、または紛争の期間中に、紛争プロセスの一部を誤って処
理することで損失が拡大するリスクだ。ほとんどの紛争（95パーセント）は、

訴訟には至らない。そのため、当事者の企業が下す決定や企業に代わって外部の法律事務所が下す決定が、コストや和解金額に直接影響する。私たちの推計では、正しい戦略に基づいて情報の流れを可能な限りコントロールし、正式な裁判所のスケジュールを遵守すれば、損失を最大で30パーセント削減し、利益を増やすことができる。損失額が数十億ドルにものぼる場合、30パーセントは十分な功績と言える。

　紛争管理は、現実には複雑なので、外部の弁護士に指示をして事案を処理させればよいと考えがちだ。実際、リーガル・リスク・マネジメントのこの分野は、ほとんどの場合、外部弁護士に委任されるが、そのプロセスや訴訟担当弁護士が考慮する重要な要素について十分な知識を持っていれば、外部の弁護士に影響を与えサポートすることができる。その結果、プロセスの迅速化とコストの大幅な削減が図れるうえ、最終的には、有利な判決や和解条件を引き出せる見込みが高まる。この方法を選択する場合、次の質問を自らに問いかける必要がある。自分たちが提出する書類、証人、専門家の意見書はどのくらい強力か？　法律は自分たちにとって有利か？　訴訟の場となる管轄裁判所はどの程度信頼できるか？　総費用はどれくらいかかるか？　勝訴したとして、資金が戻ってくる確率はどれくらいか？

　これらは、優秀な訴訟弁護士なら、どんな紛争でも最初の段階で頭に浮かぶ質問のほんの一部だ。訴訟は時間もコストもかかり、一歩間違えば評判を損なうことにもなりかねない。紛争へのアプローチに明確な戦略を持ち、訴訟の成功につながる重要な要因を覚えていれば、どの案件を追及し、訴訟費用を優先的に使うのかについて、正しい戦略的決定を下すことができるだろう。

　本章は、あらゆる種類の紛争を管理する立場にある、訟訴弁護士ではない人たちのためのガイドだ。また、本章では、各案件のメリットを正確に把握し、成功の可能性に関して数学的評価をするのに役立つツールを紹介し、得られる賠償金を最大化する強制執行のベスト・プラクティスを示し、紛争解決コストをオフ・バランスできる訴訟ファンディングの仕組みについて説明する。

紛争リスク管理の開始時期

　紛争リスクの管理は、紛争が開始したと疑った時点から始まる。どのように紛争が始まり、相手の視点がどのようなものか、自分たちはどう対応すべきか。これらをよく理解していれば、成功する確率を高めることができる。契約上の紛争の大半は、当事者の一方が取引に期待していた商業的価値を得られなかったときに発生する。材料が仕様を満たさない、サービス・プロバイダーが合意したサービス・レベル・アグリーメント（SLA）の要求を満たさない、支払いが期待通りではないなど様々なケースが考えられるが、基本的には、一方の当事者が期待していたものを得られなかったということだ。

　もちろんこれは、契約上の紛争に限ったことではない。規制に関わる紛争にも同様の原因がある。規制当局は、企業が特定の方法で事業運営することを期待しており、その義務を果たしていないと規制当局が考えた場合に紛争が生じる。

　商取引の世界では、通常、企業がビジネスを始めるときには、企業同士は友好関係にある。そこには既存の取引関係があり、多くの場合、取引を成立させるための緊迫感と集中力がある。この友好関係が壊れるとは誰も考えていないが、そうした緊迫感から、両当事者とも「すべてがうまくいく」と思い込んでしまうことがある。そうなると、いつ、誰が、何をするのかという重要な情報が省かれやすくなる。だからといって、問題が生じる可能性のあるすべての状況を詳細に検討すべきだという意味ではない。むしろ限られた時間を利用して、核となる範囲と成果物に焦点を当て、各当事者にとっての取引の重要性を協議し、各当事者の立場を守るために相応の保護措置を講じるべきだ。いつ、何を提供するのかを具体的に示し、同様に、いつ、何を受け取るのかも明確にすることが必要だ。

　契約の曖昧さによるリスクを軽減するために文言を明確にするのは、取引を担当する弁護士の責任だ。そして最も重要なのは、それぞれの契約当事者が自分の責任とリスク、受け取ることを期待している価値について、十分に認識していることを確実にすることだ。訴訟では、取引書類の不備や予期し

ていない事態、法規制の曖昧さが焦点になることがよくある。商取引の世界では、一方の当事者が、ある時点で取引がうまくいかなかったと感じ、そこからなんとか抜けだそうとする場合に、こうした状況が生じやすい。

　　取引をした時点で仲のよかった当事者同士ほど、問題が生じると厄介なことになる場合が多い！
　　　　　　　　　　　　　　　　　　　　　　　　　　　　──オリバー・ルール

（注）紛争の相手は、必ずしももとの当事者とは限らない。請求権を安く買い集めて、積極的に訴訟を提起し、収益を得ようとする専門の会社もある。

紛争の95パーセントは、訴訟にはならない

　訴訟は、コストがかかり、リスクも高い。そのため、紛争の95パーセント以上は、訴訟になる前に解決する。しかし、どの弁護士も言うように、提訴された案件は、本案審理になることを前提に準備しなければいけない。なぜなら、和解の要求に対して、相手方がどう反応するかはわからないからだ。最善の和解を成立させるために、裁判をするつもりで行動しなければならない。

　和解で解決しない5パーセントは、往々にして金額が大きく、一方の当事者にとっての潜在的な利益が訴訟コストを大幅に上回り、たとえ勝算が低くても賭ける価値があると見込まれるケースだ。訴訟を想定するかどうかに関係なく、紛争マネジメントと戦略に対してどんなアプローチをとるかが、紛争解決の成功に大きく影響する（30パーセントに及ぶという見解もある）。この統計は経験に基づくものであり、本章で後述する訴訟結果の算出方式に取り入れている。

紛争リスクの3つの主な原因
──秘匿特権、プロセス、戦略

　紛争においては、通常、過去の出来事に対して、2つの相反する見解が存在する。契約締結の際に、誰に何を言ったかといった事実関係の不一致や、

文書の解釈の食い違いなどがよくある。優秀な訴訟弁護士であれば、証拠書類や資料を検証し、重要な書類を絞り込み、契約に基づく各当事者の権利と義務を分析して、各当事者が利用できる救済策を特定するだろう。紛争リスクへのエクスポージャーを評価する際は、証拠書類に対するコントロールのレベル、特に秘匿特権の保全、紛争が通常たどるプロセス、弁護士がとる可能性のある戦略を考慮すべきだ。

秘匿特権

　情報を最大限コントロールするために、弁護士と依頼者との間で行われた当時のコミュニケーションを相手側のディスカバリー（証拠開示請求）から保護する必要がある。秘匿特権とは、相手方に特定の種類の証拠を開示しないことができる制度だ。これによって情報のコントロールが可能になり、法的な議論を最も効果的に行うための時間を確保できるため、訴訟において特に有益なツールとなる。秘匿特権がどれほど重要かは、開示したくない証拠の内容による。例えば、秘匿特権で保護される社内の電子メールは、相手側の主張を補強するかもしれないため、開示しないことが最善策となる。とはいえ、秘匿特権により留保している証拠が自分たちの法的主張を補強するものではない場合は、戦略について再考すべきだろう。
　秘匿特権には、次の2つのタイプがある。①法的助言における秘匿特権——違反が生じた時点での依頼者と弁護士との間のコミュニケーションに適用される。②訴訟における秘匿特権——依頼者、弁護士、第三者との間での紛争に関するコミュニケーションに適用される。

■ 秘匿特権の放棄を検討すべきとき

　一般的に、当事者は、自分たちに不利な文書が発見される場合に備えて秘匿特権の維持を選択する傾向があるが、契約交渉中に得た法的助言が訴訟に役立つこともある。例えば、融資契約における資産価値に関して弁護士から意見書を得た場合、それは請求金額を裏づけてくれる信頼できる証拠になるかもしれない。この証拠を開示するために、紛争中に秘匿特権を放棄することも選択できるが、その場合には、自分自身を未知の紛争リスクにさらすこ

とにもなる。相手方は、同様のカテゴリーに属するすべての文書か、紛争に関する文書全体に秘匿特権の放棄が適用されるべきだと主張する可能性が高い。そうした主張は認められる可能性が高いので、自分たちに有利となる文書の秘匿特権を放棄することにより、ほかの文書の秘匿特権も放棄するという現実的なリスクを負うことになる。

■ 機密性の高い社内プロジェクトに対する法的助言の秘匿特権の形成

　特定の規制上のプロジェクトについての社内のコミュニケーションを保護したい場合は、秘匿特権が特に重要となる。大企業は、規制へのコンプライアンスを改善するためにプロジェクトを開始することが多いが、そのためには現在の実務を見直し、ポリシーと実務がどの程度強固かを検証するために、専門家を活用する必要がある。こうした社内プロジェクトの結果は、規制当局が同じ分野に関して、独自に調査を開始した場合に、企業にとって不利に働くおそれがある。一般的に、何らかの調査がされる可能性がある場合、報告書とその根拠となる作業書の開示決定に柔軟性を確保するため、秘匿特権を保持すべきだ。たとえば、反競争的な行為の可能性や、贈賄防止管理の妥当性などを確認するために、社内プロジェクトにより作成された秘匿特権が及ばない報告書は、規制当局が議論の主導権を握る目的で利用する可能性がある。そうした場合、規制当局が主導権を握り、企業は守勢に立たされるかもしれない。実際のところ、規制当局はそのような報告書について、秘匿特権を放棄するよう圧力をかけてくる可能性があるが、秘匿特権を行使・保持するための手段を講じていれば、少なくとも選択の余地がある。

　英国の裁判所は、秘匿特権の保持を支持している。ある判例（後述の事案の概要を参照）では、大手銀行が弁護士に、規制に関する問題について助言するよう指示した。弁護士は文書を検証し、メモで委員会に報告した。弁護士は、その会議の議事録も作成した。異議が申し立てられた際、英国の裁判所は、その弁護士のメモと議事録は法的アドバイスの一部であるため、秘匿特権が適用されると判断した。弁護士のメモと議事録が申立人にとって不利な内容だったかどうかはわからないが、銀行の弁護士は、秘匿特権が認められたことで、クライアントのために情報の流れを引き続きコントロールすることができた。

プロパティ・アライアンス・グループ対ロイヤル・バンク・オブ・スコットランド事件（2015年、EWHC 3187 (Ch)）

　裁判所は、このようなアドバイスが作成される際、クライアントと弁護士の間のコミュニケーションが、どの程度まで秘匿特権の適用対象になるのかを検討した。本件で言及された文書は、LIBORに関する不正行為の申し立てに関する訴訟において、ロイヤル・バンク・オブ・スコットランド（RBS）の執行運営グループ（ESG）が作成したものであった。この文書は、以下の2つのカテゴリーに分類されている。①法律事務所が作成した社外秘のメモで、規制当局による調査の進捗状況、現況と問題点に関するESGへのアドバイスと最新情報、②ESGと弁護士とが会議で話し合った内容について法律事務所が作成した社外秘の議事録。そこには、規制当局による調査に関する法律事務所の見解が反映されており、最終的には議事録に記載された。

　裁判所は、同行が外部の弁護士に依頼したのは、「関連する法的な状況」の中で専門の弁護士から助言と支援を受け、規制当局とのやり取りを行うためだったと判断した。そうしたアドバイスと支援は、「間違いなく、RBSの権利、債務、義務のほか私法・公法のもとでRBSに認められる可能性のある救済策に関連していた」。文書内のいくつかの要素（例えば公開イベントへの言及など）は、通常、それ自体では秘匿特権の対象にはならないが、ここでは弁護士と依頼者との間の「必要な情報交換」の一部を構成し、その目的は適切な場合に法的助言を提供することだった。そのため、これらの文書全体が秘匿特権の対象になった。裁判所は、もしこの議事録が依頼者の弁護士以外のスタッフによって内部で作成され、アドバイスと秘匿特権対象外の事実が同じように混在して記録されていたら、法的アドバイスの部分を黒塗りしたうえで開示していたかもしれないと認めた。

　また、裁判所は、規制当局による調査の場合も含め、弁護士と依頼者との間の法的アドバイスに秘匿特権が適用されることには明確な政策的正当性があることを強調した。さらに、裁判所は、規制当局の調査が行われている場合、弁護士は、依頼者が次にどんなアドバイスを入手すべきか、どんな手段を講じるべきかを決定できるように、依頼者に対して、事実関係を説明したり、記録したりする必要があることを明示的に示した。

裁判官は、文書が弁護士によって作成されたということだけでは、法的アドバイスの秘匿特権の主張を支持しないことを強調したが、規制当局による調査や訴訟の検証の早い段階から弁護士を関与させることで、後の裁判や規制措置において、それに関連する文書の開示を強制されるリスクを大幅に軽減できるのは明らかだ。

紛争プロセス

裁判所が命じる期限を遵守しなければ、欠席裁判で敗訴するか、少なくともコスト面で不利になる危険性がある。特定の期限がある場合は、それを認識・厳守して、以下のようなプロセスに準拠するよう準備すべきだ。すなわち、訴訟の案件管理を外部の法律事務所に任せるか、法律事務所が使用するのと同様の訴訟管理システムを社内の訴訟チームが採用することで、期限を遵守できないリスクを軽減できる。

（注）訴訟プロセス全体を通じて、当事者双方の弁護士は、訴訟の様々な内容に関して文書でのやり取りをすることになる。裁判官が弁護士間のやり取りに影響を受けることはほとんどないが、弁護士間の膨大な量のやり取りに目を通すのは煩わしいと感じる裁判官は多い。そのため、社内の法務部のチームに対しては、そうしたやり取りを必要最低限にとどめ、全体的に冷静なトーンにすることを勧めたい。

1 **紛争の発生**——紛争の発生が差し迫っていることに気づいたら、直ちに弁護士に知らせ、秘匿特権の保全に努める。また、「リーガル・ホールド」または「保全通知」を発出して、紛争に関連する可能性のあるすべての文書を保護する。スタッフに対しては、紛争中の事項に関して新たな文書を作成しないように注意を促す。
2 **訴訟前の通告**——請求の根拠を示し、申立人が要求する金額を記載するとともに、請求金額が支払われない場合は、提訴する意思を通告する書面。

3 **訴状と請求原因**──紛争の原因の概要を説明する正式な書類。事実に基づき、冷静な表現を心がける。

4 **抗弁（反訴の可能性も）**──こちらが抗弁を提出する側の場合、通常、弁護士は、抗弁（請求事項に対するこちらの立場）について、簡単な説明を提供する必要がある。

5 **再抗弁（反訴に対する抗弁の可能性も）**──抗弁に関する文書に対する申立人からの反論。

6 **ケース・マネジメント会議**──この会議においては、案件のタイム・テーブルが決定される。裁判所が命じる期限を守らなければ、深刻な結果を招くだろう。社内でケース・マネジメントをしている場合は、社内のチームが細心の注意を払うべきリスクだ。

7 **証拠開示／ディスカバリー**──訴訟当事者は、裁判で依拠しようとする文書や自らの主張に関する文書を、それらが自分たちに有利に働くどうかにかかわらず、原則として開示しなければならない。「関連」するかどうかの解釈には幅があるが、これらの基準に該当する文書のみを開示すべきだ。米国では、これらの開示手続きには、供述録取や尋問への回答書などが含まれる場合がある。コストと時間がかかる作業であり、多くの企業が弁護士に対して、e-ディスカバリー（電子証拠開示）技術やその他の低コストで利用できる文書のレビュー方法を奨励している分野でもある。

8 **裁判**──弁論と証拠調べの期日を設定する。

紛 争 戦 略

　紛争の95パーセントは訴訟には至らないが、自分たちの紛争が最終的には訴訟にならないと想定すると準備不足になりかねない。正しい戦略に従えば、成功の見込みは最大30パーセントまで上昇させることができる。3億ドルの紛争であれば、これはかなりの金額の節約であり、担当者のキャリア・アップにもつながる。戦略を正しく策定するためには、事案における重要な要素を明確に把握する必要がある。

早い段階で、事案における強みと弱み、勝敗がつきそうな場面を明確に把握しておこう。そうすれば、リソースを最も効果的に集中させることができ、和解交渉を行う際には、自分たちに最も有利なタイミングを設定できる。

——オリバー・ルール

紛争管理のベスト・プラクティス

　訴訟では、感情的になる場合がある。個人的な利害が絡む場合、冷静で合理的な判断をするのは非常に難しいが、事実に注意を払わず直感で事案に対処すると損失リスクは確実に増大する。優秀な弁護士ならば、いくつかの重要な要因を理解したうえで、こちらの強みと弱みについて合理的な見解を提供してくれるはずだ。

事案における事実関係の確立

　まずは、紛争原因となった出来事を特定する。多くの場合、それが紛争の結果を左右する最も重要な要因となる。訴訟の初期段階で重点的に検討することで、その事案の有利な点を明確に把握できる。これによって、早い段階で有利な和解交渉を行うか、少なくとも有利な立場で訴訟に臨むことが可能になるだろう。紛争の主要な時期に中心的な人物が作成した同時期の文書について、優先順位を付与し、それらを時系列で並べ替えることで、出来事の順序、当事者がそのように行動した理由、紛争原因となった可能性がある誤解が何だったかなどに関して、理解することができる。

法的主張の強さを明確にする

　紛争が最終的には裁判で争われなかったとしても、裁判を想定して練り上げた法的主張の相対的な強さは、和解の結果にも影響するため、法的主張の強さは成功の見込みに大きな影響を与える。訴訟に持ち込む前に、自分たちの主張の強さについて、弁護士に詳細な評価をしてもらうとよいだろう。こ

れには、QC（英国における勅撰弁護士）の意見も含まれる。金額が莫大な事案の場合、QCにかかる費用は無駄にはならない。QCの意見は、不利な状況で訴訟を遂行するコストを回避するのに役立つだけでなく、早期に和解交渉を選択する場合に、相手より優位に立つことができる。

　事案に関連する判例法について、法務部に質問し、商業的な観点に焦点を合わせておくのもよいだろう。現在、少なくとも英国では、判例法の第一義的な目的は、契約の明確性・安全性を確保することなので、たとえ商業的見地から合理的であっても、判例法が支持しない可能性があることに留意すべきだ。たとえば、英国では、契約締結時に双方が知っていた事実関係（互いに事実と認めるものだけを考慮に入れることができる）に基づき、契約当事者が合意したと合理的に考えられるものが何かに関する基準は、変遷している。昔は字義通りの分析がされていたが、20年前から裁判所は、「商業的に合理的なビジネス・パーソン」がどう考えるかを考慮するようになった。裁判所は、単に字面に基づいて契約の文言の意味を解釈するのではなく、現代の実務に基づいて「商業的に合理的か」を問うようになった。だが、もっと最近では、契約の文言こそ当事者の意図を示す最良の証拠という解釈に、振り子が戻ってきている。これは、取引の安全性と契約の自由に資するものであり、契約交渉の際には、自分たちの意向を相手に正確に説明し、弁護士がそれを契約に反映して万全を期すことが大切だ。以下の事案の検証（アーノルド対ブリトン事件、2015年）では、契約の合理性についての憶測がどんな事態を招くかを示している。

事案の概要

アーノルド対ブリトン事件（2015年、UKSC 36）

　この事件は、91軒の別荘を所有・賃貸するオクスイッチ・レジャー・パークと賃借人25人との間で、契約に定められたサービス料金の支払いに関して争われたものだ。契約には、賃借人が最初に年間サービス料金として90ポンドを支払い、次年度以降は、毎年10パーセントずつ複利で料金が引き上げられるという文言が含まれていた。この文言を文字通りに解釈すると、2072年（リース期間終了年）には、各賃借人が支払うサービス料金は年間55

万ポンドを超える。賃借人は、このような字義通りの解釈は商業的な常識の範囲を超えているとして、異議を唱えた。

英国の最高裁判所は、もとの契約の文言の意味は明確であると判断し、字義通りの解釈を支持した。最高裁判所は、商業的な常識の原則が適用されるのは、関連する条項の意味が曖昧な場合に限るとした。使用された文言の自然な意味が明確な場合、たとえそれが商業的に有害な結果をもたらしたとしても、考慮事項とはならない。

この話の教訓は、「契約に自分たちの言いたいことがきちんと書かれているかを確認せよ」ということだ。不適切な取引や契約作成の不備があっても裁判所が助けてくれることを期待してはいけない。

紛争となっている実際の金額を算出する

実際の損失額がいくらなのか明確にしよう。相手方は、法外な金額を請求してくるかもしれない。実際の損害額を知ることで、紛争の行方についての見通しが大きく変わる可能性もある。多くの場合、当時の出来事について証言することができる知識が豊富な専門家証人（以下を参照）を指定することが重要だ。早い段階で適切な経験を持った専門家証人に相談することで、実際に争われる金額を明確にすることができる。

当時の経験を持つ専門家を探し出す

多くの紛争は、専門家による証拠で決まるといってもいい。裁判所は、事件当時にその業界で活躍し、証言内容に関連した経験を持つ証人を求める傾向が強くなっている。できる限り最適の専門家を見つけて関与させられるように、素早く行動すべきだ。専門家は、最終的には、彼らを指定した当事者ではなく裁判所に対して義務を負う。ただし、この事実を考慮したとしても、業界で最も信頼されている専門家を相手方が先に指定し、こちらには経験や資格が不十分な専門家しか残されていないという状況は避けたい。

証人が法廷でうまく証言するとは限らない

　証人は何があったのか話をし、うまくいけば、事案に関するこちらの見解を裏づけてくれる。尋問においては、揚げ足をとるような質問に対して証人がうまく対処できるかが大きな課題だ。個人を特定するには、電子メールや電話の記録を検索したり、関連する文書を調べたりすることが役に立つ。紛争の初期段階や請求の提起前でも、証人と話をし、成功する見込みを評価するとよいだろう。それは、事案の本質や当事者の動機を理解するための近道になるだろう。もっとも、注意点が1つある。訴訟になるのは、何かがうまくいかなかった可能性があるからであり、証人は、自分自身の行動を正当化するために、自分に都合のいいように、出来事の記憶を一部変えてしまう可能性がある。結果に対して個人的な利害関係を持つ人の話を聞いて、自分たちの成功を過大評価してしまうという罠には、はまらないようにしたい。とはいえ、証人や証拠文書、専門家などの証拠を早い時期に分析し、冷静に判断することができれば、クライアントは優位に立つことができるだろう。

特定の裁判官や裁判所が与える影響を考慮する

　裁判のスピードや信頼性は、地域によって大きく異なるため、紛争がどこで審理されるかは重要だ。ニューヨークや英国など比較的信頼性の高い司法管轄地であっても、裁判官次第でその質は大きく変わる。どんな裁判官が割り当てられるかに対してはどうすることもできないが、この点は考慮すべき訴訟リスクだ。仲裁の場合、仲裁人の構成について発言権があることが多いが、相手側にも同様に発言権があることを忘れてはならない。

開示と証拠開示手続と文書の検証

　多くの場合、開示や証拠開示手続きは、訴訟の最初の段階の1つであり、通常、両当事者が書面の交換をした後に行われる。英国では、裁判所が「標準開示」を命じた場合（実務では通常は大きな紛争で命じられる）、自分たちが

依拠し、有利、不利になるすべての文書を相手側に開示することになる。

　電子文書の普及によって、開示手続きは、非常にコストがかかるようになっている。文書を発見し、電子証拠開示システムにアップロードして、それを弁護士チームが検証することから、時間とコストがかかる。そのため、文書を検証するオプションについて、早い段階で外部弁護士と相談しておくことが肝要だ。これに合わせて、社内での初動の検証の実施、テクノロジーを活用した検証範囲の縮小、コストが安い海外業者を活用して最初の作業を実施することなども考えられる。英国では、当事者は開示範囲について、合意するように努力することが義務づけられている。これには、検索用語、日付の範囲、文書が検索対象となる個人の合意が含まれる。また、当事者は、開示のコストを見積もり、関連文書がどこにあるかを説明することも求められる。

　開示の際には、どのような文書の情報源が検索されたのかが重要なのだが、どの文書が検索されなかったかについても、各当事者が表明する必要がある。また、各当事者は開示の過程において、直面した問題やそれをどう解決したかについても説明しなくてはならない。このような陳述書には、通常、事案担当の社内弁護士が署名し、裁判所に対して陳述内容が真正であることを確認する内容が含まれている。当然だが、署名前には不注意で虚偽の宣誓をしないように、手続きには注意を払わなければならない。

　手続きをうまく管理し、文言通りの義務を果たしていれば（必要に応じて相手方との連絡を含む）、時間もコストもかかる情報開示によって身動きが取れなくなる事態を回避することができ、勝訴あるいは有利な和解を成立させる可能性をどうしたら最大化できるかという重要な課題に集中できるだろう。実際のケースでは、情報開示手続きの時間やコスト、リスクを回避するために、情報開示の直前に和解することが多い。また、重要な証拠が明らかになった情報開示の直後に和解するケースも多くある。早めに文書を入手し、何が起こったのかを明確に把握できれば、不意打ちを回避することができる。

訴訟戦術とアプローチ

　自分たちの戦略を実現するために採用する戦術も、結果に大きな影響を与える。被告としては、手続きを長引かせ、可能な限り情報開示の量を少なくして、原告側に手続きの進行を迫り、コストを発生させたいと考えるかもしれない。手続きがかなり進行した頃、和解の準備ができていれば、戦術的な和解申し入れをすることができる。申し入れを拒否した相手方がより良い条件を提示できなければ、コストの負担を相手方に転嫁できる。

　請求側は、様々な戦術をとることができる。例えば、広範囲の情報開示を求め、こちらの主張をさらに強化する文書が見つかることを期待するというやり方だ。また、相手方が資産を保有する管轄地にも、細心の注意を払う必要がある。さらに、勝訴した場合に、判決内容の執行がどの程度容易なのかについても慎重に検討する。

　同様に、相手方の動機についても、考える必要があるだろう。相手方はこの件について是が非でも訴訟をしたいのか、それとも和解に応じる可能性はあるのか？　相手方が攻撃的なのは有利だと確信しているからか、それとも単に私たちを脅して服従させようとしているのか？　クレーム案件を専門に扱う訴訟ファンドの中には、面倒を避けたい大企業に、和解に応じるように説得を試みるところもある。

成功の見込み

　上述の要因は、訴訟が成功する可能性について、複合的な影響を与える。成功の見通しを評価する際は、これらをすべて考慮する必要があるだろう。これは単に戦略を導くためだけでなく、必要に応じて引当金や偶発債務を確実に計上するためにも重要だ。国際会計基準によれば、自社に不利となる可能性が「高い」か「中程度」ある訴訟に対しては、引当金か偶発債務を計上しなくてはならない。一般的には、各訴訟の「成功の見込み」を「不利な結果となる可能性」として表現することになる。

　多くの弁護士は、成功する見込みを評価する際には、非常に慎重になる。

彼らは損失回避（ヒューリスティクスの1つ）の影響を受け、潜在的利益よりも損失の可能性に重きを置く傾向がある。このことは、引当金の額に重大な影響を与える可能性がある。表7-1は、損失回避のバイアスが、成功可能性の推定にどう影響するかを表している。左側の1列目は、従来の成功する見込みの評価が示されている。次に、損失回避の影響を考慮して、2列目のより現実的な「実際の成功見込み」に変換する。この分析は主観的なので、透明性を完全にするため、4列目に根拠を記載する。3列目は、「実際の成功見込み」に関連する「不利な結果になる可能性」を示す。この評価は、引当金を積むかどうかの判断に役立つだろう。

表7-1 「不利な結果になる可能性」に対する損失回避の影響

従来の評価	実際の成功見込み	不利な結果になる可能性	根拠
50:50	50:50	中	弁護士が結果を確信できない場合、勝敗の確率は五分五分だと言う
60:40	80:20	低	このレベルが、評価の際に損失回避の影響を受けやすい。60:40は強気な見方で、勝訴の可能性が高いことを意味する
70:30（およびそれ以上）	90:10	低	65%以上なら勝訴の可能性が高く、90%に近い確信があることを意味している。しかし、弁護士が90%と言うと、依頼者には「勝訴確定」に聞こえてしまい、法廷での偶発的出来事への対応が不十分になりかねない
40:60	40:60	中	敗訴というより損失の可能性があり、通常の注意が必要
30:70（およびそれ以下）	30:70	高	損失回避の傾向は、このレベルではあまり見られない。30%を下回る場合は、損失の可能性が高い

訴 訟 の 結 果 の 予 測

　訴訟の結果予測は、貸借対照表に影響を与える。そのため、訴訟結果についての計算式を利用して、成功の可能性について弁護士の意見を検証し、損失回避やその他の人間の心理バイアスの影響を最小限に抑えるべきだ。表7-2は、事案における自分たちの強みを正確に見積もるために使用できる計算式の一例だ。本章で説明した各要因に、相対的なウエイトづけをしている

が、分析したい事案のタイプに応じて、法務チームとの話し合いで調整可能だ。

- **当初の影響評価**——各要因の強さを示す値を「範囲」から選択する。例えば、「事実」が100%こちらにとって有利であり、それが当時の文書によって裏づけられる場合は、「範囲」の最大値である「30」のスコアを選ぶ。
- **範囲**——影響評価の潜在的範囲のこと。範囲は要因ごとに異なる。独自の計算方式で範囲値を調整する場合は、計算が簡単になるように、合計値が100となるようにする。
- **影響評価の変動**——各要因について、紛争の過程で影響評価が変化する可能性を示すため、その程度をマイナスやプラスで示す。

表7-2　訴訟の結果の算出式

要因	当初の影響評価	範囲	影響評価の変動	コメント
法的主張 判例法や手続きなどを考慮	15	0〜20	0	法的主張は事実に比べて副次的なものであり、結果に与える影響が変化する可能性は低い
事実 当時何が起こったか	30	0〜30	0	事実はこちらの主張にとって有利であり、当時の文書による確証が十分にある
証人 証人はこちらの主張する事実をどれだけ裏づけられるか、また、反対尋問に耐えられるか	10	0〜15	–5	事実に関するこちらの主張を裏づけてくれるよい証人がいるが、尋問ではうまく証言できない可能性がある
専門家 専門家はどれだけ当時の状況と関連があり、審理でどれくらいのパフォーマンスを見せてくれるか	5	0〜25	10	適任の専門家証人はまだ見つかっていないが、適切な専門家が見つかれば成功の見込みが大幅に改善する可能性がある
裁判官・裁判所 裁判官の過去の判決と裁判所の地域性	10	0〜10	0	この訴訟を審理する裁判所と裁判官は、過去にこちらにとって好ましい判決を下している
合計	70	100	–5 から+10	65–80 **（最大100として、勝訴する確率）**

（出典）ゲオルギ・ディミトロフ・アソシエイツが提供したオリジナル版に基づく。許可を得て掲載

- **コメント**——あなた（または、あなたの後任）が、訴訟の長い過程の中で再検討できるように、根拠を記録する。

訴訟費用の相殺とリスクの移転方法

　訴訟ファンディングとは、訴訟を提起し遂行するための費用を、無関係の第三者である訴訟資金の提供者が支払う仕組みのことをいう。単一の訴訟のファンディングでは、通常、原告側が訴訟ファンディングを利用し、最終的に損害賠償が支払われた場合に、資金提供者がその一部を受け取る仕組みだ。資金提供者は、投資期間とリスクに応じて、通常、投資額の1〜3倍のリターンを期待する。例えば、英国高等法院で争われる大規模訴訟の平均コストが約100万ポンドとした場合、主要な訴訟資金提供者は、予想される損害賠償金額が500万ポンド以下の訴訟にはほとんど目を向けないだろう。訴訟ファンディングを活用すれば訴訟をオフ・バランス化できるかもしれないが、当然のことながら相応のコストがかかる。

　訴訟ファンディングが社内の法務部にもたらすメリットは3つある。第一に、訴訟を遂行するための予算については、財務部と法務部との間でしばしば軋轢が生じるが、外部資金を活用することにより訴訟費用が青天井になる事態を回避できる。訴訟費用は資金提供者が支払うことから事業上の費用の額には影響が及ばず、外部弁護士報酬が収益に与えるマイナスの影響を除外できる。資金提供者から受け取る前払金は「融資」ではなく、通常はノンリコースであるため、貸借対照表に計上する必要はなくオフ・バランスのままとなる。

　第二に、訴訟期間を正確に予想することは難しい。そのため、勝訴したとしても請求金額をいつ受け取れるのかは、予測が困難だ。案件を「現金化」することで、クライアント企業は望むときに受取金を「計上」できる。どのような訴訟案件のポートフォリオでも、事案が予算通り、戦略通りに進んでいることを確認するため、定期的な評価とモニタリングの実施が不可欠だ。訴訟ファイナンスを利用した場合、訴訟ポートフォリオについて四半期ごとに検証を実施し、資金提供者に対して、そのアップデートを提供する必要が

生じる。そうした社内の検証と、社外からの評価は、ポートフォリオが定期的かつ適切にモニタリングされることを意味する。

　最後に、訴訟ファイナンスによるリスク低減が最も明確なのは、リスクが移転する点だ。資金提供者の資金を使用して訴訟を行い、訴訟費用に関する保険または資金提供者からの補償のいずれかにより、不利なコスト（訴訟費用の敗訴者負担を認める管轄地の場合）に対応する引当金を積むことで、訴訟を行うことによるリスクは、すべて資金提供者に移転されることになる。

　訴訟ファイナンスも、その他の高度な金融サービスと同様に、一部の投資が失敗しても、ほかの投資が成功するように、多様な資産プールを組成することによって最も効率的に機能する。資金提供者にとっては、多様性によってリスクを低減でき、それがコストを引き下げ、クライアントにとってより魅力的な条件を提供することにつながる。ポートフォリオ・ファイナンスの人気の高まりは、訴訟ファイナンスの分野が成熟してきていることを示している。これは、企業やクライアントが、訴訟資金が必要な単発のケースだけでなく、訴訟に関連する幅広い様々なリスクとコストを削減するための解決策を必要としていることを物語っている。

訴訟ポートフォリオ・ファイナンスの9つの黄金律

1　ポートフォリオ・ファイナンスは、複数の案件を1つの投資にまとめて利用するのが最適だ。資金は、1社以上の法律事務所に依頼する複数の訴訟を抱えるクライアントに提供される。従来の訴訟ファイナンスと同様、ポートフォリオ投資も必ずといっていいほどノンリコースである（つまり、組み入れた訴訟が敗訴すれば、先行投資は失われる）。

2　ポートフォリオ内の案件は関連性がなくて構わない。資金提供者は、案件の多様性を好む。1社のクライアントのポートフォリオに資金を提供する場合、1人の原告への投資となるが、複数の被告や無関係な複数の事案がポートフォリオとなり得る。

3　**ポートフォリオには被告としての案件も組み入れることができる。** 原告としての案件から予想される収入が、被告としての弁護費用を賄うのに十分な場合、被告としての訴訟の弁護士費用もポートフォリオに組み入れることができる。また、「成功」の定義をカスタマイズしてポートフォリオを構築することも可能だ。

4　**ポートフォリオに組み入れる案件数に制限はない。** ポートフォリオのサイズは、2件程度から、1社の企業が抱えるすべての案件まで様々であり、その料金体系は、全部もしくは一部を条件付きとするものや賠償金ベースの合意またはそれらを組み合わせたものなどがある。

5　**ポートフォリオ・ファイナンスは、手数料や費用の一部または費用のみをカバーするためにも使われる。** ポートフォリオ・ファイナンスの利点の1つは、多様な異なる案件の中で最も資金を必要とする案件に資金を充当できる柔軟性だ。例えば、ある案件に予想以上の支出が必要な場合、クライアントはポートフォリオ投資の資金を別の案件でなくその案件に充当できる。ポートフォリオ・ファイナンスは、案件の現金化や、研究開発や一般のキャッシュフローの資金源としても使用できる。訴訟資金の提供者は、提供資金に対する予想回収額の比率として自らが設定した範囲内であれば、ポートフォリオからの予想受取額が支出（と資金提供者へのリターン）を十分にカバーする限り、ポートフォリオに対して資金を提供するだろう。

6　**ポートフォリオ・ファイナンスにより資金を柔軟に活用でき、全体的なリスクと資本コストを低減できる。** ポートフォリオ・ファイナンスの主要な利点の1つは、資本を柔軟に活用できることと全体的なリスクを抑えられることで、その結果、資本コストの低減にもつながる。ポートフォリオ・ファイナンスは、バランスシートやリスク・プロファイルを管理するうえで特に有利であり、この点は上場企業にとって大きな効果をもたらし得る。

7 **資金提供者は案件ポートフォリオの多様性を求める。** 資金提供者から見ると、理想的なマルチ・ポートフォリオ投資は、異なる当事者、異なる主題、異なる裁判所が関与し、ほとんど相互に関連しないなど、多様性に富んだ案件で構成されている。ほかの投資シナリオと同様に、幅広い案件にリスクを分散させることで、1つの分野からの影響を軽減できる。

8 **ポートフォリオ投資の条件は、案件の数、勝算、クライアントのニーズにより決まる。** 投資条件は、ポートフォリオに含まれる案件の数、各案件の勝算や進行段階により異なる。一般的には、ポートフォリオ・ベースのほうが、単一の案件よりも資本コストは低くなる。分散されたポートフォリオにより投資全額を失うリスクが軽減されるので、より多くの資金調達や価格引き下げの機会が生じる。最終的には、条件は常にクライアントのニーズにより決定される。例えば、クライアントが確実性を重視する場合、資金提供者は、事案の解決まで明らかにならない収益の一定比率ではなく、投資額の倍数または金利ベースの収益でリターンを計算するかもしれない。ポートフォリオでは、各案件の解決時期によってリターンの時期がずれるので、金利ベースのリターンが好まれる場合もある。

9 **高リスクの案件は、ポートフォリオの一部として資金調達したほうがよい。** 高リスク、中リスク、低リスクの案件を組み合わせて分散ポートフォリオを構築するのが理想だ。特許や国際仲裁など、特に高リスクの案件については、単一案件ではなくポートフォリオ構造を採用することで、より良い条件を資金提供者に提示できる。

執行リスクの分析と管理方法

訴訟資金をどう調達するにしても、原告として考慮すべき最も重要な点の

1つは、執行リスク、すなわち勝訴した場合に支払いを受けられるかどうかだ。本章で説明したアドバイスに従って最終的に勝訴しても、相手方が裁判所の判決を遵守し、支払義務を果たす保証はない。敗訴した当事者にとって、判決に従うかどうかは、ほとんどの場合、財務と評判への損害を考慮した合理的なビジネス上の判断による。相手方にとっては支払いを回避し、執行に抵抗するコストのほうが命じられた賠償金額よりも低いかもしれない。一方、ルールに従わないことを選択した場合に生じる風評被害は、1回の損害賠償金額をはるかに上回ることもある。

分析によって成功の予想確率を算出するのは難しい。どのくらいの判決が下され、裁判所が命じた賠償金がいくらで、実際に支払われた件数や最終的に支払われた額がいくらで、判決金額からどれだけ減額されたか、といった統計データはほとんどない。法的な勝利が「ピュロスの勝利」（犠牲が大きく割に合わない勝利）であることを宣伝するのは原告のためにならないうえ、弁護士は、法律上か事実上重要な案件に自分が関与した事実だけを宣伝する傾向があり、勝訴したかどうかはともかく、最終的に賠償金を獲得したかどうかを宣伝することはまずない。

また、最終的に決定に従ったかどうかを記録する裁判所やフォーラムもない。たとえ記録したとしても、従わなかった事例の開示には抵抗を示すだろう。その裁判地が、紛争解決のために効率的で実効性のある場所であることを宣伝するほうが、利益にかなっている。このように実証的な証拠がないため、事案の戦略において執行リスクを定量的に分析し、ベンチマーク化することは難しい。執行リスク（または回収リスク）に影響を与える要因は、システミックなものと、相手方に固有のものとがある。重要なシステミック・リスクは、準拠法と紛争解決機関の選択だ。相手方に固有のリスクは一般に、資産の所在地、財務状況や風評リスクへの反応に関するものだ。これらの要因を分析し、特にこれら2つの要因の相互作用を分析することで、執行リスクが明らかになる場合がある。

システミック・リスクの検討事項
—— 準拠法と紛争解決機関の選択

執行は、契約の準拠法と紛争解決機関を選択する際に、または投資のスト

ラクチャリングをする際に考慮すべき多くの事項の1つだ。執行リスクを検討する際には、最悪のケースを想定することが、分析のフィルターとして役立つ。

　例えば、英国を拠点とする原告は、予測可能性とコストの両方の理由から、英国高等法院に訴えることが望ましいと考えるかもしれない。しかし、英国高等法院の判決をその管轄地の外で執行することは、相対的に困難であることも考慮すべきだ。二カ国間合意、条約や規制（ハーグ条約、ブリュッセル条約、ルガノ条約など）の比較的複雑なマトリックスは信頼できるものではあるが、これらの加盟国は、主にその他のコモンローや欧州の管轄地で構成されていることにも留意すべきだ。

　一方、仲裁裁定は、ニューヨーク条約の下でより幅広く執行することが可能だ。加盟国には、中華人民共和国やロシアといった紛争が頻繁に起こる管轄地も含まれている。州内での認可や現地での執行を試みた場合、現地の法制度の不安定さに影響を受けるかもしれないが、原則として直ちに執行可能である仲裁判断があれば、和解の可能性を高めることができる。ただし、相手方が条約加盟国内にあっても、資金と資産がそこにはない可能性がある点に注意が必要だ。

　どの紛争解決手続きを選択したとしても、相手方が手続きへの参加を拒否した場合には、執行はずっと難しくなる。ルールは、人々がそれに従うであろうことを前提につくられている。選択した紛争解決手続きに関係なく、相手方がこれらのルールに従うことを拒否した場合には、執行リスクははるかに高くなる。例えば、相手方が手続きに参加せず、紛争から得られるものが欠席裁判の勝訴判決だけであれば、支払いを受ける確率は非常に低くなる。相手方を強制的に手続きに参加させ、すべての選択肢の中で支払うことが最善策となるように相手を追い込むことを試みるべきだ。

相手方に固有の考慮事項

　このシステミック・リスクの影響を、紛争の相手方に関する情報なしに、適切に評価することはできない。商取引上の紛争を純粋な学問の演習として取り組んではならない。なぜなら、目標は新たな判例法を生み出すことでは

なく、金銭的な収益を得ることだからだ。

　判決による債務の履行に従わない相手方から回収するシナリオを想定する際に、考慮すべき最も明白な分野は、（1）資産の所在地とその性質と（2）相手方の財務状況の2つだ。最も重要なのは、資産の性質（固定資産、動産、流動資産のいずれか）と判決を下した紛争解決機関の管轄地内にそれらの資産があるかどうかだ。相手方が債務を負っていたり、判決によってこちらと同等か優位な請求権を持つほかの債権者に追われていたりしないだろうか？　こうした要因が1つでもあれば、執行を追求するための内部コストが増加し、賠償金としての回収可能額が減少するおそれがある。

　相手方の分析においては、目に見えない側面として、個人や企業のモチベーションの理解がある。和解に向けて活用できる要素を特定できるか？　相手方はこの件が公表されることを恐れているか？　義務の不履行が明らかになった場合、相手方の取引先は取引を控えるだろうか？　また、相手方の企業では誰が決定権を持っているのか、誰に働きかけや圧力をかけるべきかを検討することも有効だ。

判決に従わない被告に対する執行のベスト・プラクティス

　利益を計算したうえで判決に従わない被告に対して執行するには、弱気は禁物だ。成果を出すためには、自分自身の動機とビジネス上考慮すべき要因を明確にし、被告についてできる限り多くのことを把握し、可能な限り最高の執行チームを組織する必要がある。また、相手方に現状を打破する方法があることを知ってもらい、存亡をかけた戦いではないことを理解させることも重要だ。存亡をかけた紛争は、定義上、死ぬまで戦うことになるが、それが最善の利益になることはほとんどない（もちろん、主要な競争相手である場合は別だが）。

考え方と戦略的な方向性

　執行の成功を左右するのは、何よりもまず、考え方と戦略的な方向性だ。端的に言えば、執行を単なる損失の軽減策と見るか、それ自体を投資と考え

るかということだ。前者は、「損の上塗り」の考え方によって特徴づけられる。こうした考え方の下では、（判決の保有者として）経済的に非合理的な根拠に基づいてしばしば連続して失敗を犯すことになる。さらに悪いことには、このような考え方は心理的な停滞や麻痺をもたらすおそれがある。対照的に、一見すると微妙な違いかもしれないが、執行を投資と見なすことで、投資に対するリターンという観点から意思決定を分析することができ、途中で避けられない障害が生じたとしても、戦略的な方向性を維持することができる。

リスクの移転と資金調達

　このように、執行戦略を実行するかどうか、またどのように実行するかは、合理的に意思決定されるべきだ。感情は、しばしば不公平感から生まれ、予測不能で増大するコストによってさらに悪化する。この複雑な環境下でそれが財産となることはまずない。そうした感情はむしろ利益に対する認識を歪め、和解の可能性をより低くする。以上を念頭に置き、執行案件の資金調達と管理についての小規模で専門的なマーケットが存在することも考慮すると、執行リスクの一部または全部を客観的な第三者に移転させることが望ましい場合もしばしばある。それにより、本質的に偶発的な資産を現金化し、案件管理の苦労を専門家に任せることができる。

　自社の資金を投資する場合は、執行にかかる予算、特にどの程度の時間が必要かを考慮して予算を策定する。資金が流出しているという感覚を和らげ、引当金の積み増しを求められないような現実的な予算を設定すべきだ。100％の回収を諦める代わりに、受け入れ可能な「最低ライン」の和解条件を設定するとよい。判決で認められた賠償金額は、必ずしも実際の損害を反映しておらず、判決は年月とともに劣化するので最低ラインを決めるのは難しいが、賠償金を追求して労力と予算を費やす前にそれを決めておくことは重要だ。最低ラインを設定しておかなければ、商業的な事実を考慮することが最も難しいタイミングで商業的な決断を求められることになるだろう。

執行の専門家チームを活用し、
プロセスを重点的に監督する

　複雑な執行には3〜5年はかかることから、勢いと方向性を維持するために、アドバイザー・チームの存在が不可欠だ。最も難しい選択は、初期の段階で直面することが多い。それは、重要な案件に勝訴した法務チームに代えて、執行専門の弁護士チームを置くべきかどうかという問題だ。これについてお決まりのルールはないが、執行の専門家はあまりおらず、訴訟専門の弁護士は執行分野の経験がまったくないか、ほとんどないことが多い。

　一流のチームを組成するためには、多くの弁護士と面接すべきだ。チーム構成は、事案の継続中に新たな事実関係が明らかになったり、対象範囲が絞られたりすることにより、何度か変更する必要があるかもしれない。どのようなチームであっても、最初は高度な内部監視体制を確保して、明確で堅牢なレポーティング・ラインを確立しておくことが大切だ。

戦術的なエスカレーションと調整

　ほとんどのケースがうまくいかないのは、(最初の執行申請を申し立てる前の)準備と計画に失敗し、事案が長引き、改善に費やすコストがかさむからだ。執行措置が開始されるとすぐ問題となるのが、適切な規模と調整にかかる労力だ。選択肢は2つある。①手が届きやすい資産にまず執行をかけ、そこから得られた資金を使って、より執行が難しい資産を回収する、②同時に複数の行動を起こす。どちらのアプローチがよいかについて、明確なルールはない。各案件の利点に基づき、事実の状況を評価すべきだ。見失ってはならない要素は、相手方が情報面で常に有利であるということだ。自分たちがすべてを知っているという自信を持つことは危険だ。

DIFC（ドバイ国際金融センター）裁判所が中東における 執行リスクを軽減

　このケーススタディーでは、契約の管轄地を資産の所在地に合わせることの重要性を解説する。中東のクライアントへの融資契約は、中東にある資産で担保されていることが多い。多くの銀行は、そうした資産を担保として融資する際、（しばしば自動的に）紛争時の管轄地として、ロンドンかニューヨークを選択する。だが、中東の相手方が債務不履行となった場合、ロンドンやニューヨークで出された判決は、現地の裁判所で、追加費用をかけて再び訴訟を起こさない限り、現地で直接執行することはできない。再び訴訟を提起するコストと現地裁判所による判決の不確実性によって、資産は事実上回収できず、融資は実質的に無担保となる。

　このリスクを軽減するため、DIFC裁判所を利用することができる。DIFCは、海外投資家の信頼を高め、同地域への海外からの投資を促進するために、2004年に設立された。DIFCは、中東地域のほとんどの国だけでなく、世界中の国々（例えば、中国やフランスなど）とも、相互執行条約を締結している。DIFC裁判所は、ニューヨーク、イングランド、ウェールズ、ケニア（東南部アフリカ市場共同体へのアクセス）、シンガポール、オーストラリアなど、ほかの一般的な管轄地との間にも、執行に関する一連の覚書を策定している。中東にある資産を担保とする融資に関する文書に、単純な変更を加えることで、債務不履行の際に資金を回収できる可能性を最大化でき、帳簿上の担保付き融資が、現実の担保付きであることを確実にすることができる。

まとめ

　法律や規制上の紛争に巻き込まれた場合に、確固としたビジネス上の事実

ではなく、直感に基づいた感情的な判断を下さないようにするのは難しい。だが、紛争の95パーセントは、和解で解決されることを考えると、正しい意思決定は多額のコスト節約につながる。正しい決定を下す確率を最大化するには、潜在的紛争に影響する可能性のある様々な要因を考慮して、被告であれば損失を最小限に抑え、原告であればリターンを最大化するための最善の戦略を決定しなくてはならない。

　優秀な訴訟弁護士は、案件を評価する際、多様な要因を考慮し、優秀な訴訟チームのスキルと経験によって、最大で30パーセントまで成功の確率を高めることができる。弁護士に依頼する前に、弁護士が考慮する要因とそれらがどのように相互作用して潜在的な引当金や偶発債務につながるのかを、よく検討すべきだ。また、弁護士チームに、勝算について尋ねるのを躊躇してはならない。本章で説明した訴訟結果の算出方式は、大半の訴訟弁護士が依拠する直感について、合理性があるかを大まかにチェックできるだろう。これを自分たちのビジネスに特有のカスタム・ツールに応用できれば、資金確保が必要な案件の精度をあげるために利用できるかもしれない。

　紛争リスク管理の中核にあるのは、紛争ポートフォリオの収益悪化を最小に抑えることだ。訴訟ファンディングは、訴訟を債務から資産へと変え、バランスシートからコストとして除外することができる。勝訴した場合に受け取る金額が大幅に減ってもいいという覚悟があるならば有効な選択肢となる。どの案件を追求するか、事案の事実関係と成功の見込みだけでなく、裁判所で勝訴しても資金を回収できるのかという判断に基づいて、戦略の方向を決定すべきだ。戦略を決定する前のできる限り早い段階で、執行リスクの評価を必ず行うべきだ。執行手続きをとることを決定する際には、相手方の財務状況、資産の所在地を考慮し、手続きを停止するのが経済的に合理的となる最低ラインの収益基準を設定すべきだ。

　予防は治療に勝るが、法規制のコンプライアンス管理の失敗や変化し続ける法律・倫理環境の中で、不利な立場に置かれ、商業契約や知的財産権（最終章で説明する）をめぐる紛争に巻き込まれるリスクは、どんなに予防しても避けられない。事前に計画を立て、紛争リスク管理の戦略を導入し、感情的になりがちな紛争の環境の中でより良い意思決定を下し、全体的な損失額を軽減するために、本章が役立てば幸いだ。

第 **8** 章

契約に基づかない
権利のリスク

知的財産 —— 顧客へのゲートウェイ

はじめに

　本書全体を通じて、リーガル・リスク・マネジメントに積極的に取り組む
ことがどれほど重要かについて説明してきた。これは特に標準的なビジネス
の実務が現代の法律や倫理的な原則から逸脱する傾向があるケースにおい
て、とりわけ重要だ。標準的なビジネスの実務を、規制当局がもはや許容で
きないと判断した場合、特に銀行業界においては、非常に大きな摘発につな
がる。知的財産（IP）のリスクは、その逆だ。

　法規制がビジネスの実務に先行するのではなく、新規参入者が既存の市場
を破壊することで、ビジネスの実務が法律を先取りする。ある業界の市場が
破壊され、それに追いつくためにIPの位置づけが急激に変化した場合、IP
に関する伝統的なアプローチは、うまく機能しないことが多い。従来のアプ
ローチは、特許の出願や著作権の行使を通じて、高額で時間のかかる単独の
製品開発やイノベーションがもたらす結果を保護し、市場における地位を保
護するものである。しかし、この従来型の手法は、デジタル化によって可能
になった顧客とのつながりを利用して製品開発している一部の業界などで、
現代的なIP管理に取って代わられつつある。そうした分野では、IPは、商
標権の行使という形で（企業の根幹である）自社のブランドを保護するために
使用される。

一部の業界では、IPが明らかにビジネスの中核をなしている。医薬品、衣料品、高級品製造、贅沢品などは、すべてイノベーションやブランドに依存している。金融業界でさえIP革命が起きつつある。資金調達ではcrowdfund.comが、決済処理ではペイパルが台頭しているように、新しいテクノロジー企業（フィンテック）が伝統的な銀行の分野を浸食している。また、ブロックチェーンのような新技術は、銀行や資本市場に関わる法律や規制に根本的な影響を与える可能性がある。最も興味深いのは、フェイスブックが信用・決済市場への参入を目指していることだ。金融業界の弁護士であれば、フィンテックやフェイスブックの動向を警戒と興奮の両方の目で見守っているだろう。

　本章は、著者よりもはるかに優れた経歴と専門性を持つ人々の知恵と経験に基づいて書かれている。デヴェン・デサイ氏はグーグル初の、そして現在まで唯一の学術研究顧問であり、米ジョージア工科大学シェラー・カレッジ・オブ・ビジネスで法と倫理の准教授を務めている。デサイ氏は、ビジネス上の利益や新技術、経済理論がどのようにIPとプライバシー法を形成するのかについて研究している。また、彼は、こうした法律の分野が、一部の業界の生産性にどのように影響しているかということや、情報の自由な流通や発展についての社会的な関心を法律が十分に捉えきれていない状況を明らかにしようとしている。

デジタル化、分散化、創造的破壊

　IPに関するリスクは、投資の保護や高価な作品を誰かがコピーする脅威から守ることに関する問題と思われがちだ。しかし、この見方はより大きなリスク、つまり、IPの限界を見誤ると時代遅れになるというリスクを見逃すことになる。かつてIPは権利者と世界との間の一方通行の関係だったが、多くの業界においてそのような時代が終わろうとしている。今日のIPは、特に企業に対して積極的に働きかけてくるアクティブな消費者との関係において、ますます双方向性を強めている。端的に言うと、ビジネスとそれに関連するIPは、デジタル化（Digitization）、分散化（Decentralization）、創造

的破壊（Disruption）という3つのDに対応しなければならない。

　このような変化は、IPの性質やIPを活用した価値の創造方法についての重要な前提を変更するものだ。本章では、なぜこのような変化が起きているのか、また、ビジネスにおけるIPの活用方法（や消費者との関係の築き方）を変更すべきかをどう見極めるかについて説明する。さらに、IPに関して従来は所与のものとされていたいくつかの前提と、なぜそれらが近年不安定になっているかや、特許など特定のIPの重要性が低下する一方で商標など別の分野の重要性が高まるケースがあることなどについても説明する。最も重要な点は、IP分野の変化に直面したときの対応法であり、ビジネスや業界が新技術やイノベーションによって変化した場合にIPを十分に活用するために考えるべきことについて解説していく。

デジタル化

■ IPに対する従来の見方を覆す

　IPに対する標準的な考え方の中には、価値があり、直感的に理解できるものがある。その1つは、「IPは、労働に依拠しているので保護すべきだ」というものだ。自分が何かを創作し、作業をした場合、それは財産であり、自分（または企業）に帰属すると人は考える。このような考え方によれば、財産を踏みにじる者は泥棒であり、法律に保護された企業は、そのような行為を根絶すべきとなる。IPに関するもう1つの伝統的で誇張された見方は、IPがなければ新しいアイデアが保護されないために、イノベーションが途絶えてしまうというものだ。簡単に言えば、特許の対象となるノウハウを開発したり、著作権の対象となる小説を執筆する場合は、創作のために高いコストがかかるが、ノウハウを共有したり、本の執筆後にコピーする際のコストは低くなるという議論だ。知的財産法はそのギャップに対処するものであり、この法律を背景に、企業は権利の侵害者を追及しなければシステムが崩壊してしまう。しかし、このような見方に過度に固執し、単一のIPに依存しすぎると、ビジネスを破壊に導く近視眼的状況に陥りかねない。

　これらの見方にはいくつか問題点がある。まず、IPには様々な種類があるため、1つの側面に焦点を当てるのではなく、どの種類のIPが問題になっ

ていて、それがどのように機能するかを知る必要がある。特許が適用される場合もあれば、著作権が適用される場合もある。商標はビジネス全体に適用され、ビジネスから提供される特定の商品を保護するが、価値をもたらすが公開する必要のないビジネスの要素は、企業秘密にすることもできる（コカ・コーラの成分構成がその一例）。

次に、創出コストに関する見方は安心感をもたらすかもしれないが、必ずしも正確ではないという多くの証拠がある。労働に関する議論は大げさで、学者たちは、無形資産を物理的資産のように扱うことには多くの問題があると指摘している。ほとんどのクリエイターは、自分たちの作品における重要なインプットとしてそれまでに存在するものを活用しているので、財産や窃盗に関する議論はあまり有効ではない。高コストの創造と低コストのコピーという主張は、ある時点における特定の業界では正しいかもしれないが、同業他社の参入障壁として常に頼りになるとは限らない。

■ 消費者へのシフト

特定のIPの分野でも、業界特有の性質（および、著者が個人的には見逃しやすいと考えている侵害のコスト）が、IPの制度上では過小評価されているが、実は大きな役割を果たしている。特許は様々なものを対象にしている。創出に多大なコストがかかるもの（例えば、医薬品）もあれば、そうでないもの（ソフトウェア）もある。著作権は、書籍、音楽、YouTubeの動画などを対象としており、過去と比べれば比較的低コストで制作・提供できる。また、制作費に数億ドルかかるが、コピーや共有コストの低い大ヒット映画も対象となる。そして、現時点においては、医薬品は、製造と流通のコストが高いため、偽造に高いコストがかかる。しかし、書籍、音楽、ビデオなどのように、著作権を基盤としながらも、比較的流通コストが低い業界は、取り巻く環境が変化したことで、著作権を保有していても大規模な不正流通を防止できず、業界を維持するために再編を余儀なくされた。

音楽産業は、炭鉱のカナリアのようなものだった。音楽業界の背後に存在した競争やコピーへの物質的・物理的な障壁がなくなり、音楽業界は、進化するか、絶滅するかのどちらかを選択せざるを得なかった。結局は、その両方が起きた。中央集権的で肥大化した古い業界は消え去り、レコード会社は

縮小し、新たなプレーヤーが市場に参入した。だが、一部のレコード会社や業界団体は、古いモデルに固執した。デジタル音楽の新しい秩序に抵抗する業界は、自分たちの顧客を訴え、泥棒を阻止しなければならないと激しく主張し、著作権による保護の強化を求めてロビー活動を展開した。しかし、レコード会社がデジタル・シングルを受け入れ、コピーの統制を諦め、消費者がコピーすることなく購入できるように価格設定すると、新たなバランスが生まれた。大手レコード会社は、以前ほど規模が大きくなくなり、資金の流れも変化した。ここでの重要な教訓は、自分たちのビジネス・モデルを守るために法律に依拠する動きが出てきたら、そのビジネス・モデルの終焉は近いということだ。

音楽のデジタルコピーは簡単にでき、急速に広がったが、ある日突然、すべての世代が急に犯罪者になったというわけではない！　これは、現代のビジネスの実務が、デジタルの世界全体で起きている顧客の行動の変化にどのように対応しなければならないかを示す一例だ。著作権に起きたことは、特許にも簡単に起こり得る。デジタル化によって、企業がIPを使用してビジネスを保護する方法が変化しただけでなく、消費者との関わり方も変化しており、それは今後も変わり続けていくだろう。簡単に言えば、これらの変化を理解するには、ビジネス・パーソンのように考え、顧客の動向を先取りする（あるいは、少なくとも歩調を合わせる）必要がある。

分 散 化

■ 従来のビジネス・モデルの変革と衰退

企業は、これまでは、テレビ局のように、自社で開発または外部から購入した製品を消費者に提供していた。消費者は、製品の有用性や製造方法について意見を有するかもしれないが、そのような消費者の声を集めるのは難しく、企業にはほとんど届いていなかった可能性がある。もし消費者が、「スタートレック」のストーリーに手を加えて書き直したとしても、その事実を知る人はほとんどいないだろう。また、消費者が地元のファン・クラブのために商標を使用したこともあったかもしれない。しかし、デジタル化が進むにつれ、こうした状況は変化した。顧客の考えや行動に直接アクセスできる

ようになったのだ。これはかつてなかったことだ。

　デジタル化はしばしば分散化をもたらし、その変化は多くのビジネス・モデルを根底から覆す。著作権がその代表例であることはすでに説明したが、この点については、さらに強調したいことがある。多くの弁護士は、IPや著作権の産業がなければ、書籍、音楽、映画などの創作は崩壊すると主張してきた。しかし、YouTubeやほかの媒体を使用した音楽配信や自費出版本の爆発的な増加は、この主張が誤っていたことを示している。デジタル化以前も、無名のシンガーや作家たちは音楽や本を制作していたが、市場には出回らなかった。現在では、デジタル化とネットワーク技術のおかげでそれらが市場に届くようになった。

　消費者は「高価格」と「セット商品」以外のモデルの購入が可能になると、選択肢を求めるようになる。ここではVHSテープの価格実験が参考になる。経済学者のリチャード・ローエルとハル・ヴァリアンが説明しているように（2001年）、1970年代後半から1980年代前半にかけて、家庭用ビデオ市場は富裕層を対象としていた。機器が高価だったため、ビデオテープも高額で販売されていた。ビデオデッキ（VCR）の価格が下がると、人々はテレビ番組を録画するためにVCRを購入した。これにより、映画をビデオテープで所有したり、レンタルしたりすることが可能になった。大手映画制作会社はこのアイデアを嫌っていた。あるレンタルビデオ会社の幹部は、1981年に、大手映画制作会社の姿勢について、「メーカーから顧客までの映画ビデオの流通を完全にコントロールすること」を望んでいる、と表現した。幸いなことに、業界はそのビジネス・モデルに見切りをつけた。レンタルビデオ店向けの高額なビデオソフト（80ドルから90ドル）から、ビデオソフトを所有して繰り返し鑑賞したい消費者向けの19.95ドル以下のビデオソフトへと移行していった。1996年にはレンタルビデオ市場が92億ドル、ビデオソフトの所有市場は72億ドルとなり、劇場で上映されずにビデオで販売される作品の市場はさらに成長した。これらの価格実験の結果から、音楽の著作権者は、価格を下げて違法コピーを魅力的な選択肢にしないことが最善策と考えるようになった。また、コピー防止法と技術対策もその役割を果たしており、コピー時に画像を不鮮明にする技術も業界に寄与したと考えられる。だが、それだけでは十分ではなかった。手頃な価格設定と、違法なコピーが

低品質であるという事実が相まって、新しい市場と収益源が形成されたのだ。

デジタル音楽では、マルウェアに対する懸念と、iTunesから始まりAmazonやGoogle Playも参入する健全なデジタル市場が、需要のある音楽を納得のいく市場価格で供給することを可能にしている。さらに、ストリーミング音楽配信サービスの参入や、ライブ・パフォーマンスがアーティストの重要な収入源として増加するなど、新たな収益機会が生まれている。これらの変化は、もう1つの重要なシフトを示している。

■ 分散化と創造的破壊 —— 新たな課題と市場

音楽やその他のメディアのデジタル化により、消費者がほかの作品をベースにして手を加えたり、リミックスしたり、新たな作品を制作したりできるようになったが、旧体制のコマンド＆コントロール（指揮統制）が新しい秩序と衝突している。マッシュ・アップや自作のミュージック・ビデオからファン・フィクション（その作品の原作者ではなくファンによって書かれたフィクション）に至るまで、ファン・カルチャーは、第三者が著作権で保護された作品を扱う場合には著作権者がそのすべてを管理し課金すべきという考えに疑問を投げかけている。YouTubeの誕生と成功は、この緊張関係を見事に物語っている。YouTubeが誕生した当時、人々はかつてないほどに（そして今も）、動画を作成し、共有できるようになった。一方、YouTubeにアップされた著作権のあるコンテンツに消費者から大量のアクセスがあることに対して、著作権者は怒り、法律に対してこれらの行為を止める法的手段の提供を求めた。YouTubeは、法律上、責任を免除されていたが、数百万もの潜在的・現実的な侵害事例が問題になっていた。当時、YouTubeが直面していたジレンマは、その成長を可能とする法律とビジネス・モデルに固執すべきか、それともその法的な保護とビジネス・モデルを維持しながらも、これらの問題のいくつかを解決する方法を積極的に見つけていくべきかというものだった。

最終的にYouTubeは、コンテンツIDを提供することで、著作権者と「侵害者」の双方にソリューションを提供する素晴らしい方法を考案した。著作権者はアップロードされた膨大な量のコンテンツをスキャンして、侵害され

ているかを確認するのは不可能だと主張していた。コンテンツIDは、音楽の著作権を侵害していないかどうかを、動画をスキャンして確認する仕組みだ。しかし、このスキャンを実行するには、音楽の著作権者が、楽曲のデジタル・フィンガープリントをYouTubeに提供する必要があった。そうすることにより、スキャンによって著作権侵害の可能性が検出できるようになる。スキャンによって侵害の可能性が検出されると、権利者に通知が送られ、権利者がその後の対応を決定する。著作権者は、法律により手続きを踏んでコンテンツを削除することもできるし、何もしないことも選択できる。YouTubeは、第3の選択肢も提示した。著作権者が動画に広告を掲載したり、楽曲を購入するためのリンクを貼ったりして動画の収益化を図ることができるというものだ。著作権者にとってのメリットは、かつて人気を博した楽曲がYouTubeで再び脚光を浴び、デジタル・セールスのトップ5に返り咲くケースがいくつかあったことだ。これは、消費者がアーティストとより良い関係を築き、音楽を共有することで、レコード会社がマイクロ・ライセンスのような形で収益を上げられるという現代の素晴らしい例だ。もっとも、ラジオ局、著作権管理団体（ASCAPやBMI）やレコード会社といった中央集権化された世界では、このやり方は支持されていない。

創造的破壊

■ 特許を基盤とした産業への新たな脅威

　前節の教訓は、デジタル化とネットワーク・テクノロジーが音楽の創作、販売、収益化の方法を変えたことだ。

　旧システムの既存企業は、業界の変化に伴い痛みを感じたが、業界が消滅したわけではなく、ある1つの形態が衰退しただけだ。こうした経験は、特許とそれに依存する産業にも影響を与えている。

　デジタル化と分散化は、すでに特許を基盤とする産業を破壊し始めており、今後もその傾向は続くだろう。アディティブ・マニュファクチャリング（付加製造）や3Dプリントは、これまでデジタル化とは無縁と考えられていた多くの産業に変化の扉を開いた。低コストで高品質なスキャナーや3Dプリンターの登場と材料科学の絶え間ない進歩は、玩具、銃、自動車、医薬

品、航空宇宙産業など幅広い業界をすでに揺るがしていて、特許に依存するほかの多くの業界もこの変化に直面する可能性が高い。

いくつかの業界では、優れた試作品を作成し、迅速に新製品を市場に投入するためにこうした技術を活用しているが、それ以外にも起こっていることがある。例えば、自動車業界では、かつては会社設立のコストが高く、市場への参入障壁となっていたが、新興企業が参入できるようになった。

その1社であるローカル・モーターズは、自動車の設計にクラウド・ソーシングを活用した。優勝したデザイナーに7500ドルを贈呈し、わずか2カ月強でプロトタイプを完成させることができた。同社の2人乗り自動車は、たった49個の部品で構成され、そのほとんどが3Dプリント技術でつくられている。3回目のプロトタイプの製作にかかった時間は約40時間で、ボディは一体成型のカーボンタブだ。ある自動車評論家によると、彼がテストしたほかの車で一体成型のカーボンタブのボディを採用していたのは30万ドル以上するマクラーレン650Sだったと指摘した。

ローカル・モーターズのこのアプローチを採用すれば、10億円程度を投じて工場を建設している従来の自動車メーカーと比べて、はるかに少ないコストで小規模な工場を建設できる（この点ではテスラも従来の自動車メーカーだ）。つまり、ローカル・モーターズは、より迅速に適応し、より消費者に近くで製造し、カスタムメイドで高品質かつ低価格の車を提供できるということだ。ほかの市場では、消費者や愛好家が自作の玩具や銃の設計図を作成し、共有している。これらの作品の中には新しいものもあれば、すでに市場に出回っている製品を応用したものもある。著作権業界と同様に、特許に依存している業界では、小規模な業界と個人がIPと「相互作用」することが、10年前には考えられなかったほど増えている。

このような変化と無縁の業界は、ほとんどない。自分の会社や業界が提供する精密で優れた製品なら変化の盾になると思う人がいるかもしれない。2010年に私たちが3DプリントとIPに注目し始めたとき、消費者は粗悪なコピー品を求めないだろうし、多くの人は「技術レベルはまだ低く、影響はない」と主張した。それは、コダックと映画業界にも言えることだ。「モノのデジタル化と生産」を可能にする技術の変化のスピードは、現在も今後も速い。科学者たちは3Dプリントを活用し、セラミックや金属、さら

には化合物から製品をつくる能力を向上させ続けている。現時点では医薬品のコピーは高コストだ、と指摘したのを覚えているだろうか。米食品医薬品局（FDA）は3Dプリントで製造した医薬品を初めて承認した。また、マサチューセッツ工科大学（MIT）は、液体の後発医薬品を別の薬品に素早く変えることができる冷蔵庫サイズの機械「ファーマシー・オン・デマンド」を開発した。将来は、3Dプリント技術を導入し、この機械で錠剤をつくれるようしたいと考えている。スキャニング技術を使えば、デザインソフトの知識がほとんどない人でも対象物のデジタル・ファイル（精度はやや落ちるが）を作成し、それを使用して対象物のコピーをつくることができる。オリジナルのデザイン・ファイルの正確なコピーか第三者が作成した優れたファイルがあれば、より多くの人が企業の古いデザインや、それに手を加えた新しいバージョンを提供できるようになる。

破壊によってすべてが失われるというわけではない。むしろ、このような変化によって、私たちはどこで価値を生み、それを引き出すことができるのかについて考えるようになる。3Dプリント、合成生物学、ロボット工学、ナノテクノロジーなどの技術は、企業の優位性を変化させる。優位性が低下した分野に企業が固執しないように焦点を変える必要があるのと同様だ。これらの問題を検討する際の1つの指針は、当事者の企業にとって理にかなっていれば、それは理にかなっているということだ。つまり、ある製品の生産コストが高いから企業が必要とされるのであって、新技術によって小規模企業や個人が参入できるようになれば、それは大企業の必要性が低下していることの現れだ。専門性と高度な分業体制を備えた企業が必要とされる代わりに、単なる製品のコピーではなく、生産量の増加、新規参入、新しい提案が見られるようになる。このようにして、小規模生産者の新しいネットワークが誕生する。したがって、企業がその事業に関連するコストを保護するために部分的にIPに依存する業界に属する場合には、その企業と業界は問題を抱えることになるだろう。

■ 規制や高い参入障壁を越えて

通常、タクシーやホテル業界は、特許や著作権などのIPとは無縁だが、デジタル化、分散化、創造的破壊が業界の既存企業に大きな打撃を与えるこ

とを理解するのに役立つ。

　タクシーもホテルも規制が厳しく、コストも高いため、これらの業界に新たに挑戦する方法はないと思われていた。しかし、デジタルによってネットワーク化された技術により、どちらも競争上の脅威に直面している。タクシーの手配や配車、都市の道路事情の把握、市・州や全国における客室の管理、建物の維持補修などの問題が、これらの市場への参入を阻む高い障壁となっていたが、デジタル化の影響で、これらの障壁は低くなった。1日の大半が使われていない個人所有の車や、貸し出すことのできる部屋や家といった余剰キャパシティを、新たな小規模事業を通じて消費者に提供できるようになった。エア・ビー・アンド・ビー、ウーバー、リフトはそのようなキャパシティを活用している。現在、エア・ビー・アンド・ビーの市場価値は大手ホテルチェーンを上回り、ウーバーとリフトはそれまであったタクシー業界の市場を奪ってしまった。その理由の1つとして、新規参入企業が本来自分たちに適用されるはずである法律を遵守してはいないことが挙げられる。その意味では、新規参入企業のほうが、コストは低いと言える。もう1つの理由は、既存の企業がもはやコストを維持できなくなったことだ。部屋、家、車は、デジタル化されず、デジタル・ファイルに置き換えることはできないが、デジタル化によって新しいプラットフォームが構築されると、それまで活用されていなかった人的・物的資本が市場に投入されるようになった。

　自動車業界もまた、デジタル化を一面的のみに捉えることの危険性を教えてくれる。

　自動運転車が実用化されて受け入れられるようになれば、輸送のデジタル化は完了するだろう。こうした変化は、自動車関連産業を圧迫し、個々のドライバーの収入や運転手という職業の安定に変化をもたらすだろう。自動運転の普及によって、タクシー、宅配サービス、トラック、公共交通機関の運転業務のための、特別な免許の取得や、訓練を受ける必要性はなくなるはずだ。人間のドライバーをネットワーク化するコストが、自動運転車のコストを上回るようになれば、この業界をめぐる状況は一段と変わるだろう。ここで重要なのは、単なるデジタル化だけではなく、取引の分散化と非個人的な関係だ。

対応── 規模に応じた法規制のリターン

　経済学者のダグラス・ノースが指摘したように、個人的関係に依存しない者同士の取引では、商品・サービスを理解し、評価するコスト、財産権を保護するコスト、契約を履行するコスト、知識を共有するコストなど、すべてのコストが増加する（ノース、2005年）。現代のシステムは、規制、規格、法律、裁判所などを利用してこれらの制約に対処している。これらのコストが生産コストの減少によって相殺される限り、トレードオフが機能し、課題が企業の利益につながる可能性がある。

　様々な分野で、企業と消費者の関係が消費者同士の取引へと変化しているが、それらは対面の取引ではない。つまり、個人的関係に依存しない者同士の取引をめぐる課題は残ったままだ。今後は、このギャップを埋める企業が成功するだろう。最初はデジタル化とそれに関連する技術によってコストが下がり、消費者が殺到して互いにつながり合う。音楽、部屋、玩具や自動車部品のデザイン、個人所有の自動車など、すべてが共有・再利用され、収益化につながる。しかし、各業界に適用されている法律がなくなるわけではない。サービスが一定の規模に達するまでは、法律は適用されない。

　ある程度の規模になると、こういったアプローチの現実が見えてくる。音楽ファイルを入手したり、部屋を借りたり、デザイン・ファイルを使用したり、自動車を手配したりする消費者は、こうした活動に安全性を求める。そのファイルによってパソコンが破壊されたり、個人情報が盗まれたりしないか。3Dプリントされた玩具は子どもにとって安全か。部屋は清潔なのか。もし、所有者がその部屋について嘘をついていたらどうするのか。運転手は犯罪者ではないか。運転手は自動車保険に加入しているのか。

　これらの商品やサービスを提供する側も、同じ懸念を抱いている。利用者はお金を払ってくれるのか。宿泊客が部屋や家を荒らしたらどうすればいいのか。乗客が交通違反を犯すよう要求したらどうするのか。リピーターやこうした問題への対処がなければ、これらの商品やサービスは廃れるはずだが、そうはなっていない。

数々の企業が参入し、取引に関するコストを管理する方法を提供している。アマゾンとイーベイを思い浮かべてほしい。両社とも数百万件もの小規模取引を管理している。ウーバーやエア・ビー・アンド・ビーも同じだ。これらの企業は、取引の相手同士を結びつけ、双方を守るためのルールをつくっている。また、フェイスブックやグーグルのように、大規模で相互接続されたシステムを機能させるプラットフォームを提供している。では、あなたの会社が新しくて重要なプラットフォームの担い手にはなりたくない、または、なれない場合はどうするのか。プラットフォームの役割は重要だが、ここでは主題ではない。問題となるのは、あなたの会社がどこで価値を提供し、ノースが指摘した懸念に対処するのかということだ。規制は往々にして問題視されるが、場合によっては救世主になることもある。なぜなら、コンプライアンスのコストは、企業がそのようなコストを負担したうえで利益を上げられることを意味し、それは小規模企業では通常不可能なものだからだ。さらに、企業秘密や商標などIPの一部は、今後もその重要性を増していく。

商標、企業秘密、ビジネスの未来

　テクノロジーがIP分野のコストを侵食し、著作権や特許が脆弱性を有すると仮定した場合、IPのリスクからビジネスを保護するために、そのような脅威の影響を受けにくいIPを探し出し、開発して、使用していかなければならない。企業秘密と商標というIPの2つの分野は、その役割に適しているが、限界もある。秘密は不信感を生み、商標は信頼の構築と維持に役立つが、デジタル化によりそれは（特許や著作権と同様に）変化している。とはいえ、どちらの分野にも選択肢があり、特に商標は今後の進むべき道を示してくれる。

企業秘密の実践

　企業秘密はIPのほかの分野と異なり、非開示を前提にしているため、デジタル化の重要な問題を回避することができる。企業秘密は、IPの対象と

なるアイデアを秘密にすることで機能することから、書籍、音楽作品やデザイン・ファイルに投資し、販売をした後に、無料でコピーされるという問題は発生しない。エア・ビー・アンド・ビー、アマゾン、コカ・コーラ、フェイスブック、グーグル、ケンタッキー・フライドチキンやウーバーなどは、事業の中核となる部分については、特許よりも各事業の「秘密のソース」に依存している。そのため、秘密のレシピや顧客リストなどを保護することが重要になる。マーケティング・プランや顧客リストが流出すれば、価値の一部を喪失することになる。もっとも、そのような場合であっても、流出した情報をどのように利用するかが重要となる。例えば、ある歴史家が、コカ・コーラの成分表と思われるものを発見して公表したが、どの成分がどんな割合で含まれているかは、現在でも正確にはわかっていない。

　ほかのもっと大きな例で言えば、企業のデータとその使用方法は、コカ・コーラの「秘密のソース」に似ている。データ・ドリブン型の企業は、企業秘密の対象となるものを保有しており、収集データは企業秘密である可能性がある。その収集方法や分析方法も企業秘密になるだろう。これらの秘密は、企業の競争力となる。データ自体、データから得られた知見、データに基づくサービスの背後にあるプロセスを販売することは、企業の優位性の向上にはつながらず、むしろそれを弱めることになる。企業秘密にすれば、すべてがうまくいくように見えるかもしれないが、企業秘密に頼る企業は、前述のノースが指摘した問題に直面するだろう。つまり、企業が主に提供するものが明らかに秘密性を有する場合に、個人的な関係性のない者同士の取引において、そのような企業が信頼されるのかという問題だ。

ブランドと商標を通じた信頼性の確保と付加価値の提供

　消費者が、データを提供し、何かを消費する場合、その秘密を取り扱う企業を信頼する必要がある。食品や飲料は、米国食品医薬品局（FDA）やほかの世界各国の規制に準拠しなければならず、その過程で安全性や健康への懸念がチェックされる。規制はビジネスの妨げになると非難されることが多いが、信頼のギャップを埋めてくれる側面もある。だが、データはほとんど規制の対象になっていない。プライバシーの重要性が高まるにつれ、データを

利用する企業は、プライバシー保護の実務や評価をめぐって競争を開始している。特許に依存し、有形の製品を製造するアップルは、暗号化、データ利用、プライバシーに関してより強い主張ができる。これとは対照的に、データを分析・使用したダイナミックなソフトウェア・ベースのサービス提供を事業の中心にする企業（アマゾン、フェイスブック、グーグル、ネットフリックス、ウーバーなど）は、ショッピング、電子メール、検索、自動車サービスなどで暗号化されたサービスを提供できるかもしれないが、データの利用については、それほど強い立場を取れないかもしれない。どちらの立場も、支持されてはいるが、成功できるかどうかはブランド力（特に、ブランドに寄せられる信頼）にかかっている。

　企業が、消費者との関係で、商標を一層活用し、商品・サービスに関連する法規制に準拠して、重要な信頼性を確保するようにすれば、その商標はより機能を高めて、競争優位性を維持できるようになる。3Dプリントと著作権の歴史は、このような優位性がどのように機能するかを理解するのに役立つ。まず、3Dプリントと自動車部品について考えてみよう。古い音楽にも新しい音楽にもそれぞれ需要があるように、自動車部品にも新旧それぞれに需要がある。ヴィンテージ・カーの愛好家は、オリジナルの古い部品を求める。レストア（復元）の際には、純正部品やオリジナル部品が重要だ。また、ヴィンテージ・カーを長く愛用して部品交換が必要になった際に、整備士が適切な部品（できれば純正部品）を使用していることを確認したいと思うだろう。しかし、多くのヴィンテージ・カーの純正部品は生産中止となっており、自動車の走行継続を目的とした入手は困難だ。ヴィンテージ・カーの愛好家や整備士、部品の供給業者が3Dプリントを使って、在庫切れや生産中止になった部品を「印刷」すれば、この問題は解決する。ただし、ヴィンテージ・モデルのためであっても、販売元の自動車メーカーは、劣悪な部品の製造を懸念するかもしれない。また、製造中止の部品とはいえ、第三者が自動車部品の知的財産権を侵害するのは許さないと考える可能性がある。その部品に依存する消費者にとって、ヴィンテージ・カーを安全に走行させるために自動車メーカー以外の第三者が提供する「裏カタログ」から部品を買うことは、他では入手できない部品や高価な部品を入手できるメリットがあるように見える。一方で、欠陥部品をつかむおそれもあるという問題が出て

くる。需要側と供給側の利害が一致していないようにも見えるが、自動車メーカーにとっては、「プリント」した部品が高品質と評価されればチャンスとなるだろう。

　こうした動きは、音楽とその著作権で発生したことと同じだ。音楽業界については、「カタログ収録曲やアルバムを市場に出すのが遅すぎる」との声もあった。業界はこれらの商品の共有を防止するために奮闘した結果、市場のニーズを満たせず、消費者の反発を招いてしまった。だが、初期に交換された音楽ファイルには、マルウェアが潜むものや不完全なものも多く、安全性や品質に問題があった。オンライン・ストアが、安全で完全なファイルを手頃な価格帯で提供したことで不安が解消し、そこから音楽を購入する消費者が増えていった。しかし、音楽ファイルがコンピューターをクラッシュさせるのとは異なり、自動車がクラッシュしたら大きな人的損害を与える可能性がある。そのような点について、商標で保護されたブランドは、人々に信頼を与えることができる。もちろん、本書の冒頭で紹介した、フォルクスワーゲンやゼネラルモーターズの事例のように、法的スキャンダルによって顧客の信頼を失った場合、ブランドが受ける経済的影響は、直接的な経済的損失をはるかに上回る可能性がある。自動車メーカーが供給のギャップと信頼のギャップに対処すれば、独自性やその他のブランド力を発揮できるだけでなく、商標が市場において役立つとされている重要な部分（商標が付いた商品やサービスには一定の信頼性が付与されるという重要な部分）に立ち返って、ブランドを確立する機会を得ることができる。

　自動車メーカーや玩具メーカーは、近い将来、アップルの iTunes と同様の市場参入や市場創造に踏み切るかもしれない。こうした業界では、オンライン・ストアを開設して、真正なものを保証するファイルを販売し、これらのファイルを利用して、オン・デマンドやカスタム・オーダーに対応できる可能性がある。また、エンドユーザーにファイルを保有させるのではなく、家庭用の3Dプリンターにファイルをストリーミングする技術を活用するかもしれない。この戦術は、ネットフリックスが映画やテレビで、スポティファイが音楽で行っていることと同じだ。いずれの方法でも、ファイルを提供する企業は、ファイル市場を創造し、提供する商品の品質を保証する。

　新規参入企業は、品質と信頼において高い評価を確立できれば、別の次元

に移行するだろう。ウーバーはドライバーに保険加入を義務づけ、身元調査を実施することにより、空車と移動のニーズのマッチング機能や決済機能という枠を超えてサービスを向上させている。ウーバーが、既存のタクシー業界が準拠している法規制と同等かそれ以上の水準のコンプライアンスを実現できれば、アマゾンやイーベイが小売業にもたらしたような信頼の仲介者になれるだろう。要するに、商標はデジタル化された、あまり管理はされていない世界に適応するための強力なツールになるが、同時に、リスクを伴うことにも留意する必要がある。

ブランドの2つの側面──信頼の印と象徴

　ブランドには2つの機能がある。商品やサービスの品質への信頼を構築して保証する機能と象徴としての機能だ。商標法や従来のブランディングの手法では、このシステムは信頼を生み出す一方通行のコミュニケーションと考えられていた。商標権者として、企業は商品やサービスを提供し、ブランドを使って価格、品質、ブランド・アイデンティティーを伝える。他社があなたの会社のマークを使った場合には取り締まることができるほか、顧客が支払う価格に見合った品質を提供すために、法的権利を行使してサプライ・チェーンの基準を強化することもできる。

　例えば、デビアスのダイヤモンドは、再販に関する厳格なコンプライアンス・プログラムによって、ブランドを保護している。また、デビアスのブランドは、ダイヤモンドの品質（外観）と産地（非紛争地で採掘）の2つを基盤に成り立ち、供給業者と再販業者が厳格な品質基準を遵守して、非倫理的な紛争ダイヤモンドを扱わないことを保証している。これにはコストがかかるが、供給業者の費用対効果の高いコンプライアンス・プログラムにより徹底が図られている。

　ブランディングには、別の側面もある。消費者の中には、ブランドを象徴として使いたいと考える人もいる。ブランドを所持し、使いたいと思うかもしれないが、そのもととなる商品やサービスは必要としていない。そのため、訴えるべきかどうか、誰を訴えるべきなのか、商標で保護されているブ

ランドが市場でどのような役割を果たしているのかをめぐって緊張状態が生まれることになる。この問題の説明には、衣料品ブランドが役に立つ。消費者は、ルイ・ヴィトンのLVロゴが付いているハンドバッグや、ナイキのロゴマーク（スウッシュ）が付いたシャツを欲しがるかもしれないが、そのハンドバッグが本当にルイ・ヴィトン製か、シャツがナイキの工場で製造されたかどうかは気にしない。このタイプの消費者は、象徴としてブランドを求め、製品の品質をそれほど気にしない。実際、こうしたブランドのハンドバッグやシャツと同等品質の模倣品を製造する能力が向上し、模倣品と正規品を見分けられなくなると、そのマークへの欲求が売り物となってしまう。人々はブランドのラベルを購入しているのであって、その根源である商品を購入しているのではない。この事例は、コピーが容易になったことで音楽業界が直面した問題と似ている。しかし、この事例はデビアスの教訓からも学べる。もし、消費者が衣服やバッグがどのように製造されているか、つまり適正な賃金を支払い、児童労働を排除し、環境に配慮した方法による生産に関心があると主張し続ければ、その商標は企業の社会的責任を示すバッジ（「フェアトレード」を思い浮かべてほしい）としての役割を果たし、品質へのこだわりによって、販売価格の高さを正当化できる可能性がある。このようなコミットメントを偽ることはできない。ただ、過去のブランド・メッセージとは異なり、商標法で保護される現代のブランドは、デジタル化の影響にも直面している。

3つのDとブランド

ブランドは、現在、企業についてのメッセージを伝えるチャネルであると同時に、消費者もそのチャネルを使用して、企業についてのメッセージを伝えている。かつては、企業が自社のブランドとそのブランドが持つ意味をコントロールする力が強く、ブランドは一方通行のコミュニケーション・チャネルとして機能していた。企業は、テレビ、ラジオ、印刷物を活用して広告宣伝を行うことにより、自社のメッセージを伝達し、消費者がそれらのメッセージやブランドについて意見を持っていても、企業がそれを知ることは難しく、市場への影響はほとんどなかった。だが、インターネットが広まり、

状況は一変した。消費者はブランドを使ってコミュニケーションをとることが可能になり、それはほかの消費者にも影響を与え、最終的には企業にも影響を与えるようになった。消費者は、ほかの消費者との間でブランドの意味を議論し、ブランドを監視するだけでなく、ファン・クラブを設立してブランドを賞賛するなどして、ブランドに関与する。それは、時として企業の意図から外れた方法で行われることもある。クレイン（2002年）が示したように、特定のブランドに対する改革運動に取り組む人たちもいる。目的は、その企業が関与している労働、環境、その他の社会的、政治的問題の追及であり、ナイキ、マクドナルド、シェルなどの企業が対象になっている。また、米国のファストフードチェーンのチックフィレイは、一部の役員が同性婚に反対する立場を示したことにより、市場の様々な反応にさらされた。一部の消費者が同社をボイコットした一方で、ほかの消費者はより同社の商品をより多く購入して支援しようとしたのだ。

　そこまで深刻でない例としては、ハーレー・ダビッドソンが、数十年の期間にわたって、同社のオートバイのターゲット市場を郊外に居住する米国人男性としていたことから、同社のオートバイにアウトローのイメージがつかないようにしてきたことがある。しかしながら、ファン・クラブやポップ・カルチャーのイメージを同社が調査してみると、アウトローのイメージがターゲット市場に合っていることがわかり、2万ドルのベースバイクに5000ドルの同社製アクセサリーをつけて販売するようになった（ホルト、2004年）。こうした変化を敬遠し、企業だけがブランドをコントロールできるようにすべきだと主張する人たちもいるが、そのような見解は、著作権業界の過ちや特許に頼る産業の潜在的な過ちの轍を踏むものだ。消費者が企業に対して否定的な、あるいは誤った見方をすることはあっても、ブランドを利用する消費者は、ネット経由で企業に直接その考えを伝えてくれる。消費者は、新製品がうまくいくか、価格が適切か、環境・労働への配慮やその他の社会的慣行が製品を買う理由になるかなど、重要な情報を企業に伝えてくれる。つまり、デジタル化と分散化によって、商標や特許、著作権が、消費者へのゲートウェイになってきていると言える。

結論 —— 顧客へのゲートウェイとしてのIP

　本章の冒頭で指摘したように、IPが一方通行の発信手段であるという従来の概念は、時代遅れになっている。IPが主に企業間でやり取りされていた時代は、IPに関する法律は比較的うまく機能していた。著作権者はコンテンツをライセンスし、著作権の侵害もそれほど大きな問題にはならなかった。当時の侵害者は、オーディオ・カセット録音機を何台も購入し、コピーを作成してスワップミート（ヨーロッパの古物市）やフリーマーケットで販売していた。しかし、デジタル化が進むと状況は一変した。誰もが簡単に著作物をコピーして大量に配布できるようになったからだ。

　特許で保護された発明も、個人がそれらをコピーして扱えるようになったため影響を受け始めている。

　消費者がブランドを利用して、その会社の経営に疑問を投げかけ、純粋な利益の最大化ではなく、政治的な活動を通じて市場での行動を変えるように要求することが可能になり、実際にそうしていることを商標権者は理解してきている。こうした新しい秩序を理解することは、企業の今後の発展につながるものだ。

　ある事業分野が、特定のIPによって保護されており、それまでのコントロールとビジネス・モデルが通用しなくなってきたとしたら、それは市場が変化したことのシグナルだ。デジタル化が間近に迫っているのであれば、その変化によって、コントロールがより多くの人々、特に消費者に移るかどうかを問いかけてほしい。それは、分散化が目前に迫っている証しだ。あなたの会社の力や価値が中央集権的なものであるなら、分散化はその時代の終焉を意味する。デジタル化と分散化が同時に進むと、古い中央集権的な秩序や既存のプレーヤーが入れ替わる真の創造的破壊が起こる可能性が高い。

　コダックを思い出してほしい。写真を撮影するにはフィルムを買う必要があったが、コダックをはじめとするフィルムメーカーは、中央集権的な力を必要とする商品を提供していた。研究所や工場では、新しいフィルム媒体、処理技術や化学物質、現像紙を生み出した。消費者は、フィルムを購入し、

撮影後にそれを現像所に持っていき、結果を確認した。だが、デジタル写真が、フィルムを買い、現像所に撮影済みのフィルムを出してそこで高品質の紙にプリントするという仕組みを変えた。ただ初期の頃は、デジタル画像やプリントの質が低かったため、品質は顧客の要望には遠く追いつかず、顧客がそれに満足することはないという短絡的な見方もあった。しかし、デジタル化が進むにつれてプリンターの品質や画質も向上していった。コダクロームや富士フイルムが高画質の写真の市場を独占していると考えていた人たちは、デジタル写真が十分な品質に達したことを知り、その後、プロの写真家を含むすべての人が求める水準を間違いなく上回るようになった。言い換えれば、デジタル化と分散化は、業界の民主化につながるということだ。

　こうして多くの業界が民主化されてきた。音楽業界では、数千人ものアーティストが自分の楽曲のカバーやオリジナル作品をオンラインで配信している。レコード会社は、何がヒットするのかを見守り、プロの制作会社を使えば売れるかもしれないアーティストを探すことができる。現在、映画やテレビ業界では、独立系の制作プロダクション会社が存在するだけでなく、専門的な作品を生み出す新しいモデルが登場している。ネットフリックスやアマゾンは、制作コストを抑えた新番組をテストし、消費者との双方向の関係を利用してヒットシリーズに発展する可能性を分析している。シリーズ化すれば、それをベースに漫画本、小説、アクション・フィギュア、そして場合によってはテーマパークの乗り物にまで発展する。これらはすべてIPを使って商品を保護し、ライセンス供与と同時にファンに対して新しい世界への参加を呼びかけることができる。玩具メーカーのマテルとレゴは、顧客が玩具をデザインできるサービスを開始したが、それによって高級品生産のメリットも享受している。自動車は、分散した設計者のチームによって設計され、数日間で製造され、組み立てられるようになった。

　これらの変化は、企業の終焉を意味するのではなく、企業の新時代の到来を意味している。企業は依然としてデザインの源泉、信頼の源であるとともに、人々がつながって企業と自分自身の両方のために、価値を創造するコミュニティーの中心であり続けることができる。多くの分野では、IPは消費者との直接の接点であり、消費者が企業のIPと関わり、IPに手を加えるようになったら、注意を払う必要がある。IPの侵害をめぐって消費者と争

い、疎外感を抱くようになったら、自分たちの業界のどこで価値の創造が行われているのかを再確認したほうがいいだろう。簡単にコピーし、手を加えられないものをどうしたら創出できるかを考えるべきだ。

IP による保護が機能しなくなる時点を見逃してしまうと、新興企業が自分たちの業界を席巻する潮流を見逃すかもしれない。IP をめぐって企業が直面する最大のリスクは、業界が陳腐化していく中で、守ることができない IP やビジネス・モデルに依存して戦い続けることだ。このリスクを管理する最善の方法は、このような変化を早期に把握し、業界が進化していく中で、IP を顧客との継続的な関係を維持するためのゲートウェイとして活用することだ。

寄稿者の紹介

　本書は、寄稿依頼やインタビューに快く応じていただき、深い見識を提供してくださった方々なしには出版できなかった。各章で、著者がどんな方々の考えや記述を参照して見解をまとめたのかを知っていただきたい。特に、本書のために長文を寄稿してくださった下記の各位に、この場を借りて心より感謝の意を表する。デヴェン・デサイ（第8章）、ゲオルギ・ディミトロフ（第7章）、マーティン・レンストロプ（第6章）、パーミンダ・ナール（第2章）、マイケル・レッドマン（第7章）、ニック・ロウルズ＝デイビス（第7章）、メル・シュワルツ（第4章）、マグナス・スティーン（第6章）、ベン・ターナー(第6章)。

　また、下記の方々は、インタビューや会話を通じて深い見識を共有してくださった。マーク・ビール（第7章）、ローラン・カルヴェ（第3章）、グレイム・コプネル（第2章・第5章）、ジョー・グランドフェスト（第2章・第4章・第5章）、テッサ・ヘイスティ（第2章）、リチャード・ムーアヘッド（第5章）、オリバー・ルール（第7章）、フィリップ・ウッド（第2章・第4章・第5章）。加えて、初期の草稿で洞察に満ちた思慮深いレビューを寄せてくださったトビアス・マーラー(オスロ大学法学部准教授)、リチャード・ムーアヘッド（ユニバーシティ・カレッジ・ロンドン教授）、グレイム・コプネル（イースト・ロンドン大学主任講師）、オリバー・ルール、ニール・ブラーケンブルクおよびヴァス・ハヌマダスの各位にも深く感謝申し上げたい。最後に、本書の出版にあたりご尽力いただいたジェニー、アナ、エイミー、デービッドをはじめコーガン・ページ社の担当チームにも厚くお礼申し上げたい。

■　デヴェン・デサイ　（ジョージア工科大学准教授）

　デヴェンは、米国のジョージア工科大学シェラー・カレッジ・オブ・ビジネスの法と倫理の准教授である。それ以前は法学の准教授を務めた。グーグル社の最初で、現在に至るまで唯一の学術研究顧問であるほか、プリンストン大学の情報技術政策センターの客員研究員でもある。デヴェンの研究は、企業利益、新技術、経済理論が知的財産やプライバシー法にどのように影響

を及ぼすのかに焦点を当てている。また、そうした議論が生産性を裏づける場面や、情報の自由な流れと動向をめぐる社会の関心を十分に反映できていない場面についても検証している。

■ **ゲオルギ・ディミトロフ** （ゲオルギ・ディミトロフ法律事務所マネージング・パートナー）

　ゲオルギは、1997年に設立されたゲオルギ・ディミトロフ法律事務所のマネージング・パートナー。法律業務に加え、非常に重要な法律の逐条解説の出版を手がけるほか、マケドニアのスコピエとセルビアのベオグラードで開催したリーガル・リスク会議でクリエイティブ・ディレクターを務めた。紛争対策が奏功した事例についての定量的分析をめぐる彼の考察は、本書で概説したものよりもはるかに高度な内容となっている。

■ **マーティン・レンストロプ** （マースクオイル・アンド・ガス上席法務顧問）

　マーティンは、2006年にデンマーク契約管理協会（DCMA）を設立した。彼は過去10年間にわたり、リーガル・契約マネジメントとリスク・マネジメントに携わり、最近ではマースクグループの法務顧問を務める。様々な企業や業界において業務に関する契約のライフサイクル・マネジメントに従事し、法務部の変革を支援し、ガバナンス・モデルとポリシーの導入や、契約プロセスを改善し、調達とサプライチェーンの財務パフォーマンスを最適化する契約マネジメント・プロセスやツールの設計に取り組んでいる。

■ **パーミンダ・ナール** （英国FBN銀行総務部長／上席法務顧問）

　パーミンダは、ロンドンのマジック・サークル（5大法律事務所）で、レバレッジド・ファイナンスと事業再編の専門家として長年勤務した。現在、アフリカの大手金融機関で社内弁護士として法務と企業統治を担当している。オックスフォード大学コーパス・クリスティ・カレッジで学び、法律の発展や動向についての執筆記事は多数にのぼる。

■ **マイケル・レッドマン** （バーフォード・キャピタル グローバル・コーポレート・インテリジェンス、資産追跡、法執行業務部門ディレクター兼共同責任者）

　マイクは、ロイズ・オブ・ロンドンでキャリアをスタートさせた後、西ア

フリカに移りダイヤモンド産業に従事した。10年以上にわたり調査部門を担当し、モスクワとロンドンの国際的な大手商業情報会社で上級職を歴任した。マイクは天然資源、金融業界、製薬業界を対象に、高額な紛争案件で資金を回収する方法を顧客に助言している。

- **ニック・ロウルズ＝デイビス** （バーフォード・キャピタル　マネージング・ディレクター）

　ニックは、リティゲーション・ファンディング（訴訟のための資金調達）の専門家で、2014年に法曹界に多大な影響を与えた『Third Party Litigation Funding』（オックスフォード大学出版局）を出版した。英国およびコモン・ロー体系の国々で訴訟資金調達の先駆者であり、訴訟資金調達を広範なコーポレート・ファイナンスの提供へと発展させるうえで中心的な役割を担ってきた。FTSE20に名を連ねる大手企業向けの4500万ドル相当のポートフォリオ・ファイナンス案件をはじめ、この分野で最大規模かつ最も革新的な取引を担当した。

- **メル・シュワルツ** （トーマス・ジェファーソン法科大学院非常勤教授）

　メルは、国際的な法律事務所デカートの訴訟部門のアソシエイトおよびパートナーとして27年間勤務。米国司法省反トラスト局では民事執行特別顧問を務め、シャーマン法違反でビザカードとマスターカードに対して提訴した訴訟や、ロッキード・マーチンとノースロップ・グラマンの合併案について差止請求を行った訴訟で主任弁護士を務めた。また、フォーチュン500社に名を連ねる上場企業のマーシュ・アンド・マクレナン・カンパニーズで上級社内弁護士を務めたほか、同社傘下の世界的な再保険ブローカーであるガイ・カーペンターでジェネラル・カウンセルを務めた。

- **マグナス・スティーン** （コントラクト・ビジネス・インテリジェンス・ノルディクスＡＢ創設者）

　マグナスは、ソニー・エリクソンのデピュティー・ジェネラル・カウンセルである。これまでスカンジナビアを代表する大手企業各社の法務部の改革に貢献したほか、複数のグローバル企業に対して分野横断的な契約マネジメ

ント・プログラムを展開する方法について助言した。ヨーテボリ大学の契約
マネジメント・リサーチ・プログラムの参画メンバーでもある。

訳者あとがき

　本書は、私たちEY弁護士法人としては初めての翻訳出版で、読みやすい文章を目指した翻訳作業に思った以上に時間がかかったこともあり、2021年初めに出版を計画してから今日までかなりの月日が経過した。また、第0章で触れたように日本のリーガル・リスク・マネジメントをめぐる状況にも大きな進展があり、できる限りデータもアップデートした。

　最後になるが、本書の日本語版出版を快諾してくれた著者と本書の下訳のチェックやデータのアップデートを担当してくれた当事務所の美濃秀起弁護士と伊苅美苗弁護士に感謝したい。また、編集作業の様々な面でご尽力いただき、私たちを叱咤激励していただいた日経BPの沖本健二氏をはじめ、翻訳・出版にご協力いただいた方々にも深く感謝したい。

2021年9月

EY弁護士法人　代表弁護士　木内潤三郎

本書への推薦の言葉

「社内弁護士や新任のジェネラル・カウンセルにとっての必読書だ。本書は、かなり高度なリーガル・リスク・マネジメントの手法を導入するための簡潔で実践的ガイドとなっている点が優れている」

——**サイモン・ナスタ**（英国FBNバンク、ジェネラル・カウンセル）

「読みやすく、法律の実務面だけでなく、倫理・行動面とそれに対する弁護士の役割まであえて掘り下げて詳細に解説している。リーガル・リスクの必読文献に加わる貴重な一冊」

——**リチャード・ムーアヘッド**（UCL法律・職業倫理学教授、同学部主任教授）

「リーガル・リスクは、米国やほかの確立したマーケットにおいて企業の競争力にブレーキをかける。米国のあらゆる業界の企業は、法規制との関わり方を理解し、直面するリーガル・リスクを常に把握しておく必要がある。ウォーリー氏とグゼリアン氏は、こうした目的を達成するための素晴らしいガイドを提供してくれた」

——**ウィリアム・バーンズ**（テキサスA&M大学ロースクール副学部長、ナショナル・アンダーライター誌のファイナンシャル・アドバイザリー・パブリケーションズ・リーダー）

「リーガル・リスク・マネジメントは、法律業務に完全に統合される必要がある。マシュー・ウォーリー氏とクリス・グゼリアン氏による本書を読めば、社内弁護士は、法律業務の中で最も理解されていない分野の1つを理解できるようになるだろう。法務部のチームとしての価値を明確に示したいジェネラル・カウンセル、法務部のスタッフとより効果的に連携しながら実効性のある規制関連のコンプライアンス・プログラムを提供したい最高コンプライアンス責任者、リスク管理に関連する分野を扱い、サービスを提供するすべての弁護士にとって本書は必読書だ」

——**ニール・ブラケンバーグ**（AIG欧州EMEAコンプライアンス統括、元AIG欧州英国法務部統括）

「本書には、国際的なビジネスに携わる企業がリーガル・リスク・マネジメントを検討する際に役立つ情報が豊富に含まれている。本書の特徴は、複雑な法

原則を経営者や彼らと働く弁護士が日常的に活用できる実践的ツールに変換している点にある。リーガル・リスク・マネジメントを組織の最重要事項の取り組みとして掲げ、日々努力しなければならない法務・コンプライアンス部、経営陣や取締役会にとって、本書はなくてはならない一冊だ」

——**スチュワート・ワインスタイン**（コベントリー大学ビジネス・法学部教授、コンサルティング・エディター。著書に『Legal Risk Management, Governance and Compliance : A guide to best practice from leading experts』（Globe Law and Business, 2013）、『Legal Risk Management, Governance and Compliance : Interdisciplinary case studies from leading experts』（Globe Law and Business, 2016）がある）

「本書は、あらゆる組織に、リーガル・リスク・マネジメント戦略の見直しを迫り、法規制のコンプライアンスを強化するためのアプローチを柔軟に再構築する実践的方法を提案している。経営トップも、第一線で助言する人も、本書で提起している問題に共感し、法的損失のエクスポージャーを管理するために示されている解決策の恩恵を受けるだろう」

——**マシュー・ケレット**（EY英国法務部リーダー、FSO）

「リーガル・リスク・マネジメントは、依然としてニッチな分野と思われがちだが、広く普及すれば大きな可能性を秘めていると思う。問題の1つは、多くの実務家がこの新しい分野に何が必要なのか、実践するために何を学ぶべきかを理解していないことだ。そうした人たちにとって、実践的なガイドラインや実例を提供してくれる本書は、良い出発点となる。専門家としてリーガル・リスク・マネジメントの実務経験が豊富な本書の著者たちこそ、本書のようなガイダンスを提供する適任者だ」

——**トビアス・マーラー**（オスロ大学法学部ノルウェー・コンピューター・法務リサーチセンター教授）

「社内弁護士のチームは、様々な大きな課題に直面している。私たちには、本書のような本がもっと必要だ」

——**アシュリー・ゴードン**（EMEA法務部統括）

参考文献・資料

Bank of England (2000) *Oversight of Payment Systems* (online) http://www.bankofengland.co.uk/publications/Documents/psor/ops.pdf (accessed: 9 August 2016)

BIS (2011) Department for Business Innovation and Skills: *The Kay Review: Terms of Reference* (online) https://www.gov.uk/government/uploads/system/uploads/attachment_data/file/253465/bis-11-1015-kayreview-terms-of-reference.pdf (accessed 10 June 2016)

BIS (2016) *Standardised measurement approach for operational risk – consultative document* (online) http://www.bis.org/bcbs/publ/d355.htm (accessed 14 June 2016)

Bishin, W R and Stone, C D (1972) *Law, Language, and Ethics*, Foundation Press, Mineola, NY

Brand Finance (2015) VW risks its $31 billion brand and Germany's national reputation (online) http://brandfinance.com/news/pressreleases/vw-risks-its-31-billion-brand-and-germanys-nationalreputation/ (accessed 10 June 2016)

CCP Research Foundation (2016) (online) http://www.ccpresearchfoundation.com/index (accessed 10 June 2016)

COSO (2004) *Enterprise Risk Management – Integrated framework: Executive summary* (online) http://www.coso.org/documents/coso_erm_executivesummary.pdf (accessed 10 June 2016)

European Banking Authority (2015) *Final Draft: Assessment for operational risk* (online) https://www.eba.europa.eu/documents/10180/1100516/EBA-RTS-2015-02+RTS+on+AMA+assesment.pdf (accessed 10 June 2016)

Financial Reporting Council (2011) *Guidance on Board Effectiveness* (online) https://www.frc.org.uk/Our-Work/Publications/Corporate-Governance/Guidance-on-Board-Effectiveness.pdf (accessed 10 June 2016)

FSA (2012) *RCRO: Retail Conduct Risk Outlook 2012* (online) http://www.fca.org.uk/your-fca/documents/fsa-rcro-2012 (accessed 10 June 2016)

Guzelian, C P (2005) The Kindynamic theory of tort, *Indiana Law Journal,* 80, pp 987–1036 (online) http://ssrn.com/abstract=619683

Ham, C (2009) *Health Policy in Britain*, 6th edn, Macmillan, London

Holt, D B (2004) *How Brands Become Icons: The principles of cultural branding*, Harvard Business School Press, Boston, MA

IACCM (2016) *Top terms in contracting 2013/2014* (online) http://blog.iaccm.com/ free-resources/top-terms-in-contracting-2013-2014 (accessed 10 June 2016)

International Finance Magazine (2015) Brazil takes a $27 billion hit (online) http:// www.internationalfinancemagazine.com/article/Brazil-takes-a-27-billion-hit. html (accessed 10 June 2016)

ISO 31000:2009 Risk management – principles and guidelines, ISO, Geneva

Kahneman, D and Tversky, A (2011) *Thinking, Fast and Slow*, Penguin, Harmondsworth

Kay, J (2012) *The Kay Review of UK equity markets and long-term decision making: Final report* (online) https://www.gov.uk/government/uploads/system/uploads/ attachment_data/file/253454/bis-12-917-kayreview-of-equity-markets-final-report.pdf (accessed 10 June 2016)

Klein, N (2002) *No Logo,* Picador, New York

Limited, W (2016) *LexisNexis and BLP win 'supplier of the year' and 'best use of technology' at the British legal awards, legal IT insider* (online) http://www. legaltechnology.com/latest-news/lexisnexis-andblp-win-supplier-of-the-year-and-best-use-of-technology-at-the-britishlegal-awards/ (accessed 11 June 2016)

Loenstrup, M (2013) *The Puzzle Process* (online) https://thecontractpuzzle. wordpress.com/the-puzzle-process/ (accessed 13 June 2016)

McCormick, R (2010) *Legal Risk in the Financial Markets*, 2nd edn, Oxford University Press, Oxford

Mahler, T (2007) Defining legal risk. Paper presented at the conference 'Commercial Contracting for Strategic Advantage – Potentials and Prospects' , Turku University of Applied Sciences, *Conference Proceedings*, pp 10–31

Mandelbrot, B and Hudson, R L (2006) *The Misbehavior of Markets: A fractal view of financial turbulence*, Basic Books, New York

Newman, J (2001) *Modernising Governance: New Labour, policy and society*, Sage, London

North, D C (2005) Capitalism and economic growth, in (eds) V Nee and R Swedberg, *The Economic Sociology of Capitalism*, Princeton University Press, Princeton, NJ, pp 41, 47

Purtilo, R (2005) *Ethical Dimensions in the Health Professions*, 5th edn, Elsevier

Saunders, London

Roehl, R and Varian, H R (2001) Circulating libraries and video rental stores, *First Monday*, 6 (5)

SEC (2015) *SEC announces enforcement results for FY 2015* (online) https://www.sec.gov/news/pressrelease/2015-245.html (accessed: 9 August 2016)

Securitas Annual Report (2009) (online) http://www.securitas.com/globalassets/com/files/annual-reports/en/ar-09.pdf (accessed 10 June 2016)

Sky News (2016) *Norway's wealth fund suing VW over emissions* (online) http://news.sky.com/story/norways-wealth-fund-suing-vw-overemissions-10284468 (accessed: 9 August 2016)

Standards Australia/Standards New Zealand (2007) *HB 296:2007 Legal risk management*, Standards Australia/Standards New Zealand, Sydney
Thaler, R H and Sunstein, C R (2008) N*udge. Improving decisions about health, wealth and happiness*, Yale University Press, New Haven, CT

Walker, D (2009) *A Review of Corporate Governance in UK Banks and Other Financial Industry Entities: Final guidance* (online) http://webarchive.nationalarchives.gov.uk/+/http:/www.hm-treasury.gov.uk/d/walker_review_261109.pdf (accessed 10 June 2016)

Whalley, M (2014) *Legal Risk Benchmarking Survey: Final results* (online) http://www.blplaw.com/download/BLP_Legal_Risk_Benchmarking_Report.pdf (accessed 10 June 2016)

Whalley, M (2016) *Legal Risk 2.0: Show you're in control* (online) http://www.ey.com/Publication/vwLUAssets/ey-legal-risk-2-show-youare-in-control/$FILE/ey-legal-risk-2-show-you-are-in-control.pdf (accessed: 10 August 2016)

Whalley, M and Steen, M (2015) *Managing Contractual Risk: Insights from in-house counsel* (online) http://www.cbicontracts.com/wpcontent/upLoads/2014/05/Contractual-Risk-Thought-Leadership-Report-Online.pdf (accessed 10 June 2016)

Wood, P (2014) *International legal risk for banks and corporates, Volume 1* (online) http://www.allenovery.com/SiteCollectionDocuments/GLIU_-_International_legal_risk_volume_1.pdf (accessed 10 June 2016)

www2.iaccm.com (2016) *IACCM – International Association for Contract and Commercial Management* (online) https://www2.iaccm.com/resources/?id=7619 (accessed 13 June 2016)

著者紹介

マシュー・ウォーリー　Matthew Whalley

リーガル・リスク・マネジメントと企業の法務部の運営についての実務経験と戦略的知見を活かし、2012年に英国初のリーガル・リスク・コンサルタント会社を設立した。多数のFTSE100企業やフォーチュン500企業に対し、リーガル・リスク管理体制の整備を支援。2014年のリーガル・リスク・マネジメントに関する論文は、Laurie Young Memorial Global Thought Leadership Awardにおいて最終選考対象となった。現在は、英国EYにおいてリーガル・リスク・マネジメント・ソリューションを提供している。

クリス・グゼリアン　Chris Guzelian

米国ウォレンスタイン法律事務所のオブカウンセルであり、テキサス州立大学サンマルコス校、テキサスA&M大学法科大学院の両校において教授を務める。過去には、退役軍人が経営する輸出商社のジェネラル・カウンセル、地方検事代理、米国国防総省の文官、米国破産裁判所の弁護士としての経験も有する。現在は、企業、非営利団体、政府機関など様々な組織に対し、リスク関連のアドバイスを提供している。

訳者紹介

EY弁護士法人

会計・税務などの専門家との協働体制とグローバルネットワークの両方を兼ね備える法律事務所の日本における先駆けであり、150を超える国・地域で約30万人の構成員が所属するプロフェッショナルファーム、EY（アーンスト・アンド・ヤング）のメンバーファーム。M&A、リストラクチャリング、税務紛争などの分野を中心に法務サービスを提供している。また、企業の法務機能に関するコンサルティング、効率化のためのテクノロジー導入、海外子会社管理を含むアウトソーシング体制の構築、などのオルタナティブ・リーガル・サービスを行っている。

第0章執筆者紹介

木内 潤三郎 Junzaburo Kiuchi

EY弁護士法人 代表弁護士。1997年慶應義塾大学卒業。2003年ニューヨーク大学ロースクールLL.M.。弁護士・ニューヨーク州弁護士。大手国際法律事務所にてパートナーを務めた後、2016年より現職。世界的な弁護士・隣接専門職・リスク管理コンサルタントのネットワークを持つEYのJapan Law Leaderとして、国際的な知見を活かして企業にアドバイスを提供。

マイケル・ブロック Michael Brock

EY弁護士法人アソシエイトパートナー。英国弁護士、外国法事務弁護士。1996年ロンドン・スクール・オブ・エコノミクスLL.B.。1998年ロンドン大学LL.M.（銀行・金融法）。英国と日本で大手国際法律事務所や国際的金融機関で国際金融や金融規制を専門に弁護士として20年以上の経験を有する。日本においてEYの法務機能コンサルティングとリーガル・マネージド・サービスの展開を主導。

室伏 康志 Yasushi Murofushi

EY弁護士法人シニアカウンセル。1981年東京大学法学部卒業。1988年コーネル大学ロースクールLL.M.。1985年弁護士登録以来、国際金融取引や金融規制に関する法務を中心に扱う。複数の大手国際法律事務所のパートナーを務めた後、2000年から2017年までクレディ・スイスの日本におけるジェネラル・カウンセル。日本組織内弁護士協会理事長（2012～2018年）。

THE LEGAL RISK MANAGEMENT HANDBOOK
by MATTHEW WHALLEY and CHRIS GUZELIAN
© Matthew Whalley, Chris Guzelian, 2017
This translation of The Legal Risk Management Handbook is published by arrangement with Kogan Page
through Japan UNI Agency, Inc., Tokyo.

リーガル・リスク・マネジメント・ハンドブック
ビジネスを法的損失から守るための国際的ガイド

2021年10月18日　第1版第1刷発行

著　者	マシュー・ウォーリー、クリス・グゼリアン
訳　者	EY弁護士法人
発行者	村上 広樹
発　行	日経BP
発　売	日経BPマーケティング
	〒105-8308
	東京都港区虎ノ門4-3-12
	https://www.nikkeibp.co.jp/books/

カバー・本文デザイン　　小口 翔平＋三沢 稜＋後藤 司(tobufune)
DTP・制作　　河野 真次
印刷・製本　　中央精版印刷株式会社

ISBN 978-4-296-00037-1　Printed in Japan

本書籍に関するお問い合わせ、ご連絡は下記にて承ります。
https://nkbp.jp/booksQA